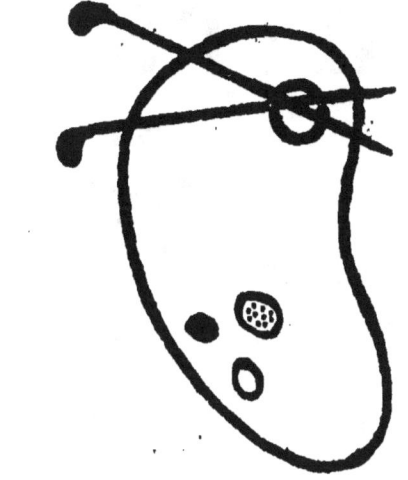

Original en couleur

NF Z 43-120-8

Couverture inférieure manquante

MES
Souvenirs

PAR

Eugène CASALIS

ANCIEN MISSIONNAIRE

QUATRIÈME ÉDITION

PARIS
LIBRAIRIE FISCHBACHER
Société anonyme
33, RUE DE SEINE, 33
—
1886

MES
SOUVENIRS

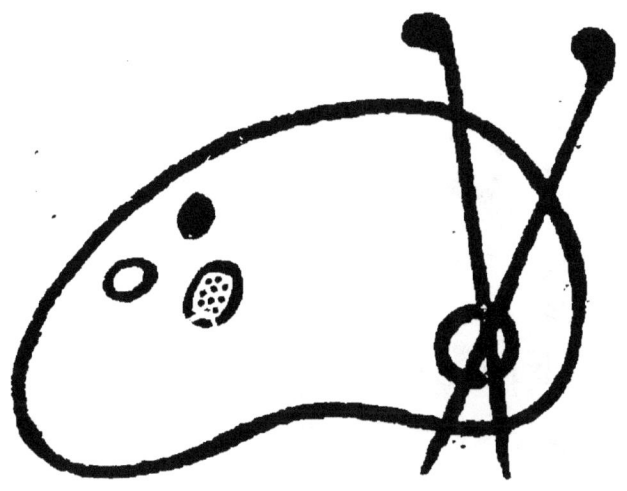

Original en couleur
NF Z 43-120-B

MES
Souvenirs

PAR

EUGÈNE CASALIS

ANCIEN MISSIONNAIRE

QUATRIÈME ÉDITION

PARIS

LIBRAIRIE FISCHBACHER

Société anonyme

33, RUE DE SEINE, 33

—

1886

Tous droits réservés.

PRÉFACE

On trouvera peut-être en lisant ces pages qu'elles ont un caractère trop personnel et trop intime.

Voici quelle est sinon ma justification, du moins mon excuse.

J'ai voulu, au terme de ma course, accomplir un acte de reconnaissance filiale. Je ne pouvais pour cela m'en tenir à des généralités. Dieu m'a fait trouver tant de bonheur dans la vie qu'il m'avait destinée, qu'en essayant de la raconter j'ai été poursuivi par cette parole : « N'oublie aucun de ses bienfaits! » On aura ici le témoignage d'un vétéran qui, étant entré à l'âge de vingt ans dans une carrière où il n'avait attendu que des périls, des résistances et fort peu de succès, l'a trouvée semée de secours, de bénédictions et bien souvent de jouissances très vives.

J'ai voulu aussi remplir un devoir paternel. Mes enfants et mes petits-enfants m'avaient demandé de recueillir pour eux mes souvenirs et je n'ai pu, en le faisant, détacher mes pensées de nombreux amis de leur âge qui, je le savais, partageaient leur désir.

Le tort de cet ouvrage est de se présenter avec un titre qui semble trop promettre. On pourra penser que j'ai embrassé dans mes souvenirs tout ce qui s'est fait dans notre mission pendant les vingt-trois années où je lui ai appartenu. Je n'ai pas eu l'intention d'entreprendre un tel travail et il eût été au-dessus de mes forces. Ce que je vais raconter est tout simplement l'histoire de ma vocation missionnaire dans son berceau et son développement, celle des voyages qui m'ont conduit au champ de travail, les observations que j'y ai faites, les difficultés de mes débuts dans l'œuvre et les interventions du Seigneur qui les ont aplanies.

Mes récits intéresseront surtout la jeunesse et c'est particulièrement à elle que je les dédie, mais je sais que ce qui lui plaît et lui fait du bien n'est pas sans charme pour l'âge mûr.

Cela dit, je commence par quelques mots sur ma famille. C'est un devoir pour moi ; ce sont ses enseignements et son exemple qui ont fait de moi un croyant et ma vocation missionnaire lui a coûté plus qu'à moi-même.

MES SOUVENIRS

I

Mes parents et mon enfance.

Mon grand-père Jean Casalis était un Béarnais du village d'Araujuzon, sur les rives du gave d'Oloron, près de Navarrenx. Sa famille possédait là des terres fertiles, suffisant à ses besoins. Il était né en 1737. — Aux approches de l'âge mûr, il faillit céder à la tentation de se soustraire aux maux qui pesaient sur ses coreligionnaires en allant s'établir en Amérique. Sa mère l'en dissuada par une lettre où on lisait ces mots qui m'ont été souvent répétés lorsque j'étais encore très jeune :

« Il ne faut pas que la semence de la véritable Eglise de Jésus-Christ sorte tout entière de la terre de France. »

« Il est au pouvoir de Dieu d'amener des temps meilleurs. »

Paroles pleines de foi et de sagesse qui se sont réalisées. A mon retour d'Afrique, j'ai eu le bonheur de les citer dans un temple qui pendant mon absence s'était élevé à Navarrenx, près de l'endroit où elles avaient été écrites.

Cédant aux avis de sa mère, mon aïeul n'alla pas plus loin que la ville d'Orthez, s'y établit et se mit dans le commerce. Je possède les inventaires qu'il faisait à chaque fin d'année. Ils se terminent tous par des paroles d'humiliation et d'actions de grâces.

Mon grand-père maternel Jean Labourdette, qui était mort longtemps avant ma naissance, avait laissé les souvenirs d'une piété toute consacrée à la cause protestante. Il vivait près d'Orthez, à Salles-Mongiscard, au milieu de métayers dont il soignait les intérêts terrestres et religieux. Sa maison de Ségalas, à l'aspect un peu seigneurial, située sur la lisière d'un bois, était une des retraites des pasteurs du Désert. Une fenêtre ménagée à cinq ou six pieds du sol sur la façade attenante à des vignes, leur permettait de s'évader à la première alarme. Mon grand-père avait étudié le droit ; les pauvres persécutés recouraient à ses conseils. Aussi partageait-il les dangers des pasteurs qu'il hébergeait et n'a-t-il échappé aux sévérités du pouvoir que grâce à la vigilance de sa femme et à deux cachettes où il se blotissait pendant les perquisitions. J'ai vu avec émotion sur divers actes, sa signature, comme secrétaire-adjoint du synode provincial, précédée de ces mots : « fait sous le regard de Dieu, au Désert. »

Ma grand'mère Labourdette était une demoiselle Brunet d'Orthez. Elle avait été enlevée à ses parents, à l'âge de sept ans, par lettre de cachet et enfermée à Pau dans un couvent d'Ursulines. Elle ne fut rendue à sa famille que lorsqu'elle eut dix-huit ans et qu'on la crut suffisamment affermie dans les croyances de l'Eglise romaine. Pendant un certain temps, elle se montra en effet catholique obstinée, au grand chagrin de ses parents qui la conjuraient de revenir à la foi évangélique. Un jour, qu'elle était allée à la messe dans l'église Saint-Pierre, à Orthéz, Dieu permit qu'un violent orage réveillât sa conscience. Elle lui promit que s'il épargnait sa vie elle reprendrait sa place parmi les persécutés. C'est ce qu'elle fit, et depuis ce moment ses jours furent consacrés au soulagement de ses frères et surtout à celui des pasteurs qui visitaient de temps en temps le pays au péril de leur vie. Après qu'elle fut devenue la femme de Jean Labourdette, elle eut pendant bien des années, l'honneur de leur servir de protectrice à Ségalas.

Ma mère, Marthe-Benjamine Labourdette, était le treizième enfant de cette digne femme. Mon père Arnaud Casalis l'épousa en 1810. Je fus leur second fils. Au moment où j'allais naître (21 novembre 1812) ils vivaient à Bayonne où les avaient attirés des relations de commerce avec l'Espagne. Il n'y avait alors ni pasteur ni temple à Bayonne et mon père répugnait à ce que ses enfants vinssent au monde ailleurs que dans un milieu protestant. Lorsqu'un accroissement de famille s'annonçait, ma mère se rendait à Orthez et c'est à cela que je dois d'être né dans la ville où Viret, le propagateur de la Réforme en Béarn, avait enseigné la théologie.

Peu après, mes parents retournèrent à Bayonne. L'année 1814 fut pour eux un temps de grande agitation. Ma mère était d'un tempérament fort timide; pour la soustraire au blocus de Bayonne, on la ramena à Orthez, mais bientôt les avant-coureurs du combat qui devait se livrer sous les murs de cette ville, la forcèrent à se réfugier à Toulouse; à peine y était-elle arrivée, que pour échapper à une autre bataille, elle dut reprendre le chemin de Bayonne. Dans un de ces voyages précipités, ma nourrice me laissa tomber sur le pavé, la tête la première. Ce n'est pas la seule inquiétude que je donnai à mes parents. Pendant ma première enfance, je fus extrêmement chétif; on ne s'attendait pas à pouvoir me conserver; qui eût dit alors que je supporterais un jour sans peine les fatigues de la vie missionnaire? Lorsque j'eus atteint ma sixième année, mon père et ma mère qui continuaient à résider à Bayonne et regrettaient pour leurs enfants l'absence de tout culte public, m'envoyèrent à Orthez et me confièrent à une excellente tante qui prenait soin de mon grand-père Casalis. C'est alors que j'eus sous les yeux le spectacle des mœurs et de la piété d'un huguenot des anciens jours.

Eté et hiver, mon vénérable aïeul, malgré ses quatre-vingts ans, se levait de grand matin et avant de faire ouvrir son magasin consacrait de longs moments à prier et à lire dans sa Bible de des Marets dont les dimensions et le poids m'étonnaient singulièrement. Il faisait ces dévotions dans un petit cabinet qui existe encore et qui m'a servi plus tard pour faire mes devoirs de latin et de grec. Les souvenirs les plus vifs que j'aie conservés de lui sont ceux de ses dimanches. Ce jour-là, surtout lorsqu'il faisait froid, il me permettait de l'aider à faire sa toilette, d'ajuster d'immenses boucles à ses souliers, de lui apporter sa perruque poudrée, son tricorne, sa longue canne à pommeau d'ivoire. Cela fait, il me prenait la main et nous allions ensemble à la *porte de fer* ; c'est ainsi que l'on appelait alors notre temple d'Orthez. Plus tard, lorsque ses forces et celles de ma grand' mère ne leur permirent plus de faire ces pieuses sorties, on me confiait quelquefois le soin de les servir avec mon frère. Nous pouvions alors assister au culte que ces vénérables vieillards faisaient chez eux à l'heure exacte où l'on était assemblé dans la maison de Dieu. Rien n'y manquait : chant d'un psaume, répétition des dix commandements, confession des péchés, lecture d'un sermon, tout y était. J'observais avec étonnement que mon grand-père poussait le respect jusqu'à dénuder entièrement sa tête lisse et polie comme de l'ivoire et qu'il ne mettait jamais, en se prosternant, soit un coussin, soit un tabouret entre ses genoux et les carreaux si durs du parquet. Il passait généralement l'après-midi du dimanche avec deux ou trois contemporains dont les habitudes religieuses, comme les siennes, remontaient aux services du Désert.

La bonne tante qui remplaçait auprès de lui ses autres enfants, passait chaque jour quelques heures à m'instruire. Elle était fort pieuse et très entendue en éducation. Il y avait au bout du jardin de la maison natale un berceau de jasmin, sur lequel, au printemps, un beau lilas balançait ses branches empourprées. Elle m'y conduisait souvent pour me faire lire, m'apprendre des psaumes de David et des sonnets de Drelincourt, les fables de La Fontaine et de Florian. Elle ajoutait à cela force récits bibliques et des traits de l'histoire profane propres à former l'esprit et surtout le cœur d'un enfant. Que de larmes n'ai-je pas répandues sur les malheurs de Sabinus et d'Eponine et de leurs fils : Blandus et Fortis ! Quelle admiration m'inspirait l'amitié de Damon et de Pythias ! Le souvenir d'Alexandre assassinant Clitus dans un moment de colère, troublait parfois mon sommeil, car j'étais très vif et plus d'un de mes petits camarades en avait déjà souffert. Une chose qui paraîtra presque incroyable aux enfants privilégiés de l'époque présente, c'est qu'il n'y avait pas alors un seul dépôt de livres saints dans tout le Béarn et qu'on eut toutes les peines du monde à me procurer un Nouveau Testament. Il m'en fallait un et il ne pouvait pas être question de mettre entre mes mains la Bible en deux volumes avec les réflexions d'Ostervald qu'on avait fait venir de Genève. A force de recherches, on finit par découvrir chez un épicier, au milieu de livres d'heures, d'almanachs facétieux, de complaintes et d'histoires du Petit Poucet enluminées, un Nouveau Testament du père Amelotte dont il fallut se contenter.

Un peu plus tard, survint dans notre cercle de famille un événement qui fit sur moi une grande impression. Mon père s'était décidé à renoncer à son commerce de Bayonne pour venir vivre avec ses vieux parents et ses enfants. Il était grand temps de nous mettre à l'école mon frère et moi, et justement, en ce moment là, les protestants d'Orthez en fondaient une d'après la méthode dite lancastérienne, ou d'enseignement mutuel. On en parlait beaucoup. Ma grand'mère Labourdette avait ses idées à elle en matière d'éducation. Comme elle n'était plus à Ségalas et vivait en ville, elle voulut aller voir si l'école en question pouvait nous convenir. On la fit asseoir à côté du directeur, M. le pasteur Gabriac. En se retirant, ayant oublié que l'estrade était élevée de deux ou trois marches au-dessus du sol, elle tomba et se cassa la cuisse. Je la rencontrai dans la rue comme on la rapportait chez elle sur un fauteuil. Ma jeune âme fut bouleversée en pensant qu'elle allait peut-être mourir et que j'en étais en quelque sorte la cause. Elle n'en mourut pas, mais elle demeura impotente jusqu'à son dernier jour, et moi, depuis son accident, je ne connus pas de bonheur plus grand que d'aider, aussi souvent que je le pouvais, à pousser son fauteuil à roulettes et de m'asseoir à ses pieds sur un tabouret. Elle était si bonne et elle racontait de si belles histoires! J'aimais surtout à assister à sa toilette de l'après-midi. Je tenais devant elle son miroir pendant qu'elle poudrait ses cheveux déjà blanchis par l'âge et qu'elle ajustait avec tant de grâce son ample cornette sur son front haut et à peine ridé. Cela fait, elle me chargeait généralement de remplir sa tabatière d'un tabac légèrement parfumé qu'elle tenait dans une bouteille conservée avec soin comme une relique, attendu qu'en souvenir de la peste de Marseille un ami la lui avait envoyée pleine du remède des quatre voleurs. Après avoir pris délicatement une pincée de sa poudre favorite, grand'maman, avant de l'aspirer, souriait à son petit-fils et le coude appuyé sur le bras du fauteuil, elle annonçait l'intention de raconter quelqu'une des scènes auxquelles elle avait assisté pendant sa longue carrière. Et quel répertoire que celui d'une femme active et intelligente qui était née en 1736 !

Elle avait eu plus d'une fois affaire aux officiers de la maréchaussée chargés d'appréhender les pasteurs huguenots et les membres du Synode, et elle avait déployé dans ces rencontres un tact et une fermeté rares. En voici un exemple. Un jour que son mari et un pasteur en tournée conféraient ensemble sur les intérêts des fidèles du Béarn, un paysan arrive tout essoufflé annoncer que les dragons sont à deux pas. Elle jette l'alarme et fermant la porte de la maison, elle s'assied tranquillement devant cette porte et se met à dévider du fil. Le détachement arrive, son chef demande péremptoirement à entrer. Elle, sans s'émouvoir, met la main sur le loquet et répond : « Monsieur, je n'ouvrirai que lorsque vous m'aurez montré vos ordres. » Le capitaine qui fort heureusement les avait oubliés ou n'avait pas cru nécessaire de les apporter, gronde, menace, puis cédant à l'ascendant d'une femme qui ose rappeler à des hommes armés l'inviolabilité de son domicile, il balbutie quelques mauvaises excuses. Pendant ce temps, le pasteur et son ami s'étaient évadés par la petite fenêtre qui donnait sur les vignes et de là, ils avaient gagné les bois. Les supposant déjà loin, ma grand'mère soulève le loquet en disant : « Monsieur, si ma porte est fermée à quiconque menace de la forcer sans y être autorisé par le roi, elle est ouverte à ceux qui, comme vous, ont besoin de rafraîchissements et de repos. » Aussitôt les dragons de se précipiter dans l'intérieur et de fureter partout, depuis la cave jusqu'au grenier. Pendant ce temps, le grand foyer de la cuisine se couvrait de poêles et de casseroles, et lorsque messieurs de la maréchaussée se furent suffisamment fatigués, ils trouvèrent la nappe mise et purent se régaler à leur aise d'omelettes au jambon et se verser des rasades du meilleur vin du crû.

Le souvenir de ces temps d'oppression n'empêcha pas plus tard ma bonne aïeule d'envoyer furtivement et pendant longtemps des vivres à quelques prêtres non assermentés qui pendant la Révolution s'étaient cachés dans les rochers et les bois de Salles-Mongiscard. Elle conserva toujours les sentiments du plus parfait attachement pour la maison de Bourbon dont ses pères et elle avaient eu tant à souffrir.

C'est surtout à l'impression produite sur moi par l'austère et vaillante piété de mes grands parents que je rattache mes premières préoccupations religieuses. Elles se sont développées chez moi à un âge très tendre. A sept et huit ans, j'avais bien compris que la grande affaire de l'homme est le salut de son âme. Ce fut par la crainte que ce sentiment se révéla d'abord à moi. Je voulais être pieux parce que j'avais peur de la mort et de l'enfer. On m'en avait cependant bien peu parlé, mais j'étais léger, impressionnable, je me laissais entraîner par l'extrême vivacité de mon caractère à de grandes colères, suivies de violents remords.

et je croyais que pour échapper à la justice divine, il fallait être sans péché. Mon grand-père Casalis me paraissait être un véritable saint et je me disais que pour aller au ciel il fallait être comme lui. Il m'eût vite détrompé si je me fusse ouvert à lui, car j'ai su depuis que c'était un des huguenots les plus attachés à la doctrine de la justification par la foi et du salut par grâce. Il en parlait peu, je crois, étant un de ceux qui désespéraient de se faire comprendre d'une génération de disciples du Vicaire savoyard. Ce que je me rappelle c'est la joie avec laquelle il accueillit la nouvelle de la fondation de la « Société Biblique protestante de Paris » et reçut le premier numéro des « Archives du Christianisme ». Quant à la Société des Missions dont on commençait aussi à parler dans nos provinces, il était trop affaibli par l'âge pour pouvoir en embrasser l'organisation. On m'a dit que lorsque j'étais tout petit, il m'avait souvent pris dans ses bras pour demander à Dieu de faire de moi un pasteur, mais il est mort en 1823 sans soupçonner que mon ministère aurait les païens pour objet. C'est au ciel qu'il aura appris cela.

Quant au courant d'idées religieuses dans lequel je paraissais entrer, ma vanité y était pour beaucoup. On avait l'habitude de faire réciter aux élèves de l'école protestante le catéchisme d'Ostervald ; ils récitaient dans le temple, debout, rangés en demi-cercle devant la chaire. J'avais une assez bonne mémoire et passablement d'assurance ; je me tirais généralement bien d'affaire. J'entends encore l'écho de la cantilène outrecuidante de ma récitation et je me vois à moitié retourné vers l'assemblée, recueillant le suffrage flatteur que m'envoyaient les salutations et les sourires mal déguisés de mes parents et de mes amis.

Les éloges me suivaient hors de l'église. Lorsque, entre le catéchisme de l'après-midi et la promenade du dimanche soir, on parlait religion, j'étais admis à opiner et je me souviens d'avoir observé un mouvement approbateur, un jour que l'on discutait sur la nature des peines de l'enfer et où j'émis avec beaucoup d'aplomb l'idée qu'elles ne consisteraient que dans les tourments de la conscience. Je craignais bien par devers moi qu'il n'y eût plus que cela. Mais je trouvais commode de m'élever au-dessus des terreurs de la lettre, sans savoir comment cela se disait. L'indulgence de mon père et de ma mère les portait à prendre mes bavardises fort au sérieux. Aux approches de ma neuvième année, il m'arriva de leur entendre dire : « Nous allons le mettre au collège; de là, nous l'enverrons à Montauban, et lorsqu'il sera pasteur, nous irons passer nos vieux jours auprès de lui. »

Cependant, déjà alors commençait à se manifester en moi un amour pour les hommes de couleur que l'on eût pu croire inné. Lorsque je voyais un nègre ou un mulâtre, ce qui d'ailleurs m'arrivait rarement, j'éprouvais pour lui une vive sympathie ; j'eusse voulu l'arrêter, le faire asseoir à côté de moi, lui demander son histoire. Ce goût paraissait d'autant plus extraordinaire que ces hommes étranges, alors si peu connus dans nos petites villes de province, y étaient l'objet d'une grande répulsion. J'attribue le sentiment particulier qui commençait à se révéler si fortement en moi, à la vive commisération que j'avais ressentie pour les Indiens de l'Amérique en lisant une histoire de la conquête du Mexique et de celle du Pérou. Un roman missionnaire intitulé *Gumal et Lina* m'avait aussi fait répandre des larmes sur les souffrances de deux petits Africains et le tableau du bonheur dont ils avaient joui après avoir été convertis. Mes yeux revenaient sans cesse à une gravure où l'on voyait *Gumal*, après son baptême, lever les bras vers le ciel en s'écriant dans la solitude des bois : « Je suis chrétien ! »

II

Mes parents me placent sous les soins du Pasteur Henry Pyt, à Bayonne, pour y faire des études classiques en vue du saint ministère.

Mon père et ma mère avaient définitivement quitté Bayonne, et c'est dans cette ville que je devais recevoir le don de la foi et sentir naître dans mon âme une vraie compassion pour les païens. Ma mère avait là une sœur aînée, mariée à un commerçant, originaire du Havre, nommé M. Maze. Fort attachée à la religion réformée, ma tante ouvrait, parfois, le dimanche, son salon aux quelques protestants qui habitaient Bayonne. C'étaient presque tous des étrangers. Les suites de la révocation de l'édit de Nantes avaient fait disparaître de cette ville toute trace de notre culte. Cependant, le retour de la paix, après les guerres de l'Empire, avait eu pour conséquence d'accroître un peu le nombre des protestants qui désiraient s'y établir. C'étaient, outre les familles des consuls d'Angleterre, de Prusse, de Danemark, de Suède, des Villes Hanséatiques, de Hollande, celles de commerçants venus de diverses provinces de la France et aussi de la Suisse. Le salon de ma tante et les lectures de sermons qu'on y faisait ne suffisaient plus. En 1821, elle se décida à écrire à Messieurs les pasteurs Chabrand, de Toulouse, et Bonnard, de Montauban, dont les noms étaient si vénérés dans le midi de la France, pour leur demander d'engager des ministres encore sans charge pastorale, à visiter Bayonne et à y donner des prédications. Elle ne se doutait guère qu'elle était l'instrument dont Dieu se servait pour assurer, pendant des années, à Bayonne et à toutes les Eglises du Béarn, les services de l'un des plus puissants prédicateurs du réveil de cette époque : Henry Pyt, le beau-frère d'Ami Bost et l'intime ami de Guers, de Genève.

Au moment où Mme Maze venait d'écrire, M. Pyt se trouvait, avec sa femme, en passage à Toulouse. Les travaux de la moisson rendant leur ministère presque inutile dans la Beauce, dont l'évangélisation leur avait été confiée, ils profitaient de ces vacances forcées pour visiter Saverdun, où ils avaient précédemment fait une suffragance. Apprenant par M. Chabrand l'appel qui était venu de Bayonne, ils s'empressèrent d'y répondre. Ils devaient, pour cela, passer par Orthez, et le jour où ils le firent allait décider de toute ma carrière.

Ils étaient descendus à l'hôtel attenant au bureau de la diligence pour y passer la nuit. Mon père ne put supporter l'idée qu'un pasteur dût se contenter d'un tel logement. Il alla se présenter à eux comme le beau-frère de Mme Maze et leur offrit le souper et le lit. Ils acceptèrent; ce fut un événement pour toute la famille et surtout pour moi. M. Pyt était de très haute taille et avait les épaules fort larges. Ces proportions athlétiques contrastaient étrangement avec une voix presque féminine, des yeux bleus singulièrement doux et une chevelure très blonde, nuance que je n'avais jusque-là remarquée que sur des têtes d'enfants. Il y avait quelque chose de si majestueux dans son front, de si distingué dans ses manières, que je me sentis d'abord fort intimidé, mais sa conversation et son sourire ne tardèrent pas à me rassurer. C'était la première fois que j'entendais l'expression et que je voyais le reflet d'une piété simple, confiante, heureuse, exempte de tout embarras, de toute crainte servile, et brûlant de se communiquer. Je fus comme fasciné. Assis sur un tabouret, aux pieds de nos deux hôtes, j'écoutais avec avidité chacune de leurs paroles, trouvant à tout ce qu'ils disaient une saveur jusqu'alors inconnue; ils mêlaient à tout le nom de Dieu et de Jésus-Christ, naturellement, sans affectation, comme on parle entre soi d'un ami, d'une personne avec laquelle on a constamment affaire.

Les protestants de Bayonne firent à M. Pyt un excellent accueil, et il se mit de suite à prêcher. Il le fit pendant six semaines dans le salon de ma tante ; mais, après ce temps, on lui procura, au moyen d'une souscription, une salle spacieuse, en forme de chapelle. Elle fut inaugurée, en présence du pasteur président du consistoire d'Orthez, le 23 décembre 1821. A partir de ce jour, il fut décidé que M. Pyt resterait indéfiniment à Bayonne et qu'il aurait la liberté de se faire aussi entendre dans les autres temples du département.

Depuis lors, M. Pyt passa fréquemment à Orthez. Chaque fois qu'il y venait, nous avions le bonheur de le loger chez nous, et j'étais de nouveau à ses pieds. « Mon petit ami, me dit-il un jour, ne voudrais-tu pas venir à Bayonne, étudier sous mes soins ? » Je courus répéter cela à ma mère : « Il s'amuse, me dit-elle, ou bien c'est par simple amitié qu'il dit cela. » Mais la question, à partir de ce jour, se renouvela à chaque visite, tellement que mes parents crurent qu'ils ne pouvaient, sans manquer aux convenances, négliger de remercier leur hôte de ses « charmants badinages. » Il leur répondit qu'il n'avait nullement eu l'intention de plaisanter, qu'il s'était fort attaché à moi, qu'il s'était déjà voué à l'enseignement de jeunes gens ; que n'ayant pas d'enfants, il serait fort heureux de s'occuper de moi et de me mettre de suite aux études classiques. Ma mère avoua alors que ce n'était pas sans une vive sollicitude qu'elle voyait approcher le moment où il faudrait me mettre au collège d'Orthez, vu les mauvais exemples que j'y trouverais et la facilité avec laquelle je me laissais entraîner par mes impressions. M. Pyt logeait alors chez ma tante, à Bayonne; cette circonstance suffisait presque pour décider mes parents. Je n'allais pas sortir de la famille en passant aux mains de ces étrangers, dont l'amabilité, le zèle, les talents étaient irrésistibles. Seulement, une certaine réputation de *méthodisme* les avait précédés ; les têtes fortes du pays commençaient à être sur leurs gardes, et les âmes défiantes d'elles-mêmes s'alarmaient un peu de l'effet que produisaient sur elles des prédications d'un genre assez nouveau.

On alla consulter à mon sujet un de nos proches parents, homme fort instruit, très respecté dans tout le pays. Il déclara sans hésitation qu'on allait faire de moi *un sectaire* ! (1).

Ce mot écrasant fit grande sensation et faillit tout gâter.

Un sectaire, c'était tout dire ! Mon père admirait plusieurs des arrangements politiques faits par Napoléon, et notamment le concordat. C'était à

---

(1) Il devint bientôt l'auditeur le plus empressé, et, avec mon père, le meilleur ami de M. Pyt.

ses yeux un chef-d'œuvre, parce qu'il lui paraissait avoir à tout jamais mis fin à l'ère des dissensions religieuses.

Mais Dieu se sert généralement des mères pour déterminer le cours de la vie de ses serviteurs et quelque chose disait au cœur de la mienne que refuser les offres de M. Pyt eût été résister à la volonté du Seigneur.

Une ou deux visites de plus de cet homme de Dieu dissipèrent les préventions, et ce fut avec reconnaissance qu'on souscrivit à des arrangements qui avaient évidemment la sanction de mon Père céleste et le caractère d'une adoption sacrée.

Je partis donc un beau jour pour Bayonne. On pleura comme s'il se fût agi d'un voyage aux antipodes. Mes chers parents avaient-ils le pressentiment qu'à dater de ce moment je ne devais plus faire que de rares apparitions sous le toit paternel ?

Je venais d'entrer dans ma dixième année. Je fis la première partie du trajet sur l'arçon de la selle de mon père, fermement attaché par une ceinture à son buste, et presque enseveli dans son manteau. Le lendemain fut un de ces jours d'angoisse inexprimable dont tout enfant séparé prématurément de ses parents garde le souvenir pendant sa vie entière. Qu'elles me paraissaient horribles, ces maisons de trois ou quatre étages, ces rues étroites, qui me permettaient à peine d'entrevoir le ciel ! A Orthez, au beau milieu de la ville, nous avions vue par devant et par derrière sur de riantes campagnes. Le convoi d'un protestant passa sous les fenêtres de ma tante et m'acheva; il me sembla que Bayonne était le séjour de la mort. Je me serais évadé, si je l'avais pu ; j'étais comme un oiseau qui, pour la première fois, sent qu'il est pris dans une cage.

Le lendemain, tout changea de face. M. Pyt me remit une grammaire de Lhomond, un *Epitome Historiæ sacræ* et un grand cahier blanc. « Tu vas faire du latin, me dit-il ; quand tu auras rempli la première moitié de ce cahier de déclinaisons et l'autre de traductions de l'Epitome, je te conduirai à Biarritz et tu verras la mer. » Je me mis au travail avec courage. J'écrivais encore laborieusement, mes lettres étaient presque aussi grosses que des pois, mais je faisais du latin, cela me grandit incroyablement à mes propres yeux et me fit comprendre qu'il s'agissait de bien travailler.

Le soir du jour mémorable où je logeai *rosa, rosæ* dans ma cervelle, M. et Mme Pyt me firent promener sur les glacis de la ville. Je reçus, chemin faisant, deux leçons qui me restèrent. L'une fut amenée par un incroyable babil, dont la matière m'était fournie par mes souvenirs d'école et celui des fautes de mes ci-devant camarades. On me dit que c'était là de la médisance, et que la médisance était un péché. La chose n'était pas tout à fait nouvelle pour moi, mais elle me fut dite sur un ton auquel je n'étais pas accoutumé. Il y avait tant d'alarme dans la manière dont ce mot *péché* fut prononcé! Je répondis, en véritable impertinent, que puisqu'on voyait que je faisais mal, on eût dû m'arrêter tout de suite; mais il me resta une impression sérieuse. Il n'en fut pas de même lorsque, m'étant écrié deux ou trois fois: *Ah! mon Dieu!* en regardant à travers une lunette d'approche, on me fit observer que j'avais pris le *nom de Dieu en vain.* Cela, par exemple, c'était du nouveau! N'avais-je pas entendu une bonne tante citer comme preuve de l'affaiblissement des sentiments religieux en France le fait qu'il devenait de plus en plus commun de dire aux gens qui éternuaient: *A vos souhaits!* tandis qu'on disait autrefois: *Dieu vous bénisse!* Je ne me rendis donc pas sans conteste. Mon précepteur me dit alors des choses si belles, si saisissantes sur la grandeur et la sainteté de Dieu, sur le respect avec lequel on devait parler de lui, que je finis par baisser la tête et ne dis plus un mot.

Dès ce jour, sans bien m'expliquer pourquoi, je commençai à sentir que j'étais en rapport avec des gens pour qui la religion était tout autre chose que ce que j'avais cru jusque-là. Quand M. Pyt m'en parlait, il me semblait qu'il venait tout droit de chez le bon Dieu. J'assistais, matin et soir, au culte domestique. On y lisait régulièrement deux chapitres, l'un dans l'Ancien Testament, l'autre dans le Nouveau, en comparant les textes et en les élucidant les uns par les autres. Cela me paraissait un peu long, mais on éveillait mon attention par des questions appropriées à mon âge et on me tenait en haleine en me faisant chercher des passages parallèles.

Bientôt, j'eus une ou deux fois par semaine, le privilège d'accompagner mes bienfaiteurs dans leurs visites de charité. Que de misères j'appris à connaître ! Nous découvrîmes un jour une malheureuse femme et sa fille qui à elles deux n'avaient qu'une seule robe ; lorsque l'une devait sortir, l'autre se mettait sous une couverture de laine toute trouée. Bayonne étant une ville de guerre, il y avait toujours un certain nombre de soldats condamnés au boulet. M. Pyt allait leur lire la Bible et les exhorter à se convertir. Il me prenait souvent avec lui. Il me semble encore entendre le bruit des clés du geôlier, le grincement des portes massives s'ouvrant pour nous recevoir. On nous enfermait avec les prisonniers, procédé qui d'abord me causa quelque inquiétude. Les détenus se laissaient tous pousser la barbe, ce qui joint au bruit de leurs chaînes, au lugubre roulement des boulets qu'ils traînaient après eux, formait un tout fort peu récréatif. Mon précepteur leur serrait affectueusement la main, s'enquérait du poids de leurs chaînes, promettait d'en demander de plus légères pour ceux qui lui paraissaient souffrir. Il avait soin de mêler à son enseignement religieux des entretiens intimes sur leur histoire passée, leur famille. Il leur fournissait des moyens de distraction utiles. On fut fort étonné de voir un jour toute une bande de ces prisonniers aller, escortés de gendarmes, déposer chez le pasteur quelques centaines de chapeaux de paille très bien faits qu'il les avait engagés à confectionner et dont il voulait assurer lui-même la vente en les confiant à des marchands de sa connaissance.

Mon excellent maître avait soin de m'associer à toutes ses bonnes œuvres autant que le comportait mon âge. Jamais on ne sut mieux que lui voir l'homme dans l'enfant. Il m'*élevait* dans l'acception la plus vraie et la plus étendue de ce mot si bien choisi pour exprimer ce que doit être une éducation. Il était tout à la fois mon précepteur et mon meilleur ami. Il exigeait beaucoup de travail, mais il savait le faire suivre de délassements pleins d'intérêt, auxquels il prenait part lui-même chaque fois qu'il le pouvait. Du reste, dans son enseignement quel qu'il fût, il n'y avait rien d'austère, rien qui pût produire l'ennui. Sa méthode consistait à faire trouver à ses élèves par leurs propres efforts ce qu'il voulait leur apprendre et il avait l'air de s'instruire avec eux. Peu après mon arrivée à Bayonne, il entreprit de me faire lire et analyser avec d'autres garçons de mon âge toute l'Epître aux Romains et il parvint à nous captiver. Cette étude fut en grande bénédiction à mon âme ; elle me fit comprendre ce que c'est que se convertir. C'est alors, je crois, que Dieu toucha réellement mon cœur.

Cette éclosion des premiers germes d'une véritable vie religieuse n'échappa pas à l'œil exercé de mon guide bien-aimé. C'est lui qui m'y rendit attentif pendant un séjour que nous fîmes à Biarritz, où il aimait à me conduire de temps en temps. Pendant deux ou trois jours, nous errâmes sur cette superbe plage qui attire maintenant un si grand nombre de baigneurs, mais qui n'était alors fréquentée que par quelques pêcheurs.

L'Océan était orageux ; le petit village où nous nous retirions chaque soir offrait l'image de la pauvreté et de la désolation. On n'y parlait que de barques englouties par les flots, de veuves et d'orphelins. Le nombre des hommes avait tellement diminué qu'une femme y faisait les fonctions de *crieur public* et battait le tambour au coin des rues. Le spectacle de tant de misère faisait ressortir ce qu'il y avait d'ineffablement grand dans l'œuvre du Créateur. Il me semblait que les flots majestueux de l'Océan sortaient du sanctuaire même de la Divinité. Je sentis qu'avoir pour père, pour ami, Celui qui commande aux flots et à la tempête était le seul bonheur, la seule gloire dignes de l'ambition de l'homme. Mon cher précepteur avait toujours soin de placer à côté de l'image de Dieu, auteur et conservateur de toutes choses, celle de Dieu venu, dans la personne de son Fils, partager nos souffrances, nous apporter le pardon et la paix. Pendant que nous errions sur la grève ou qu'assis sur les rochers, nous contemplions les vagues qui venaient s'étendre en nappe blanche tout autour de nous, il me parlait de cet adorable Rédempteur. Tout ce que j'en avais su jusque-là devint pour moi une réalité saisissante. Il me sembla que mon être tout entier répondait à son amour et je crus voir écrits sur mon cœur en traits ineffaçables ces mots de saint Paul que j'avais tant admirés en faisant mon instruction religieuse : « Il n'y a plus de condamnation pour ceux qui sont en Jésus-Christ. » Le soir, M. Pyt, après avoir offert à Dieu nos requêtes habituelles, voulut que je priasse à mon tour. Comme je me relevais : « Sais-tu », me dit-il en m'embrassant, « que tu es mon frère ? » Je rougis, je balbutiai, et je fus tout heureux de pouvoir me mettre vite au lit pour cacher mon émotion. Pendant quelques jours, mon trouble fut très grand, mais, petit à petit, je repris mon assiette et je me sentis fort heureux.

Il y avait alors, à Bayonne, un homme doux et simple de cœur qui s'était fort attaché à moi et qui sut offrir à ma piété naissante un appui judicieux et cordial. Raymond Léris avait été soldat de l'Empire et ne se faisait pas faute de me raconter ses anciennes campagnes. Il avait été l'objet des plus étonnantes délivrances. Eclairé par les prédications de M. Pyt, il avait appris à attribuer à Dieu seul ce qui ne lui avait autrefois paru que l'effet d'un heureux hasard. Ces souvenirs donnaient à sa piété quelque chose de singulièrement attrayant. C'était encore un soldat. Il n'avait fait que changer de drapeau. Franc, plein d'assurance et toujours joyeux, il se sentait invincible avec Jésus-Christ. « Sais-tu », me disait-il quelquefois, « que lorsque j'allais au feu, à Eylau, à Wagram, quelque chose semblait me dire que je ne serais pas tué et que je reviendrais au foyer paternel. Cette espérance n'a pas été déçue. Maintenant, je suis bien plus sûr encore que mon âme sera sauvée, car je combats sous les ordres et la protection de Jésus-Christ. » Il me faisait l'effet de voir partout son Sauveur et d'être toujours comme au port d'armes devant lui.

Encouragé par lui, j'essayai de faire part de mes nouveaux sentiments à de jeunes amis, qui parurent n'y rien comprendre, m'appelèrent bigot et me souhaitèrent beaucoup de bonheur parmi les vieilles femmes qui suivaient les réunions de M. Pyt. Cela faillit plusieurs fois tourner au tragique, car j'étais d'un naturel fort peu endurant. Je me contenais cependant; je me retirais ému, le rouge au front; quelques larmes sillonnaient mes joues, et, lorsque j'étais seul, Dieu me faisait sentir que, puisque tous ses serviteurs devaient souffrir pour lui, c'était là le genre de persécution auquel je devais m'attendre à mon âge. A part M. et Mme Pyt et le brave vétéran d'Eylau, personne ne croyait bien sérieux ni durables les sentiments religieux d'un jeune garçon de douze ans. Je dois cependant faire exception pour une cousine qui avait deux ou trois ans de plus que moi, et qui avait, elle aussi, ses petites croix à porter. Elle prenait comme moi grand plaisir aux sermons de mon précepteur, qui étaient fort instructifs, pleins d'onction et d'une clarté parfaite. Nous avions pris l'habitude de lui présenter, chaque lundi, l'analyse de son discours de la veille. Nous étions parvenus à en saisir les divisions, à en retenir les développements si bien qu'il les retrouvait presque en entier dans notre travail. En sus de cela, nous trouvions autant de plaisir que de profit à couvrir notre Bible de parallèles que nous notions à la main, et à souligner avec de l'encre de diverses couleurs les passages se rapportant à telle ou telle doctrine.

Souvent, après des heures passées ainsi, ma cousine prenait sa guitare et nous chantions quelques-uns des beaux cantiques de César Malan, qui venaient alors de paraître. Ces hymnes répondaient parfaitement aux sentiments et aux besoins de l'époque du premier réveil. La joie et l'espérance y éclataient ; il y avait dans leurs accents quelque chose de chevaleresque, de presque martial, un défi aux vanités du monde, à ses calomnies, à ses menaces, qui nous faisait tressaillir. Avec quel enthousiasme n'ai-je pas cent fois chanté des strophes comme celles-ci :

> Ah ! laissez-moi, terrestres joies,
> C'est en Jésus qu'est mon plaisir.
> Il m'a tiré des sombres voies
> Où loin de lui j'allais périr !

> Sur le Sauveur qui se fonde
> Peut au péché résister,
> > L'effort du monde
> > Pour le tenter
> > Est comme l'onde
> > Contre un rocher!
>
> Saints messagers, hérauts de la justice,
> Haussez la voix, publiez le salut ;
> Que votre espoir, votre glorieux but
> Soit d'empêcher que l'homme ne périsse,
> En l'amenant aux pieds de Jésus-Christ.

Cher et vénéré Malan ! Après de longues années de ministère parmi les païens, j'ai eu le bonheur de lui réciter et chanter quelques-uns de ses cantiques traduits dans la langue des Bassoutos. Et quelle joie ce fut pour lui !

Il y eut un moment où je fus saisi d'une véritable passion pour la carrière des armes. J'avais vu passer et repasser l'armée française chargée de replacer Ferdinand VII sur le trône d'Espagne. Pendant longtemps, ce n'avait été à Bayonne qu'un défilé continuel d'uniformes, tous plus brillants les uns que les autres. Me voyant grand ami des soldats, M. Pyt en profita pour me faire tâter du bonheur que l'on trouve aux conquêtes morales. La garnison se composait en partie de bataillons suisses. Il réunit quelques hommes du régiment de Bontemps et me les remit pour que je leur apprisse à lire et leur parlasse un peu de Jésus-Christ. Ces braves habits rouges prirent la chose fort au sérieux, me vouèrent bientôt une vive affection, et, lorsque les leçons revenaient, je ne sais qui était le plus heureux, d'eux ou de moi. Cela me fit du bien.

M. Pyt essaya aussi de m'inspirer de l'intérêt pour les Juifs. Il y en avait beaucoup à Bayonne et mon maître, au moyen de traités qu'il écrivait pour eux, et par de fréquents entretiens, cherchait à les amener à reconnaître en Jésus-Christ leur Sauveur. J'ai su plus tard qu'il désirait vivement faire de moi un missionnaire pour les enfants d'Israël. Malheureusement, les habitudes sordides et le manque de tenue que j'observais chez la plupart de ceux de ma connaissance me prévenaient peu en leur faveur. De plus, j'eus un échec qui fit sur moi une impression ineffaçable.

Je m'étais attaché à un courtier de bas étage et j'avais obtenu de lui qu'il vînt aux prédications du dimanche. Pendant quelque temps il fut très assidu. Je le priais de s'asseoir près de moi et lui cherchais le cantique et le chapitre indiqués. Je surmontais sans trop de peine le dégoût que me causait son horrible habitude de plonger alternativement ses narines dans une immense tabatière et d'aspirer le tabac jusqu'à ce que chacune des cavités nasales fût pleine. Mais voilà tout à coup que mon Juif disparaît. Plusieurs semaines se passent. Enfin, je le rencontre et lui demande ce qui lui est arrivé. « Tu ne sais donc pas, me dit-il, qu'avec ton dimanche tu m'as fait perdre une affaire de *cinq francs!* Tu ne m'y reprendras plus! »

3

Le rire cynique dont il accompagna ces mots me glaça, et je me dis, bien à tort sans doute, que le Juif est un être inconvertissable.

Vers ma quinzième année commença pour moi une période de déchéance religieuse pendant laquelle je devais beaucoup souffrir. J'avançais dans mes études et je me passionnais pour les produits classiques de l'antiquité qui agissent le plus sur l'imagination, à l'âge où le jugement ne peut pas encore lui servir de contre-poids. Il y a dans la Bible des épopées sublimes, des idylles d'une fraîcheur incomparable, des héros dont les hauts faits l'emportent infiniment sur ceux racontés par Homère et par Virgile, mais tout cela est encadré dans la notion austère du devoir envers un Dieu juste et saint, aux yeux duquel le péché ne trouve jamais grâce, même sous sa forme la plus attrayante et la plus pardonnable selon le cœur humain. La poésie des écrivains sacrés est toute céleste, celle de la Grèce et de Rome est essentiellement de ce monde et souvent impure ; faut-il s'étonner qu'elle expose l'âme de l'adolescent à une redoutable épreuve ? Quelques productions de l'École philosophique du dix-huitième siècle me firent aussi du mal. Ce ne fut pas tant en créant en moi le doute qu'en y faisant grandir les prétentions de ma raison et surtout celles de ma volonté. J'avais trop vivement senti l'amour de mon Sauveur pour que les arguments de l'incrédulité pussent avoir prise sur le fond même de mes croyances. Mais si ses sophismes me touchaient peu, ses allures m'allaient. Je voulais garder mes expériences et en même temps m'affranchir de tout ce qui pourrait m'empêcher de disposer de moi-même. Quelque facilité pour l'étude m'avait rempli de vanité et d'ambition. Ces dispositions desséchaient mon cœur, me faisaient perdre le sentiment de la communion de Dieu et me rendaient fort malheureux.

Une autre cause devait bientôt accroître l'amertume de cette crise. Depuis que j'avais eu connaissance de la fondation de la Société des Missions Evangéliques de Paris, j'avais eu le pressentiment que la question de mon avenir terrestre était décidée. Les appels que les directeurs adressaient à la jeunesse protestante me semblaient faits exprès pour moi. Ils ravivaient et accroissaient l'intérêt que les lectures de ma première enfance m'avaient inspiré pour les races opprimées. Je voyais toujours cet ancien gardien de pourceaux, ce misérable Pizarre, mitraillant les Péruviens parce que leur Inca Atahualpa, ayant porté le bréviaire à l'oreille et ne l'ayant pas entendu parler, le lui avait rendu avec un sourire d'indifférence et d'incrédulité. Je frissonnais au récit des horreurs de la traite des nègres, que Wilberforce et le baron de Staël dévoilaient avec une si juste indignation. Dieu se servait de tout cela pour former en moi une vocation d'abord confuse, mais qui se dessinait toujours plus à mesure que sa Parole me montrait plus clairement le devoir de porter l'Evangile aux païens. Du reste, je n'en parlais à personne, et le plus souvent je m'efforçais de bannir de ma pensée des prévisions qui, par moment, me faisaient trembler de la tête aux pieds. Je ne redoutais ni les dangers ni les fatigues ; mais mon père, ma mère, dont la vie était liée à la mienne, renonceraient-ils aux plans qu'ils avaient faits pour eux et pour moi ; ne mourraient-ils pas de douleur en me voyant m'éloigner d'eux pour la vie ? Les missions étaient si peu connues alors ! C'était encore une expérience à faire. On s'en exagérait tellement les difficultés et les périls ! Dans tous les pays à explorer on ne voyait que fièvres mortelles, lions dévorants, cannibales affamés. Et puis j'étais idolâtre de mon pays, de mon cher Béarn, surtout ! A tout cela se joignaient aussi les alarmes de la vanité, la crainte du ridicule, car à cette époque, grâce aux efforts des Jésuites, qui couvraient la France de calvaires et de croix, le mot *missionnaire* était détesté de quiconque se piquait d'un peu de philosophie et de libéralisme.

J'en étais là lorsqu'un incident imprévu me fit faire le premier pas vers la carrière dont la pensée m'inspirait des sentiments si contradictoires.

M. Pyt se donnait quelques jours de vacances et voulut que j'en jouisse avec lui. Nous devions les passer chez un riche propriétaire des environs de Sauveterre.

De Salies jusqu'au lieu où nous étions invités, l'excursion se fit à pied. C'était par un beau jour d'hiver. Le soleil dorait de ses plus purs rayons la neige épaisse qui craquait sous nos pieds. Arrivés au haut d'une colline que nous venions de gravir silencieusement, mon maître s'arrête, se retourne brusquement et me dit : « Ah! çà, Eugène, tu as quinze ans. Il est temps que nous sachions à quoi tu te destines. Que veux-tu être? — Je ne vous dirai pas ce que je veux être, mais ce que je serai!... — Et quoi?... — Un missionnaire!... — Missionnaire!... toi!... Tu n'y penses pas! Sais-tu bien ce que c'est? — Je ne le sais que trop ; mais voilà ce que je serai. »

M. Pyt reprit sa marche et nous arrivâmes à destination sans avoir échangé un mot de plus sur ce sujet.

Le lendemain, comme je revenais d'une promenade matinale, mon précepteur m'accoste et me dit d'un air un peu distrait : « Tu as beaucoup de temps à toi, tu vas t'ennuyer ; amuse-toi à mettre sur le papier les raisons qui t'ont fait penser à la carrière des missions! »

Cette proposition me soulagea, car j'avais le cœur bien gros depuis que l'aveu m'était échappé.

En moins de deux heures, je noircis six à huit pages de papier et je remis à M. Pyt tout un mémoire dûment recopié et paraphé. Que fit mon digne ami? Il mit tout cela sous enveloppe, sans m'en avertir, bien entendu, et l'envoya au Comité des missions de Paris. — Cette effusion m'avait soulagé. Trois ans devaient s'écouler avant que nous revinssions là-dessus.

Cependant, la question mûrissait et ceux qui m'entouraient le savaient mieux que moi. Je passais par des luttes dont je croyais avoir seul le secret. Mais si jamais homme ne sut mieux que M. Pyt respecter la liberté des âmes commises à ses soins, nul ne posséda à un plus haut degré que lui l'inestimable don du discernement des esprits. Vif, impressionable, j'avais de fréquents soliloques, dont il n'était pas bien difficile de pénétrer le sujet, mais cela même ne lui était pas nécessaire pour suivre, en quelque sorte d'heure en heure, les phases du combat qui se livrait dans mon pauvre cœur. Sa délicatesse l'avait porté à instruire mes parents de ce qui s'était passé entre lui et moi sur le chemin de Sauveterre. J'appris indirectement que ma mère avait répondu : « Je ne m'opposerai jamais aux desseins de Dieu, mais j'espère qu'il me retirera de ce monde avant que mon fils parte, s'il doit jamais partir. » Ce mot m'acheva.

Mon sage ami comprit alors la nécessité de faire une diversion à ces préoccupations excessives et de dissiper en même temps les doutes dont ma foi était menacée. Considérant que j'étais presque au terme de mes humanités, il me mit à des études préparatoires de théologie : explications exégétiques du Nouveau Testament grec, examen de l'état du monde païen, au point de vue politique, social et religieux, lors de la venue du Sauveur, idées et institutions du peuple juif depuis le retour de la captivité jusqu'à l'apparition de Jean-Baptiste, vie de Jésus-Christ, Eglises fondées par les apôtres et leurs successeurs immédiats. A cela s'ajoutaient de précieuses leçons d'apologétique et de dogmatique que M. Pyt tirait de son propre fonds, ou dont je devais, sous sa direction, chercher la substance dans divers auteurs. Pour cette dernière partie, j'avais souvent affaire à du latin bien lourd, imprimé en lignes bien serrées sur du papier jauni par le temps. Mais chaque nouvelle preuve de la certitude historique des faits contenus dans la Bible, toute lumière jetée sur ce que le chrétien est appelé à croire et à pratiquer, rassérénait mon âme. Pour me délasser, M. Pyt me proposait de temps en temps des exercices de composition en langue française qui avaient pour moi beaucoup d'attrait. Il me signalait dans les livres inspirés divers passages qui pouvaient fournir matière à des rapprochements avec des morceaux du même genre dans les auteurs profanes de l'antiquité. Je devais relever, comparer entre elles les beautés qui me frappaient, signaler les dissemblances, les infériorités, chercher les causes de tout cela dans la différence des croyances et des mœurs. La rédaction de ces petits essais me faisait passer des heures délicieuses.

A la même époque, les leçons de Guizot, de Villemain, de Cousin, qu'on lisait dans nos provinces par cahiers, au fur et à mesure qu'elles paraissaient, avec presque autant d'enthousiasme qu'on les écoutait à Paris, contribuèrent beaucoup à élever ma pensée, à étendre mes horizons. Le souffle libéral et généreux qui passait alors sur la jeunesse de France arrivait jusqu'à nous, enfants du Béarn. Je partageais les aspirations vers une ère d'affranchissement et de progrès pour l'humanité, qui se faisaient sentir un peu partout. Cet élan n'était pas perdu pour la vocation spéciale qui me travaillait encore sourdement.

Nous atteignîmes ainsi 1830. Depuis plus d'un an, mon bienfaiteur avait transféré son domicile de Bayonne à Orthez et j'étais revenu sous le toit paternel. Frappé des fruits que produisait sa prédication chaque fois qu'il visitait cette ville et ses environs, notre Conseil presbytéral l'avait supplié d'accepter une suffragance qui lui permettait de se faire entendre régulièrement dans le chef-lieu de la consistoriale. Il en était résulté un bien incalculable. Le réveil devenait général, lorsqu'on apprit tout à coup que l'instrument de tant de bénédictions allait quitter le Béarn. La Société Continentale, dont il ne s'était jamais détaché, l'appelait dans un autre champ de travail pour des raisons que je ne saurais exposer ici sans m'écarter de ce qui touche à mes rapports avec lui. Je me permettrai seulement de dire que ce changement fut, selon moi, une faute. Quand je pense aux succès que M. Pyt avait alors, j'ai toujours présente à l'esprit l'image d'un moissonneur fauchant ses blés à discrétion. Rien de semblable ne s'est produit depuis lors dans son ministère qui, du reste ne se prolongea malheureusement que cinq ans de plus.

L'annonce de son départ me causa un grand émoi. L'heure de la décision devant laquelle j'avais tant reculé était venue. Mes études classiques étaient terminées; mon précepteur s'en allant, je ne pouvais pas en poursuivre d'autres sous sa direction ; il s'agissait de savoir si j'irais à Montauban ou si j'entrerais dans la Maison des missions de Paris.

C'est ce que M. Pyt fut le premier à me demander. Il le fit avec la solennité pleine de douceur qui lui était propre. C'est la question que me posèrent aussi mes chers parents, les larmes aux yeux, avec une expression qui me disait : « Tu es libre, mais tu sais ce qu'il nous en coûtera, si tu deviens missionnaire. »

Alors commencèrent pour moi de nouvelles luttes auprès desquelles celles que j'avais déjà traversées n'étaient rien. Tout travail me devint impossible. Je fuyais la société des jeunes collégiens avec lesquels j'étais sur le pied le plus intime. Aucun d'eux ne me comprenait; ils se moquaient de ma prétendue vocation et me traitaient de fou. Il y a tout près de ma ville natale une colline escarpée, d'où l'œil embrasse une grande étendue de pays: la chaîne des Pyrénées, les méandres du Gave, la vieille tour du château de Gaston Phœbus. C'est là que je me réfugiais souvent pour chercher du soulagement dans les pleurs. Mes camarades m'y surprirent un jour. « Qu'y a-t-il dans ce magnifique point de vue, » me dirent-ils, « qui puisse tant t'attrister ? » — « Rien, si ce n'est que bientôt je ne pourrai plus le visiter, tandis que vous en jouirez pendant toute votre vie. »

— « Te voilà bien avec tes rêveries ! Dieu t'a-t-il donc parlé ? Veut-il qu'on le serve à contre cœur ? as-tu vu ton nom dans les passages de sa Parole où il a dit qu'il faut annoncer l'Evangile aux païens?»—« Non !.. mais j'y ai vu : « Comment en entendront-ils parler, s'il n'y a pas quelqu'un qui le leur prêche?» et si je refuse de le faire, chacun n'aura-t-il pas le droit d'en faire autant! Alors que deviendront les âmes de ces malheureux païens ? »

Il fallait en venir à une décision. On recourut à un conseil de famille. Je n'eus pas la force de me prononcer. « Te sentirais-tu libre, » me dit alors M. Pyt, de recourir au sort? Les Frères Moraves se le permettent dans les occasions solennelles et difficiles. » — « Non, répondis-je aussitôt; ce serait tenter Dieu! Je sais que je dois être et que je serai missionnaire ! » — « Eh bien ! alors c'est décidé ? » — « Non, pas encore; épargnez-moi ! »

Deux ou trois jours après, mon excellent ami, qui souffrait autant que moi, vint trouver mes parents. « Votre fils, leur dit-il, est bien jeune encore, donnons-lui du temps. Il sait l'anglais;

de Boulogne où je vais d'abord résider, je dois me rendre en Angleterre ; il me sera facile de le placer dans quelque famille, où il pourra donner des leçons, développer les connaissances qu'il a déjà acquises et attendre ainsi avec profit le moment où Dieu lui donnera la force de prendre un parti. » Cette proposition fut une délivrance pour ma famille et pour moi.

Quelques semaines plus tard, je partais avec mon guide bien-aimé. Grâce au sursis que j'avais obtenu, les adieux tant redoutés furent supportables. Nous eûmes à peine cessé de respirer l'air des Pyrénées que je me sentis de nouveau en possession de moi-même. J'étais à l'âge où l'on croit pouvoir tout attendre du temps.

III

Mon entrée et ma préparation à la Maison des missions à Paris.

Arrivés à Paris, nous descendîmes dans un hôtel de la rue du Mail. C'était le moment des Assemblées générales de nos Sociétés religieuses, au milieu du mois d'avril 1830. Elles étaient alors dans leur première jeunesse et l'on respirait déjà le souffle avant-coureur des journées de juillet. J'eus le plaisir de voir et d'entendre Benjamin Constant à la réunion de la Morale chrétienne, Guizot à celle de la Société Biblique. Aux Missions, je fus électrisé par les accents chaleureux et presque militaires du Comte Ver-Huell, amiral de France. Je ne pus voir sans émotion au pied de l'estrade trois jeunes gens que l'allocution du président semblait faire tressaillir : c'étaient les élèves de la Société.

Deux ou trois jours après, M. Pyt me conduisit à la Maison des missions, boulevard Mont-Parnasse, n° 41, où M. et Mme GrandPierre me firent l'accueil le plus aimable. Je m'aperçus que je ne leur étais pas tout à fait inconnu, d'où je conclus que mon bon précepteur les avait tenus au courant de mes désirs et de mes résistances.

Pendant cette visite, je me sentis débarrassé comme par enchantement des hésitations qui m'avaient fait si longtemps souffrir. Il régnait dans cette maison un piété si sereine, on y parlait d'un ton si joyeux de la vie missionnaire que je compris la force et le bonheur qui proviennent d'une franche acceptation de la volonté de Dieu. Ce jour-là, mes doutes et mes combats cessèrent et je puis ajouter à la gloire de mon divin Maître, qu'ils ne se sont jamais renouvelés. Je gardai d'abord pour moi seul les sentiments que j'éprouvais.

Une semaine plus tard, comme M. Pyt m'engageait à faire ma malle parce que nous allions continuer notre voyage : « Il ne sera pas long pour moi, » répondis-je, « un fiacre fera mon affaire ; je vais à la Maison des missions ». Mon père en la foi me serra sur son cœur, nous fléchîmes le genou devant Dieu et ce jour-là même, la petite famille missionnaire du boulevard Mont-Parnasse accueillait avec amour un membre de plus.

Je ne devais y rester que deux ans et demi, les études que j'avais faites sous les soins de M. Pyt me permettant de consacrer, dès le premier jour, presque tout mon temps à la théologie. Ce temps si court a laissé dans mes souvenirs comme la trace d'une longue période. C'était beaucoup vivre que de passer à Paris les années 1830, 1831 et 1832.

Le régime de la Maison des missions, quoique austère, était pour moi plein de douceur. On y travaillait du matin au soir, mais personne ne se plaignait de cela. Je pris goût tout de suite à l'enseignement méthodique et parfaitement net de M. GrandPierre. Sa théologie entièrement puisée dans les Ecritures, légèrement saupoudrée des plus inoffensives hardiesses de l'Allemagne, me faisait l'effet d'un aliment appétissant et sain. Dans nos moments de relâche, nous jouissions de la société d'une femme chez laquelle une grande amabilité et un tact exquis se trouvaient unis à une profonde piété exempte de raideur. Il faut avoir connu Madame Eugénie GrandPierre pour pouvoir se faire une idée de ce qu'elle était pour nous. Quoique fort rapprochée de nous par l'âge, nous la vénérions comme une mère, nous n'avions aucun secret pour elle. Si quelque léger nuage se formait entre le directeur et ses élèves, elle en faisait son affaire. Un regard, un sourire, un petit reproche plein d'à-propos et de sens... et c'était comme qui souffle sur le mal que s'est fait un enfant : il n'en était plus question.

La Maison des missions était alors le rendez-vous de plusieurs personnes distinguées qui cherchaient avec ardeur le chemin du salut. Nous avions à la maison même une salle où notre cher directeur commençait à donner ces prédications vives, allant droit au cœur et à la conscience et tout imprégnées de la doctrine de la grâce, qui devaient être en si grande bénédiction à tant d'âmes. Les excellentes homélies que M. le pasteur Frédéric Monod faisait à l'école du dimanche de l'Oratoire et les réunions consacrées à l'étude de la Bible dans le salon de M. Henri Lutteroth, contribuaient puissamment, elles aussi, à étendre le réveil. Il se produisait surtout parmi des gens remarquables au point de vue du talent et de la position sociale. Il régnait une simplicité touchante, un entrain naïf et joyeux dans ce groupe de chercheurs, où l'on entendait à chaque instant retentir l'*euréka* de la foi.

Les élèves de la Maison des missions avaient leur part dans ce mouvement. Les ouvriers faisant défaut, tout le monde était mis en réquisition. Nous recevions infiniment plus que nous ne pouvions donner. Que pouvait-on tirer de jeunes gens encore tout neufs dans le monde et peu exercés au maniement de la parole ? Les hommes supérieurs auxquels je fais allusion et dont chacun se rappelle les noms, ne dédaignaient pas cependant de nous associer à leurs recherches, de nous faire part de leurs découvertes. On mûrissait rapidement dans un tel milieu.

C'est grâce à ces circonstances que je pus me lier avec des jeunes gens de mon âge, Français et Suisses, dont l'amitié devait être la consolation de ma vie. Tous, étudiants dans les diverses facultés de Paris, ils sentaient le besoin de réagir contre la fâcheuse influence d'un entourage sceptique. Nous nous réunissions, chaque semaine, dans un hôtel garni du passage du Commerce, chez celui d'entre eux avec lequel j'étais le plus cordialement lié, Charles Bovet, de Boudry. Un autre de mes intimes fut bientôt le polytechnicien bernois Louis Gruner. On lisait ensemble la Bible, on s'essayait à la commenter, on priait surtout. Tout cela se faisait avec une grande simplicité, mais non sans luttes pour les caractères timides, auxquels les périls de l'improvisation causaient parfois d'incroyables terreurs.

Je crois pouvoir dire que nous étions généralement modestes, mais les timides étaient des exceptions. En 1830, chacun se sentait gros de parler, comme disait le véhément ami de Job. En politique, en philosophie, en religion, c'était pour tout la même chose ; nous vivions dans une atmosphère d'enthousiasme. Nos pères, d'abord exaltés par les grandes idées et les terribles épreuves de la révolution, puis éblouis par les gloires de l'empire, nous avaient faits militants et pleins d'ardeur. Mais notre génération aimait à croire que la période des bouleversements sociaux était définitivement close. Elle aspirait à une renaissance pacifique. Chacun voulait y contribuer pour sa part et, dans l'ordre des idées et des sentiments qui s'étaient plus particulièrement emparés de lui, il devenait un véritable doctrinaire, un infatigable prêcheur.

Cela ne nous empêcha pas d'applaudir aux barricades de Juillet et d'y travailler sans le moindre scrupule. Nous crûmes alors, que l'heure d'une parfaite liberté religieuse avait sonné. C'était trop attendre, mais il y eut un progrès réel dont on se hâta de profiter. Alors fut ouvert l'Oratoire de la Galerie de fer (plus tard Taitbout), où l'on vit accourir des gens de toute dénomination et de tout rang, avides d'entendre MM. GrandPierre et Audebez exposer et défendre les vérités de la foi évangélique.

Les élèves de la Maison des missions eurent aussi leur chapelle. C'était à la barrière de Sèvres. Dans ce vilain quartier, où pullulaient les saltimbanques et les charlatans de toute espèce, nous préludions à nos prédications futures parmi les sauvages. L'école était bonne ; en fait de tapage et de discordance, aucun des tamtams que j'ai entendus en Afrique n'eût pu rivaliser avec les cymbales et les tambours des bateleurs parisiens.

Cela n'empêchait pas un assez bon nombre de gens de venir nous entendre ; nous réussîmes même à établir une école du dimanche. Pour la cure d'âme, c'était surtout dans de fréquentes visites aux hôpitaux que nous en faisions l'apprentissage.

Une terrible épreuve allait nous être envoyée. Le choléra nous arrivait pour la première fois du fond de l'Asie. On en mesurait les progrès sur les cartes de géographie; on en comptait journellement les effrayantes étapes. Les cordons sanitaires n'y faisaient rien. Un samedi soir, le bruit se répandit à Paris qu'un cuisinier du comte de Lobau était mort de cette maladie. Le lendemain, je prêchais à la barrière de Sèvres. Dans la première prière, je demandais à Dieu de nous garantir du fléau et surtout de nous préparer à la mort. Je n'avais pas encore fini que je vois un homme chanceler au milieu de l'assemblée. Je descends précipitamment de la chaire, le soutiens dans mes bras. Ses déjections ruissellent sur mes habits. Nous l'emportons; l'un de nous court appeler un médecin. Deux heures plus tard, le pauvre Postry (le souvenir de son nom m'est toujours resté), n'était plus de ce monde, et le lendemain, lorsque je fis son enterrement, on déposa sa bière au milieu d'une vingtaine d'autres.

Pendant plusieurs semaines, nous vîmes des milliers de gens tomber à notre droite et à notre gauche; mais aucun mal ne nous atteignit à la Maison des missions. Chaque soir, en nous couchant dans le dortoir, nous nous embrassions comme si c'eût été pour la dernière fois.

D'autres apprentissages nous étaient ménagés par des pasteurs surchargés de travail. Dans le nombre se trouvait M. Colani de Lemé, le père en la foi des premiers élèves qui avaient été reçus à la Maison des missions, MM. Bisseux et Lemue. Cet excellent homme faisait une œuvre qui s'étendait sur presque tout le département de l'Aisne. On a beaucoup parlé, et avec raison, des fatigues, des privations, du dévoûment de Félix Neff dans les Alpes. Sauf la différence du climat, M. Colani a eu peut-être tout autant à faire et à souffrir. J'eus le privilège de lui servir de suffragant, avec mon condisciple Arbousset, pendant deux mois de vacances. Ce temps suffit pour nous faire étonnamment maigrir. On prêchait, on présidait des réunions de prière et de chant, à raison d'une fois au moins par jour, après de fatigantes courses à travers des chemins vicinaux inqualifiables, vraies fondrières, où quelquefois les chevaux de roulage ou de labour s'empêtraient jusqu'au poitrail. Un samedi soir, je roulai dans des boues blanches aussi glissantes que du savon et me mis dans un tel état qu'arrivé chez le diacre qui m'attendait, il fallut mettre dans un chaudron et rincer comme du linge sale, mon frac, mon gilet et mon pantalon noirs.

Si du moins nous eussions trouvé de temps en temps quelque aliment fortifiant pour réconforter un peu nos jeunes estomacs ; mais les pauvres villageois de cette partie de la Picardie ne savaient que tisser et malheureusement ne tissaient pas toujours. Peu de poules dans leur basse-cour, pas un jambon suspendu aux solives de leur cuisine. Quelques pommes de terre, une soupe fort maigre, le plus souvent mangée à la gamelle, force prunes mal mûres, cuites au naturel, c'est à peu près tout ce qu'ils avaient à nous offrir, sauf lorsque nous tombions sur une de leurs fêtes appelées *ducasses*, où l'on se régalait de flans. Depuis lors, les choses ont bien changé chez eux. Ils méritaient mieux, car c'étaient de fort braves gens et ce qu'ils avaient, ils le donnaient de bon cœur.

Si notre homme extérieur était en souffrance, nous avions de douces compensations dans nos entretiens avec ces villageois. Il y avait beaucoup de piété parmi eux. La Bible leur était familière et souvent en assistant à leurs discussions, je me suis demandé si Calvin n'avait pas laissé quelque chose de son génie théologique dans l'air de sa province natale.

Nous visitâmes avec intérêt les familles des deux premiers missionnaires qui étaient sortis de l'institut où nous nous préparions, nous-mêmes : celles de M. Isaac Bisseux de Lemé et de M. Prosper Lemue d'Esquéheries. Il n'étaient partis que depuis un an et leur souvenir était dans tous les cœurs. Des jeunes hommes qui avaient été leurs compagnons d'enfance aimaient à nous accompagner et nous racontaient les luttes douloureuses par lesquelles ils avaient passé, lorsqu'il s'était agi de renoncer aux danses du village pour suivre Jésus-Christ.

Cette courte suffragance nous fut surtout utile en nous apprenant à prêcher, comme le veut saint Paul, en temps et hors de temps, à pénétrer dans les familles, à entamer, sans gêne, de bonnes conversations avec les gens que nous rencontrions sur notre chemin. J'eus pour m'initier à ce mode de prédication, un pieux colporteur, ancien soldat de l'Empire, qui avait toujours à sa disposition pour entrer en matière quelque intéressante histoire de sa vie militaire. Je souris encore en me rappelant le merveilleux parti qu'il savait tirer aussi de sa pipe, qui avait toujours besoin de recourir au prochain soit pour s'emplir, soit pour s'allumer.

Nous eûmes un jour, mon condisciple et moi, un petit succès de moralistes, qui nous amusa d'abord et finit par nous réjouir. Cette fois, nous ne pataugions plus dans les boues, mais nous étions bel et bien juchés sur l'impériale d'une diligence, l'un à la droite et l'autre à la gauche du conducteur.

Il avait la malheureuse habitude de jurer à tout propos.

Nous lui demandâmes s'il ne consentirait pas à s'en abstenir. « Impossible, » répondit-il, » « je sais que c'est mal, mais que voulez-vous? ça me sort de la bouche sans que je m'en aperçoive. » —

« Nous permettrez-vous de vous toucher du coude chaque fois que vous jurerez? » — « Oh! très volontiers, mais à quoi bon? » — « Essayons! » Pendant la première heure, nos coudes furent sans cesse à l'œuvre. Notre homme ne s'en plaignait pas... Petit à petit, la besogne diminua. Bref, les jurements cessèrent entièrement sans que le conducteur s'en fût même aperçu. Il fut tout étonné lorsque nous lui apprîmes, montre en main, combien de relais nous avions faits sans qu'aucune parole inconvenante lui eût échappé.

Nous avions conquis Alger en 1830. Grâce au régime libéral que la seconde moitié de cette année semblait avoir inauguré, notre Comité avait cru devoir songer à commencer une mission dans cette nouvelle dépendance de la France. On nous avait mis à l'étude de l'arabe et de la religion musulmane, mon ami Arbousset et moi. Nous suivions déjà pour l'hébreu les leçons de M. Quatremère au Collège de France; nous devînmes, en sus, les élèves de M. Garcin de Tassy et de M. Caussin de Perceval et nous eûmes accès aux trésors de linguistique que renferme la grammaire arabe de Silvestre de Sacy. Ces études obligées ne tardèrent pas à nous paraître pleines d'attrait; elles nous ménagèrent aussi l'occasion d'entendre, comme délassement, les charmantes causeries d'Andrieux sur les fables de La Fontaine, les leçons de philosophie de Laromiguière, celles de Champollion sur les hiéroglyphes d'Egypte et d'assister à quelques-unes des reconstructions d'animaux antédiluviens que le grand Cuvier savait faire avec un ou deux os. De temps en temps, nous allions à la Sorbonne prendre part aux applaudissements que le bon Lacretelle savait si bien provoquer, comme pour reprendre haleine, au milieu de ses leçons d'histoire. Quels beaux jours, quand j'y pense !

Ils passèrent si bien et si vite qu'au moment où nous y songions le moins, nous apprîmes qu'on parlait de nous faire partir pour le cap de Bonne-Espérance. Il n'était plus question d'Alger, ce qui d'abord nous fut fort désagréable. Nous nous étions très facilement faits à l'idée d'avoir pour champ de travail un pays dont la distance se mesurait par heures. Nos parents surtout le trouvaient très sagement choisi. Mais on avait reçu d'excellentes nouvelles de MM. Lemue, Rolland et Pellissier. Ce dernier était parti de Paris en mai 1831. Ils avaient pénétré dans l'intérieur de l'Afrique méridionale jusqu'au pays des Baharoutsis, fort au-delà du bel établissement missionnaire fondé par Moffat au Kuruman. Des populations considérables les avaient très bien accueillis. Il y avait là du travail pour plusieurs ouvriers et ils demandaient avec instance qu'on leur envoyât du secours. Le Comité nous proposa de partir pour cette destination et nous acceptâmes, croyant obéir à un devoir évident, et, il faut l'avouer aussi, pensant que l'étude des mœurs et des langues de tribus primitives ne manquerait pas de charme. Nous dîmes adieu à l'arabe, quoique ce ne fût pas sans regret. On nous mit au hollandais parlé par les colons du Cap. On nous donna quelques notions de médecine et de chirurgie et nous nous mîmes à dévorer tout ce qui avait été écrit jusque-là sur les Hottentots et les Cafres. Le Vaillant nous enthousiasma par des récits de chasses et plus encore par l'intérêt que lui avaient inspiré les indigènes et le témoignage qu'il avait rendu à leurs dispositions bienveillantes.

Restaient les adieux à faire à nos familles, ces adieux tant et depuis si longtemps redoutés.

J'allai passer un peu plus de deux mois auprès de mes bien-aimés parents. Il fut convenu entre eux et moi que nous tâcherions de jouir autant que possible de cette réunion, sans trop anticiper sur l'heure de la séparation, laissant à Dieu le soin de nous soutenir quand elle viendrait. Depuis quelque temps, mon père était atteint d'une gastrite chronique qui l'avait extrêmement affaibli. Le bonheur de me posséder, les fréquentes excursions que nous fîmes ensemble à la campagne, quelques jours passés dans un paisible établissement d'eaux thermales le remirent d'une manière étonnante. Je prêchais fréquemment et je tressaille encore quand je me rappelle tout ce qu'il y avait de tendre, de sympathique, d'encourageant dans le regard d'un père écoutant un fils qui allait lui échapper. J'avais été extrêmement frappé à mon arrivée, de la sérénité de ma mère, de l'empire qu'elle paraissait avoir sur elle-même jusque dans les moments où sa tendresse avait le plus d'effusion. Elle autrefois si agitée, si tremblante lorsqu'on parlait du genre d'existence qui m'attendait, c'était elle maintenant qui de nous tous semblait le moins craindre d'aborder ce sujet. Pour son cœur maternel, ce qui n'était pour les autres qu'une perspective douloureuse, avait été depuis longtemps une déchirante réalité. Elle avait lutté, prié pendant que nous ne pensions qu'à nous préparer à la lutte, et elle avait obtenu la victoire avec le secours de son Dieu. Elle n'avait plus qu'une pensée : celle de pourvoir à tout ce qui pourrait alléger les sacrifices auxquels son fils était appelé et de le soutenir dans l'accomplissement de son devoir.

A cette époque, bien peu de gens conservaient quelque espoir de revoir un missionnaire partant pour le cap de Bonne-Espérance. C'est avec ce sentiment que mes amis me firent leurs adieux pendant la journée qui précéda mon départ. Ceux qui s'aventuraient à me dire au revoir, ajoutaient de suite : « dans le ciel! »

Les diligences allant d'Orthez à Paris passaient alors par Bayonne. Ce détour m'eût ramené au milieu d'autres parents et là se fussent renouvelées des scènes que je n'avais nulle envie d'affronter deux fois. Je me décidai à prendre la route directe des Landes, en allant à cheval jusqu'à Mont-de-

Marsan. J'emmenais avec moi un jeune Béarnais qui devait plus tard occuper une place distinguée parmi les conducteurs de l'Eglise Réformée de France, M. Pédézert. Il se destinait alors à la même carrière que moi et allait occuper parmi les élèves missionnaires la place que je devais laisser vide. Les chevaux furent amenés devant la porte de la maison paternelle, à quatre heures du matin. Après une prière mêlée de sanglots, commença une scène que je ne puis comparer qu'à celles de la séparation suprême au moment de la mort. Mon père, mon frère, mes sœurs étaient anéantis. Seule, ma mère avait encore la force de parler. Me voyant défaillir : « Courage mon fils, » me cria-elle, « c'est pour ton Dieu; pars sans regrets; remets-nous à lui... Je sais qu'il prendra soin de toi! » Un instant après, nous étions à cheval et nous avions fait quelques pas, lorsque j'entendis mon père me rappeler. « Descends, me dit-il, il faut que je t'embrasse encore une fois! » — « Non, de grâce! Nous allons perdre le peu de force qui nous reste encore! » — « Je te l'ordonne. » — Je me jetai dans les bras de ce pauvre père et il me serra contre sa poitrine, d'une étreinte convulsive, en prononçant d'une voix sourde ces mots qui me brisèrent le cœur : « Je ne te reverrai plus ici-bas! »

Deux heures après, nous arrivions à notre première halte, et alors seulement s'arrêtèrent mes sanglots. Je n'avais rien vu, jusque-là. Mon compagnon de voyage me dit que plusieurs fois, le long de la route, il avait dû écarter les laboureurs qui quittaient leur ouvrage pour venir demander quelle infortune avait pu produire une telle douleur. Je ne repris entièrement possession de moi-même que quatre jours après, en arrivant à Paris.

Nous fûmes consacrés au saint Ministère, mon ami Arbousset et moi, le 18 octobre 1832. Parmi les pasteurs qui nous imposèrent les mains dans le temple de Sainte-Marie, se trouvait, à mon indicible joie, Henry Pyt, mon père en la foi, l'homme éminent qui pendant huit ans avait fait tout ce qui était en son pouvoir pour développer mon cœur et mon intelligence. Quelques jours plus tard, lorsque nous partîmes pour aller nous embarquer à Londres, Pyt fut le dernier ami que rencontrèrent mes regards. Au moment où la diligence sortait de la cour des Messageries, rue Saint-Honoré, je le vis appuyé contre une colonne, m'envoyer un baiser d'une main, et de l'autre me montrer le ciel. M. et Mme Grand-Pierre n'avaient pas eu le courage de nous accompagner jusque-là. Ils nous aimaient de tout leur cœur et nous leur avions voué une affection qui n'était égalée que par notre reconnaissance.

IV

Départ pour le Sud de l'Afrique. — Arrivée au Cap.

Nous étions trois en partant de Paris et nous allions être quatre sur le navire qui devait nous transporter de Londres au cap de Bonne-Espérance. — Un maçon des environs d'Amiens, né catholique, mais converti à la foi protestante par la lecture d'un Nouveau Testament qu'il avait trouvé dans le grenier de son père, avait demandé à nous accompagner comme artisan missionnaire. C'était pour nous une acquisition inappréciable. Gossellin, quoique sans culture, était doué d'une intelligence remarquable et d'un bon sens peu commun. Ses aptitudes pour le colportage biblique l'avaient fait appeler à Paris. Son humeur joviale, l'énergie et l'originalité avec lesquelles il exprimait ses convictions lui ouvraient toutes les portes. Des hommes lettrés se plaisaient à le faire parler et paraissaient apprécier la saveur de sa piété franche et assurée. La force musculaire du colporteur, sa taille et sa belle carrure, sa voix retentissante, son langage pittoresque et souvent émaillé d'incorrections fort piquantes, contribuaient aussi à le faire écouter. On sentait que l'on avait affaire à une nature puissante, exempte de toute bigoterie et que la vérité seule pouvait avoir subjuguée. Gossellin venait de temps en temps à la Maison des missions nous demander d'aller expliquer la parole de Dieu à des gens qu'il réunissait chez lui ou ailleurs. Il me souvient qu'étant une fois en retard, je l'entendis du bas de l'escalier répéter d'une voix éclatante quelques-uns des passages du Nouveau Testament les plus propres à éveiller les consciences. Après la réunion, je lui demandai s'il ne craignait pas de déranger les divers locataires de la maison en parlant si haut : « Attendons qu'ils se plaignent, » me répondit-il, « puisqu'ils ne disent rien, c'est qu'ils écoutent. »

La vocation missionnaire fut révélée à ce brave homme par une lettre que M. Bonnard, le doyen de la Faculté de Montauban, avait écrite à M. Grand-Pierre et qui fut lue dans une réunion. L'excellent doyen portait un très vif intérêt à notre œuvre. Ayant appris que notre départ se préparait, il avait écrit qu'il lui semblait très nécessaire qu'on nous adjoignît un artisan pieux qui pût nous aider et nous diriger dans des travaux matériels dont nous n'avions aucune connaissance. Gossellin s'écria, séance tenante : « Voilà mon affaire; je suis votre homme. » Tout fut réglé en deux ou trois jours, à notre très grande satisfaction. En sus des avantages que nous promettaient les bras vigoureux et la bonne humeur de ce nouvel associé, il y avait son âge. Il avait dépassé d'un ou deux ans sa trentième année. Il nous paraissait très mûr et plus que suffisant pour nous autoriser à montrer nos faces presque imberbes.

A cet accroissement de force devait s'ajouter un élément d'une importance non moins grande pour aider à une œuvre de civilisation, celui dont la juste estime a fait dire à un poète : « O femme ! sans toi nous serions des brutes. » Mlle Eléonore Colani était fiancée à l'un de nos devanciers, M. Lemue, et nous fûmes chargés de la protéger jusqu'à ce que nous pussions la remettre à son futur époux qui devait venir la recevoir à la baie d'Algoa. Nous nous embarquâmes à Gravesend, le 11 novembre 1832, et fîmes nos adieux à l'Europe en embrassant divers amis qui nous avaient accompagnés de Londres. Dans le nombre se trouvaient Mme Babut, née Monod et le célèbre Ellis, missionnaire de la Polynésie. Nous allions passer trois mois et demi sur un brick anglais de deux cent cinquante tonneaux. Heureusement que nous ne soupçonnions pas que nous serions exposés, pendant un temps aussi long, à ce que l'on a appelé : « les agréments d'une prison joints au danger de se noyer. »

A la hauteur de Douvres, nous traversâmes la flotte française qui se balançait majestueusement sur ses ancres, attendant l'ordre de contribuer pour sa part à l'affranchissement de la Belgique. Le *Test* côtoya d'assez près l'un des colosses de notre marine, pour nous permettre d'entendre le roulement tout français des tambours et de contempler à notre aise les ondulations du tricolore déroulant au gré de la brise ses belles et glorieuses couleurs. Pâles et tremblants d'émotion, nous soulevâmes nos chapeaux et d'une voix étouffée, nous envoyâmes un dernier adieu à la patrie.

Quelqu'un, en ce moment, passa près de nous, haussa les épaules, sourit du coin de la bouche et se mit à siffler pour encourager le vent propice qui gonflait de plus en plus nos voiles. Brave homme au fond, le capitaine Richard Brown était l'incarnation du prosaïsme commercial. Sa figure impassible, son nez retroussé, éminemment flaireur, ses yeux constamment tournés vers les nuages, ses mains occupées du matin au soir à fouiller dans ses poches, disaient assez qu'il n'y avait dans cet être que deux passions : celle du bon vent et celle des écus.

Un matelot frappa huit coups sur la cloche du bord.

Nous apprîmes que cela voulait dire que nous allions dîner. La table était servie dans un salon où l'on pouvait, à la rigueur faire cinq pas dans tous les sens. Le maître d'hôtel nous attendait en manches de chemise ; il souleva courtoisement une mèche de ses longs cheveux couleur de lin et nous montra nos places. Le menu fut, dès le premier jour, ce qu'il devait être, à peu d'exceptions près, pendant tout le voyage. Une épaisse purée de pois, un bon morceau de bœuf salé, des pommes de terre, un pouding ruisselant de saindoux et du biscuit à discrétion. Il y avait pour la soif une carafe d'eau de la Tamise et un grand pot de grès plein de bière. On apporta à la fin du repas, des verres à pied et une bouteille contenant un liquide fort anodin qu'on assura venir de Bordeaux et que le bon Richard Brown s'était procuré à notre intention. Lui dire que nous n'avions pas fait un vrai repas de rois, c'eût été lui inspirer de sérieuses inquiétudes sur notre état mental. Du reste, nos estomacs étaient encore en belle humeur, la mer était calme et il n'y avait d'agitation dans l'air que tout juste ce qu'il fallait pour aiguiser notre appétit. Le soir, vers dix heures, une corvette en reconnaissance vint, comme à tire d'ailes, effleurer notre beaupré, nous inonda d'un flot de lumière qui lui permit de distinguer tout ce qu'il y avait sur notre tillac et vira de bord.

Tout allait bien jusque-là. Le lendemain, le vent fraîchit, la Manche devint houleuse et le mal de mer me mit pour huit jours au nombre des agonisants. Mes compagnons de voyage avaient le pied marin. Ils me prouvèrent à satiété que rien n'est maladroit comme une sympathie que n'éclaire pas l'expérience. Ces bons amis, gais comme des pinsons sur branche, n'éprouvant d'autre sensation que celle d'un vif appétit, ne croyaient pouvoir mieux faire que de se donner rendez-vous auprès de ma triste couchette pour y croquer bruyamment leur horrible biscuit. J'avais beau les conjurer de m'épargner ce tourment, c'était parler à des sourds.

Je commençais à me remettre lorsqu'une tempête nous jeta tous dans la plus grande consternation. Pendant deux jours et deux nuits, les flots de l'Océan passèrent et repassèrent sans pitié sur notre petit brick. Les garde-fous du pont, les chaloupes, les tonneaux d'eau douce amarrés sous le mât, nos cages de poules et de canards furent balayés. A travers le mugissement des vagues, les craquements de la charpente du navire, le sifflement du vent dans les cordages, on entendait l'équipage courir de l'avant à l'arrière, en poussant des cris discordants qui ne semblaient pas de ce monde. L'eau pénétrait dans nos cabines et mouillait nos couchettes. Les feux étaient éteints et pendant toute la durée de la tourmente, personne ne goûta autre chose que du biscuit. Entièrement neufs aux scènes maritimes, notre imagination grossissait des périls d'ailleurs bien réels, et dont le capitaine, dans ses rares apparitions, nous avait expliqué l'étendue. Notre navire avait été chargé outre mesure ; au lieu de se laisser soulever par les vagues, il restait au milieu d'elles, comme une masse inerte qu'elles semblaient s'acharner à démolir. Heureusement qu'il était fort solide et c'est la seule chose qui tranquillisât un peu l'équipage.

Pendant la seconde nuit, au moment où nos craintes étaient les plus vives, je m'endormis, n'en pouvant plus de fatigue et d'épuisement. J'eus alors un rêve qui produisit sur moi l'effet d'une véritable vision.

Je crus voir près de ma couche un homme aux traits augustes, au regard bienveillant, qu'un sentiment instinctif me fit immédiatement reconnaître et que je n'hésitai pas à saluer en l'appelant « Daniel. » Il sourit et me prenant dans ses bras, il m'emporta rapidement vers les régions célestes. Cette ascension se poursuivit à travers les sphères que Dieu a peuplées d'astres étincelants. Nous montions, montions toujours!... Nous arrivâmes enfin aux portes d'un palais dont l'étendue paraissait incommensurable et dont la splendeur l'emportait sur l'éclat de mille soleils. Des chants dont aucune langue humaine ne saurait dire la puissance et l'harmonie y retentissaient, mêlés d'alléluias. « Ah! » m'écriai-je, « c'est ici la demeure de mon Sauveur! Entrons, je veux le voir, l'adorer, chanter, moi aussi, à tout jamais ses louanges. » — *Pas encore!* répondit le prophète. Et il me promena de portique en portique, m'encourageant à plonger le regard jusque dans les parties les plus glorieuses des lieux très hauts, mais réprimant toujours mon impatience par ce mot : « *Pas encore !* »

Soudain, je sentis que nous retournions avec une rapidité sans égale vers le séjour du travail et de la douleur. Bientôt, j'aperçus dans une contrée sauvage, une chaumière paisible dans laquelle je crus discerner ma propre image, un temple où des noirs, par centaines, s'assemblaient avec empressement, et des écoles où un grand nombre d'enfants s'exerçaient à chanter les louanges de Dieu.

« *Cela d'abord*, » me dit alors le prophète; « puis, je reviendrai te chercher, car une place t'est réservée dans le palais de ton Rédempteur, à la condition que tu lui sois fidèle! »

Je me réveillai, et voilà, ce n'était qu'un rêve!...

Mais ce qui n'en était pas un, c'était un calme parfait survenu dans les éléments pendant mon sommeil, le ton assuré avec lequel le capitaine ordonnait de déployer de nouveau les voiles et le bonheur avec lequel nous chantâmes le psaume 116e : *J'aime mon Dieu*, etc. que mon ami Arbousset s'était hâté d'entonner. Gossellin nous fit alors cette petite allocution: « Mes amis, j'ai bien cru que nous ne verrions pas cette matinée; mais, grâces à Dieu, cette pensée ne m'a pas effrayé. J'ai dit à mes frères de Paris en les quittant, que je partais sans savoir si j'aborderais au port du Cap ou au port de l'Éternité, je ne le sais pas encore; mais quoi qu'il arrive, le Seigneur est notre Père. »

La vie maritime nous devint bientôt familière,

mais la lenteur de notre brick nous fit comprendre que nous devions nous donner quelque occupation sérieuse. Il fut arrangé entre Arbousset et moi que chaque jour, après le culte domestique, nous consacrerions la matinée à nous assimiler, au moyen de résumés, tout un cours de médecine et de chirurgie en quatre volumes de 600 pages chacun.

Naturellement, Gossellin, après quelques simples lectures, préférait se mettre à la pompe et à divers autres travaux du bord. C'était le meilleur moyen de combattre la pléthore dont il était menacé par suite d'une immobilité toute nouvelle pour lui et des mets substantiels de la table de Richard Brown.

Quant à Mlle Colani, elle passait assez agréablement son temps à des travaux d'aiguille et des lectures avec une vieille dame qui partageait sa cabine et faisait tout exprès le trajet de Londres au Cap pour l'accompagner. Madame Freeman escortait ainsi des jeunes personnes jusque dans les parties les plus reculées du globe, métier qui nous parut d'abord bien singulier, mais dont nous reconnûmes la convenance. Soit dit en passant, il n'y a pas de fin aux ressources que la navigation procure aux Anglais.

Notre compagne de voyage montra beaucoup de sang-froid et de résolution lors d'un incident qui fut pris d'abord très au sérieux, mais qui n'eut d'autre résultat que d'égayer le reste de notre voyage. A cette époque, la piraterie n'avait pas entièrement cessé et la tempête nous avait jetés dans des parages où de telles rencontres étaient possibles. Par une belle soirée, au moment où le soleil touchait l'horizon, nous vîmes une goëlette cingler vers nous à toutes voiles. Arrivée assez près pour pouvoir nous bien observer, elle ralentit sa marche. Richard Brown hisse son pavillon anglais : l'autre ne lui rend pas la politesse. A l'aide de sa lunette, notre capitaine croit reconnaître des bouches à feu aux sabords de l'inconnu.

Vite, un branle-bas général ! Nos dix à douze matelots descendent à la soute, en rapportent en toute hâte, des mousquets, des piques, des sabres, des paquets de munitions et arrangent le vieux canon d'alarme amarré sur le pont, de façon à pouvoir s'en servir pour la défense. Nous nous armons, nous aussi, Arbousset et moi, chacun à sa guise. Mlle Colani députe madame Freeman auprès de Gossellin pour lui dire qu'elle ne craint rien, mais que quoi qu'il arrive, elle sait qu'il n'oubliera pas qu'elle tient à sa liberté et à son honneur plus qu'à sa vie...

Gossellin répond froidement qu'on peut se fier à lui, qu'il fera tout ce qu'il faudra faire.

Sans se soucier d'autres armes que ses deux robustes bras, il prend l'attitude d'un Samson à l'endroit où l'on présume que se fera l'abordage. « Qu'ils viennent, » s'écrie-t-il, « avant qu'ils ne posent le pied sur notre tillac, j'en aurai jeté plus d'un à l'eau ! »

Cependant, le soleil s'était couché et la goëlette

n'approchait pas... Elle ne s'éloignait pas non plus. Son pavillon ne s'était pas montré, tandis que le nôtre continuait à flotter. « C'est pour la nuit », disions-nous. On attendit... On attendit... Rien ne venant, nous laissâmes aux matelots le soin de garder le navire et nous allâmes nous étendre sur nos couchettes, sans toutefois nous déshabiller.

Aux premières lueurs de l'aube, nous étions sur le tillac... Plus de trace du pirate. Seuls quelques poissons montraient ici et là leur nageoire dorsale au-dessus de la mer empourprée.

Ah! les poissons, il n'est pas toujours aussi facile qu'on le croit d'en voir en pleine mer. J'ai fait plus tard des trajets de plus de mille lieues, sans en observer un seul. Mais, cette fois, comme si notre vie monotone leur eût inspiré de la pitié, ils semblaient s'accorder pour nous ménager d'incessantes diversions. Ce fut d'abord un banc de bonites que la quille du *Test* ne cessa de labourer pendant plus d'une semaine. La mer en était comme pavée. En montant à la hune nous en voyions aussi loin que notre regard pouvait s'étendre. On en mangea des quantités ; on en sala, on en sécha et nous finîmes par ne plus en pêcher que pour le plaisir de les prendre et de les rejeter à l'eau.

Des environs du tropique jusqu'à l'équateur, nous eûmes pour compagnons de voyage deux poissons zébrés, du genre des pilotes, qui se tinrent constamment à un ou deux pieds du même côté du navire vers la poupe. C'étaient bien toujours les mêmes, car l'un était beaucoup plus petit que l'autre, et cette différence suffisait pour établir leur identité. Ces êtres peuvent-ils donc se passer indéfiniment de sommeil ? Sous l'équateur, par un calme parfait, une scie magnifique vint à plusieurs reprises nous montrer son arme effrayante. On eût dit qu'elle avait envie d'en faire l'essai contre les flancs de notre brick.

Un peu plus loin, nous capturâmes un requin, qui mesurait dix-huit pieds. Après avoir laissé une partie de sa mâchoire à un croc formidable, amorcé d'une pièce de lard, il succomba à la tentation d'essayer une seconde fois. Pour le hisser à bord, il fallut lui passer des cordes à nœuds coulants au-dessus de la queue. Le premier soin des matelots fut de lui ouvrir le ventre et de lui arracher le cœur ; cela ne l'empêcha pas de se débattre pendant au moins un quart d'heure. Il coupa presque en deux un gros bâton qu'on avait introduit dans sa bouche. Ses mouvements ne cessèrent que lorsqu'on l'eut haché en trois morceaux. Les matelots en conservèrent la peau pour la vendre aux menuisiers, qui s'en servent pour râper le bois et le polir. Ils mangèrent une partie de la chair ; ils nous en firent goûter et nous ne la trouvâmes pas mauvaise du tout.

A l'exception d'un îlot (1) noirâtre, composé de

---

(1) Les Espagnols et les Anglais lui ont donné le nom de *Trinidad*.

rochers complétement arides, autour desquels les cris plaintifs des pétrels se mêlaient au mugissement des vagues, aucune terre ne s'offrit à nos yeux depuis le 11 novembre jusqu'au 23 février.

Ce jour-là, on nous dit que nous n'étions plus qu'à quelques milles du Cap. En effet, bientôt après, à force d'écarquiller nos yeux, nous finîmes par discerner, à l'horizon, quelque chose de noirâtre un peu ébréché au milieu de sa surface supérieure. C'était la montagne de la Table. Nous espérions arriver avant le soir ; pleins d'impatience, nous frappions du talon le tillac du *Test*, comme pour l'éperonner, mais rien n'y faisait ; notre solide monture devait conserver jusqu'à la fin ses habitudes de majestueuse lenteur. La nuit se fit au moment où nous commencions à distinguer sur les flancs de la montagne quelques taches blanches qui ressemblaient à des habitations humaines. A 4 heures du matin j'étais sur le pont. La mer était calme, le navire marchait encore, mais la trace qu'il laissait après lui était à peine perceptible, on eût dit qu'il se sentait arrivé et qu'il passait agréablement son temps à écouter de caressantes petites vagues clapoter autour de sa quille. Il était comme enseveli dans un brouillard épais et tiède, qui permettait à peine de voir le bout du beaupré. Le pont était désert ; sauf le timonier, nonchalamment appuyé sur la roue, tout le monde dormait. C'était la matinée d'un dimanche ; je pensais à la bonté que le Seigneur avait déployée envers nous, au repos que nous allions goûter à terre, au bonheur avec lequel nous pourrions, avant la fin de la journée, entrer dans une maison de prière, lorsque j'entendis très distinctement des coqs chanter, un chien aboyer; bientôt, ce fut le bruit très reconnaissable d'un véhicule passant rapidement sur un chemin caillouté. « Nous sommes bien près de terre ! » dis-je au timonier, en me penchant sur la mer. En ce moment, le brouillard devint moins épais et j'aperçus un gros rocher, à très peu de distance de la proue, presque à fleur d'eau. Je le montrai au timonier qui jeta un cri d'alarme. Le capitaine, le second et tout l'équipage furent à l'instant sur le pont. On se hâta de carguer les voiles; deux chaloupes furent mises à l'eau pour remorquer le navire en arrière; manœuvre que facilitait une complète absence de vent. Au même instant, le brouillard se leva. Ce fut un vrai coup de théâtre. La banlieue de Green-point était là devant nous avec son phare, ses charmantes maisons de campagne, mais aussi ses dangereux récifs. Des signaux de détresse répétés par la vigie de la montagne du Lion, nous amenèrent bientôt le capitaine du port avec ses bateaux et leur équipage. Nos matelots prenant courage se mirent à la manœuvre avec une nouvelle vigueur. Nous travaillâmes, nous aussi, sans relâche pendant près de deux heures. Vers midi, aidés par une légère brise, nous pûmes doubler la pointe rocailleuse qui avait failli nous être fatale et jeter l'ancre dans la baie de la Table.

Rien n'égale l'austère et sauvage grandeur des montagnes qui se dressent à cette extrémité de l'Afrique comme pour braver les deux Océans qui s'y rencontrent. Le mur noirâtre de 1,500 mètres de haut qui doit son nom à la surface plane de son sommet, réduit à des proportions lilliputiennes la ville qui s'est élevée à ses pieds. Il semble défier la civilisation européenne de s'étendre au-delà.

Nous comprîmes l'épouvante des premiers navigateurs qui le contemplèrent et nous nous sentîmes écrasés en pensant à ce qui nous attendait derrière ce sinistre rempart.

A ce moment, mon ami Arbousset ouvrit sa Bible et ses yeux y lurent ces mots : « Qui es-tu, grande montagne devant Zorobabel ?... Tu seras aplanie ! » (Zach. 4. 7.) Sans être des Zorobabels, nous avions nous aussi notre temple à édifier dans un pays de désolation et je ne saurais dire le bien que nous fit la rencontre inattendue de ce verset. Y avait-il de la vanité ou de la superstition à supposer que Celui qui compte jusqu'aux cheveux de nos têtes, avait voulu nous ménager un précieux encouragement ?...

Bientôt après, une chaloupe aborda le *Test* et quelqu'un vint nous dire qu'on nous demandait. C'étaient deux amis, MM. Rutherfoord et Dixie, que le Dr Philip, surintendant des Missions de la Société de Londres, avait chargés de nous conduire chez lui. Quelle étrange sensation nous éprouvâmes en faisant nos premiers pas sur le quai !

Accoutumés, depuis près de quatre mois, à allonger instinctivement tantôt une jambe, tantôt l'autre, pour retrouver une surface qui se dérobait sous nos pas, maintenant nos pieds rencontraient le sol trop vite, et il nous paraissait horriblement dur.

Le Dr Philip nous reçut avec une bonté toute paternelle. Il hébergeait, en ce moment, plusieurs missionnaires venus, l'un de l'intérieur de l'Afrique, d'autres de l'Inde et de Madagascar. Il y eut place pour nous à côté d'eux.

Nous fûmes frappés, dès la première heure, de l'entrain et de la bonne humeur qui régnaient dans ce milieu. J'avais rarement vu des gens rire d'aussi bon cœur. Cela nous choqua d'abord un peu, étant encore tout entiers aux émotions de l'arrivée. Jeunes recrues, nous entrions dans le camp avec une solennité peut-être un peu exagérée. Chacun de ces missionnaires avait apporté du pays d'où il était venu une provision inépuisable d'anecdotes, souvent très amusantes. Mais nous ne tardâmes pas à remarquer que tout cela était accompagné de réflexions instructives et sérieuses. Nous avions devant nous des hommes qui avaient déjà beaucoup travaillé, beaucoup souffert, et nous comprîmes qu'il fallait bénir Dieu de ce qu'ils pouvaient encore faire preuve de tant d'élasticité. L'un d'eux avait complétement ruiné sa santé en prêchant dans les rues et les bazars de Calcutta. Un autre avait été chassé de Madagascar, son champ de travail. Un troisième avait partagé pendant plusieurs années la vie nomade des Namaquois, passant des mois entiers sans avoir aucune nouvelle des pays civilisés. Au milieu d'eux, dominait la belle et noble figure du Dr Philip dont les premiers regards et les premières paroles avaient complétement gagné nos cœurs. C'est lui qui avait engagé le Comité des Missions de Paris à envoyer nos devanciers dans l'Afrique méridionale

Nous lui avions été recommandés d'une façon toute particulière, et nos instructions portaient que nous devions recevoir ses conseils avec la plus grande déférence. Il avait alors un peu plus de cinquante ans. Sa haute taille, sa belle corpulence, sa voix sonore, son front élevé, légèrement plissé par le travail de la pensée, ses yeux intelligents ombragés par d'épais sourcils, formaient un ensemble en parfaite harmonie avec son titre de docteur et de surintendant. Mais une expression d'indicible bonté et de simplicité chrétienne, lui gagnaient immédiatement la confiance et l'affection. Il appartenait à ce beau type de piété britannique plein de sève et d'originalité, auquel se rattachent les noms de Rowland Hill, de Matthew Wilks, de David Bogue, de Clarkson, de Wilberforce, d'Angel James, etc. C'était un esprit ample et libéral qui saisissait toutes les questions par leur grand côté. Il était devenu au Sud de l'Afrique, le protecteur de toutes les populations indigènes, et il s'appliquait à leur procurer des missionnaires.

Sa propre vocation avait été déterminée par un incident bien remarquable. Pasteur à Aberdeen, il discutait un jour avec un jeune incrédule et tâchait de réveiller sa conscience. Tout à coup, prenant une attitude solennelle, l'opposant dit au défenseur du christianisme : « Monsieur, croyez-vous réellement à ce que vous enseignez ? Croyez-vous qu'il y ait une vie future, un ciel, un enfer ?... » — « Bien certainement !.. » — « Étonnant ! Étonnant ! Si je croyais ces choses, monsieur, comme vous prétendez le faire, je quitterais tout pour aller en instruire les peuples qui n'en ont encore aucune connaissance. Je courrais *au plus pressé*, je ne laisserais point des millions de païens dans une ignorance absolue du seul moyen de salut !... » — Le trait avait porté.

Résidant habituellement à la ville du Cap, le D^r. Philip, tout en dirigeant les missionnaires dans leurs travaux, donnait ses soins à une Eglise d'indépendants anglais et les édifiait dans une chapelle attenante à sa maison.

Nous eûmes le bonheur de l'entendre prêcher quelques heures après notre arrivée.

Il nous prit à part, à l'issue du service, et nous apprit que pendant que nous étions en mer, la mission que nous devions aller renforcer avait été complètement ruinée, que de fait, elle n'existait plus. Un chef puissant et sanguinaire, Mossélékatsé, avait entièrement dispersé les tribus au milieu desquelles MM. Lemue, Rolland et Pellissier avaient commencé des travaux qui semblaient beaucoup promettre.

La soirée de ce premier jour se passa pour nous d'une manière assez triste. Le cachet étrange de tout ce que nous voyions, l'ennuyeuse monotonie de cette ville du Cap avec ses rues sans pavés, se coupant à angle droit, tirées au cordeau, bordées de maisons sans toits et se ressemblant toutes, accrurent le noir que les affligeantes communications de notre hôte nous avaient mis dans l'âme.

Affrontant, peut-être un peu à l'étourdie, les scrupules de nos nouveaux amis en ce qui concernait les promenades en jour de sabbat, nous sortîmes, vers le crépuscule, et nous allâmes nous asseoir sur les rochers contre lesquels notre navire avait failli faire naufrage pendant la matinée. Chère patrie, que tu nous paraissais loin ! Comme nous nous sentions isolés, perdus, devant ces trois mille lieues d'eau qui nous séparaient de ceux que nous aimions ici-bas, et ces montagnes noires, pelées, apparemment sorties toutes calcinées des régions infernales ! Où étaient mes riants côteaux du Béarn ? Oh ! il y eut là, pour nous, pour moi, peut-être plus que pour mes compagnons, un terrible moment de lutte. Il y a ainsi dans la vie certaines heures où la souffrance morale détruit l'équilibre des facultés. On se cherche et on ne se retrouve plus ; on se sent atteint jusque dans le fond vital. L'âme plongée dans la douleur semble s'y retrancher et n'en vouloir plus sortir. Tout s'exagère, tout se dénature. A la vérité, notre position était extrêmement triste. On avait dérangé nos plans pour l'Algérie, interrompu des études pleines d'attrait pour nous ; et maintenant, les amis qui nous avaient appelés ne savaient plus eux-mêmes que devenir. Où allions-nous porter nos pas ? Qu'étions-nous venus faire si loin ?... Le Dr Philip, avec sa connaissance du pays et sa grande expérience, paraissait aussi embarrassé que nous. Que nous étions loin de nous douter que toute cette perplexité devait avoir pour résultat d'ouvrir à notre Société le champ de travail que le Seigneur lui destinait et où l'attendaient tant de succès et de bénédictions ! — La prière faite à trois, dans cette solitude, mais dans notre chère langue française, nous soulagea cependant. Nos jeunes imaginations avaient besoin de se calmer dans le sommeil qui, grâce à Dieu, a facilement raison d'hommes de vingt à trente ans. Nous rentrâmes, et bientôt nous sentîmes qu'après tout, quand on est étendu sur un bon matelas, à l'abri des secousses de la mer, entre deux draps bien propres et derrière de bons rideaux, il y a lieu de se rassurer et de bénir le Seigneur.

V

La Ville du Cap

Le lendemain, après un sommeil de huit à dix heures, sans interruption, nous étions encore plus réconciliés avec la vie. Décidément le plancher des vaches avait du bon. Nos yeux avaient un besoin démesuré de voir et nos jambes de marcher. D'un saut, nous fûmes dans les rues du Cap. Elles avaient entièrement changé d'aspect. Autant elles nous avaient paru mornes et désolées, la veille, autant elles étaient riantes, animées. Le soleil brillait dans tout son éclat, mais sa chaleur était encore tempérée par une brise vivifiante et légèrement parfumée. Les rues avaient été soigneusement arrosées. Ce n'étaient partout qu'étalages de fleurs, de fruits, de produits appétissants, parmi lesquels se trouvaient, dans une profusion merveilleuse, quelques-uns de ceux que nous avions entrevus derrière certaines vitrines du Palais-Royal que les grosses bourses avaient seules le privilège de faire ouvrir. Nous vîmes des ananas odorants, des oranges, des mandarines, des bananes, des patates grosses comme nos têtes, traités absolument comme des choux et des navets dans nos halles. Il y avait aussi abondance de figues, de pêches, de raisins. Quelque beaux que ces derniers nous parussent, nous doutions que leur saveur pût égaler celle que leur eût donnée le soleil du Languedoc et de la Provence. Force fut, après essai, de reconnaître que nous nous étions trompés.

Le mouvement de la population offrait à chaque instant, les plus curieux contrastes.

Ici, des hommes au teint olivâtre, aux yeux noirs et brillants, en forme d'amande, aux cheveux lisses, couleur de jais, le menton muni d'une barbiche en pointe, la tête couverte d'un chapeau pyramidal de feuilles de palmier, marchaient d'un pas pressé, portant sur l'épaule, bien équilibré, un bambou flexible aux deux bouts duquel étaient suspendus tantôt des paniers, tantôt des seaux d'eau, quelquefois d'énormes poissons.

On nous dit que c'étaient des Malais. Leurs ancêtres étaient venus des îles de la Sonde, sous la domination hollandaise. Tous mahométans et passablement fanatiques, ils formaient une communauté à part dans l'un des quartiers les moins beaux de la ville. On nous fit remarquer leurs longues vestes s'étendant jusqu'au-dessous des hanches pour rappeler les vêtements flottants, si chers à la gravité musulmane, auxquels il avait fallu renoncer pour tenir pied à la fiévreuse activité des blancs. Apres au gain, ils avaient le monopole de presque tous les métiers.

Ailleurs, c'étaient des Hottentots aux lèvres en museau, au nez épaté, grotesquement affublés d'une peau de mouton, portée la laine en dedans. Avec leurs pantalons de cuir crasseux, tout racornis par la pluie et le soleil, faisant coude au genou, ils semblaient tous avoir les jambes torses comme de vieux chevaux fourbus.

Ces pauvres hères n'avaient pas de profession déterminée. Beaucoup vivaient d'aumônes, les plus industrieux balayaient les rues, faisaient des commissions ou servaient de manœuvres aux Malais. C'étaient là cependant les descendants directs des premiers possesseurs du sol. Ce qui aurait dû les faire respecter avait été la cause de leur malheur. Après en avoir tué un grand nombre sous divers prétextes, et s'être emparé de leurs terres, on avait laissé les autres s'abrutir. Aucun droit civil ne leur étant reconnu, ils avaient été livrés à toutes les tyrannies, à tous les caprices. N'ayant pas été achetés et ne pouvant par conséquent pas être mis en vente, ils ne trouvaient pas comme les esclaves une sauvegarde dans l'avarice des blancs; souvent on les laissait mourir de faim sans s'inquiéter d'eux, ou bien on ne les soignait pas lorsqu'ils étaient malades.

Deux ans avant notre arrivée, le Dr Philip avait obtenu du Parlement anglais qu'ils fussent reconnus comme citoyens de la Colonie. Ce bienfait était trop récent pour qu'ils eussent encore pu en apprécier la portée et en recueillir les fruits. Ils l'ont fait depuis, et amplement, surtout grâce à l'éducation que des missionnaires leur ont donnée. En souvenir de leur délivrance, on aurait dû élever une statue au Dr Philip sur la principale place de la ville du Cap. Au lieu de cela, des colons lui ont intenté un procès, qui l'eût complétement ruiné si des amis ne lui fussent venus en aide. Cet excellent homme a eu depuis lors l'amusement d'entendre chaque jour crier sous sa fenêtre : « philippin ! philippin ! » nom qu'on a donné à un poisson disgracieux qui, jusque-là, s'était appelé « le hottentot ! »

Parmi les gens de couleur qui allaient et venaient dans les rues du Cap, on en voyait qui étaient tout à fait noirs. Ils paraissaient plus robustes que les Malais et que les Hottentots ; ils étaient mieux habillés et évidemment mieux nourris que ces derniers. On s'adressait à eux en les appelant *jongen: jeunes gens*. C'étaient des *esclaves*. Les Hollandais avaient trouvé dans leur langue un euphémisme correspondant aux termes *païdès, pueri*, par lesquels les anciens aimaient à voiler la triste condition de leurs bêtes de somme à face humaine. Nos cœurs se serrèrent. C'était la première fois que nous voyions l'homme à l'état de propriété. Aucun de ceux qui s'offraient à nos regards n'était originaire du sud de l'Afrique. Ils avaient été importés par des négriers venant de la côte de Guinée ou des parties les plus septentrionales du Mozambique. Soit dit à l'honneur des Hottentots, des Béchuanas et des Cafres, on n'a jamais pu obtenir d'eux qu'ils consentissent à faire trafic de leurs semblables. Si l'on excepte les entrepreneurs de grands travaux, les Anglais du Cap n'achetaient des esclaves que pour en faire des valets et des servantes. C'était la seule espèce de domestiques que l'on pût alors se procurer. Nombre de colons hollandais s'entretenaient ou s'enrichissaient au moyen du travail de leurs nègres. En ville, ils leur faisaient apprendre divers métiers, les louaient et recueillaient le gain de leurs journées. A la campagne, ils les employaient à travailler la terre et à prendre soin des troupeaux. Du reste, les esclaves que nous vîmes n'avaient généralement pas l'air malheureux. L'heure de leur affranchissement définitif n'avait pas encore sonné, mais elle approchait et l'institution maudite dont ils étaient victimes, ne s'offrit à nos regards que sous sa forme la plus adoucie.

Nous étions fort désireux d'observer dans son vrai type le *Boer* du Cap, dont nous avions tant entendu parler. Pour cela il suffisait de se rendre sur une place de la ville où les colons de la campagne apportaient leurs denrées et que l'on désignait, pour cette raison, sous le nom de *Boeren plein*. On trouvait là, auprès de lourds chariots et de bœufs attachés aux roues, des hommes dont les traits et la complexion trahissaient immédiatement l'origine batave. Le temps et le climat n'ont en rien modifié la race. Ce sont toujours ces charpentes solides, ces bonnes figures, ces yeux bleus, ces cheveux blonds que les peintres de la Hollande ont su reproduire avec tant de vérité.

Passé l'âge de cinquante ans, le Boer est généralement corpulent; nous en vîmes dont les proportions étaient vraiment monstrueuses. On attribue cela à la grande quantité de viande et de laitage qu'ils absorbent dans leurs repas quotidiens, et à leur répugnance pour tout exercice qui n'est pas impérieusement commandé par les circonstances.

Il y a généralement peu de jeu dans leur physionomie, ce qui tient à la monotonie de leur existence. Mais chez plusieurs, il se mêle à la fixité des traits et du regard, une expression de dureté provenant de l'habitude de commander, la cravache à la main, à des bêtes et à des noirs. Ce sont d'enragés fumeurs, et ils ne se dérident que lorsqu'ils portent à la bouche leur pipe fraîchement bourrée. Le costume est le même pour tous : un feutre gris à poil ras et à larges bords, une veste ronde, des pantalons de peau tannée ou de gros velours, des souliers de cuir non ciré et sans talons, qu'ils confectionnent eux-mêmes. Ils se font scrupule de changer quoi que ce soit à leur toilette pour suivre la mode. Un certain nombre d'entre eux portent les cheveux très courts par principe, ceux-là poussent le puritanisme jusqu'à condamner l'usage des bretelles, parce qu'elles font la croix sur le dos. Les femmes ont un air encore plus antique. Au lieu d'un chapeau de paille qui les protégerait contre le soleil, elles s'affublent d'un béguin tout uni se terminant par une petite ruche qui leur serre les tempes et ne laisse pas paraître une mèche de cheveux. Leurs robes tout d'une venue ont des manches extrêmement étroites.

En écoutant parler ces gens-là, nous remarquâmes que leur hollandais s'était singulièrement abâtardi; les barbarismes et les solécismes y abondent. Plus de distinction de genre dans l'emploi de l'article et du pronom, aucune attention au nombre dans la conjugaison des verbes. Mais c'est la prononciation qui a le plus changé. Elle nous parut fort adoucie, moins gutturale qu'en Hollande et, n'eût été le respect dû partout à la règle, nos oreilles françaises eussent fort applaudi à cet effet du climat.

A part les nouveautés que nous offraient ces types autochthones, le Cap nous parut différer fort peu des villes européennes. Les Anglais y vivent absolument comme chez eux. Leurs boutiques et leurs comptoirs, les allures de leurs employés, de leurs commis, de leurs facteurs de poste, de leurs sergents de ville, sont les mêmes qu'à Londres ou à Southampton. Tous les avantages, les perfecrionnements et, il faut l'avouer aussi, à peu près tous les abus de notre civilisation moderne et surtout les exagérations de nos modes françaises ont été transportés dans cette colonie.

Lorsque nous arrivâmes à la ville du Cap, elle présentait un aspect fort intéressant au point de vue religieux. Comme chez nous, c'était là aussi un moment de réveil.

Quand, après un commencement de colonisation fait au moyen d'éléments généralement assez infimes, la Hollande, en 1687 et 1688, offrit à des Français victimes de la révocation de l'édit de Nantes et à quelques Vaudois du Piémont qui se joignirent à eux, un asile au Cap, elle eut là des travailleurs intelligents et pieux. Ils fondèrent à quelques heures de la baie de la Table, des communautés qui sont encore très florissantes de nos jours et parmi lesquelles il en est une dont le nom rappelle encore l'origine : le *Coin français* (Fransche Hoek). Ils ajoutèrent à l'élevage des bestiaux, la culture des céréales, des arbres fruitiers et surtout celle de la vigne dont ils avaient apporté des ceps de choix. Mais, leur principale préoccupation fut de conserver dans leur pureté les vérités évangéliques et les formes de culte pour lesquelles ils avaient tant souffert. Ils avaient emmené avec eux deux pasteurs réformés, MM. Simond et Daillié. On nous a montré le rocher qui servit de chaire à M. Simond, lorsqu'il arriva et les ruines du premier temple que bâtirent ses chers huguenots.

Leurs lumières et leur exemple firent le plus grand bien à la Colonie. Français et Hollandais appartenaient tous également à l'Eglise réformée, le régime ecclésiastique était strictement presbytérien et synodal. Ce régime, la profession de foi, le culte n'ont pas varié depuis, mais peu à peu la vie religieuse diminua, et au commencement de ce siècle, elle se trouvait remplacée par un formalisme déplorable. Pour les enfants des réfugiés français, cela provint d'abord de procédés arbitraires de la Compagnie hollandaise qui avait la haute main dans toutes les affaires civiles et religieuses, et voulait que le gouverneur fît choix des membres des conseils presbytéraux. En 1701, le pasteur Pierre Simond fut obligé de revenir en Europe parce qu'il ne savait prêcher qu'en français et la Compagnie le remplaça par un prédicateur pouvant le faire aussi en hollandais. Elle lui prescrivit de se servir surtout de cette langue en enseignant la jeunesse et de ne recourir au français que lorsqu'il aurait à visiter, à édifier et consoler les vieux réfugiés. En 1709, l'usage du français fut publiquement défendu pour toutes les transactions officielles avec le gouvernement. En 1724, la même mesure fut appliquée dans les temples aux parties du service où l'on employait la liturgie. Notre langue et sa vivifiante influence disparurent ainsi très rapidement. Le Vaillant, en 1780, ne trouva dans cette région qu'un vieillard comprenant le français.

Toute une génération avait été ainsi réduite à des enseignements qu'elle ne comprenait que très imparfaitement. Les rapports avec l'Europe étaient rares. Vivre au Cap était considéré comme un exil; il ne venait de Hollande que des pasteurs peu instruits, mus trop souvent par des intérêts terrestres. De là, aussi, une stagnation presque complète dans les idées, un attachement servile à la lettre aux dépens de l'esprit.

La génération qui suivit celle à laquelle on avait ravi l'usage du français, se trouva incapable de lire et de comprendre les bons livres qui avaient nourri la piété de ses pères. Les saintes et nobles traditions du passé furent ainsi perdues pour elle. Mais l'attitude que les colons avaient prise vis-à-vis des indigènes fut certainement aussi une des causes de la déchéance religieuse. Au lieu de se concilier les Hottentots, de s'attacher à les éclairer et à les civiliser, on trouvait plus facile de les détruire. Le moindre vol de bestiaux fait par des malheureux auxquels on enlevait leur pays, était suivi de razzias impitoyables. Chacun se faisait gloire d'avoir tué son Hottentot. La vie chrétienne disparaît bientôt lorsque les cœurs se ferment aux sentiments de justice et d'humanité. Pour donner le change à leurs consciences, les colons tâchèrent de se persuader qu'ils faisaient les affaires du christianisme. Ils en vinrent à croire qu'ils étaient en état de grâce par le seul fait qu'ils ne ressemblaient pas aux païens qu'ils exterminaient. « Ne suis-je pas chrétien ? » leur entendait-on dire (et ce langage n'est pas encore tout à fait hors de mode) « J'ai la peau blanche, les cheveux longs, j'ai été baptisé, je chante les psaumes! » Un abus inqualifiable de la doctrine de l'élection mit le comble à ces aberrations. Les Boers du Cap, ceux d'origine hollandaise et d'extraction française indistinctement, devinrent le peuple élu, chargé de purger un nouveau Canaan des hordes païennes qui l'infestaient. On se nourrissait des récits d'extermination contenus dans les livres de Josué et des Juges. Les psaumes que les Huguenots persécutés chantaient pour relever leur courage étaient devenus les hymnes de guerre des traqueurs de Hottentots. Dès qu'un nouveau territoire avait été conquis, vite un temple et un presbytère y étaient construits, et chacun d'applaudir à ce nouveau triomphe de la religion chrétienne.

Pour ces diverses causes, et surtout la dernière, il se trouva qu'au commencement de ce siècle, l'Eglise réformée du Cap avait perdu presque toute piété réelle. La doctrine était restée pure, mais un formalisme inepte et sec avait remplacé les convictions et le sentiment.

C'est pendant cette triste période, en 1736, que l'humble mais héroïque Frère Morave, le missionnaire Schmidt, arriva au Cap avec l'incroyable prétention de convertir les Hottentots. On le laissa passer en haussant les épaules et il alla s'installer, seul, sans autre appui que son Dieu, dans la sauvage vallée de Baviaan's Kloof. Malgré tout ce que sa figure blanche semblait présager de malheurs, les Hottentots ne tardèrent pas à subir l'ascendant de sa charité. Ils commençaient à se grouper autour de lui d'une manière permanente et à mettre ses enseignements en pratique, lorsque les Boers du voisinage, étonnés d'être obligés de prendre au sérieux, ce qu'ils avaient jusque-là regardé comme une plaisanterie, le dénoncèrent au gouvernement du Cap. Schmidt reçut l'ordre de retourner sans délai à Herrnhut. Il repartit brisé de douleur, mais plein de foi. Une cinquantaine d'années plus tard, d'autres Frères Moraves devaient, sous un régime plus propice, reprendre son œuvre. C'est eux qui ont fait de Baviaan's Kloof la belle et florissante station de Gnadenthal, mais ils n'y trouvèrent à leur arrivée, qu'un vieux poirier planté par la main de Schmidt et une vieille Hottentote âgée de quatre-vingt-dix ans qui se rappelait avoir reçu de lui le baptême.

Au moment où la torpeur religieuse et sociale des colons paraissait sans remède, Dieu permit que le souffle de la révolution française passât par là. On entendit parler au Cap des nouvelles théories sur les droits de l'homme, sur l'émancipation universelle des peuples. Les commotions et les luttes de l'Europe avaient leur contre-coup jusque dans les mers les plus éloignées. La cruelle indécision qui planait sur le sort définitif de la Colonie contribua à réveiller les consciences. Les personnes vraiment pieuses commencèrent à se rechercher, à prier ensemble. Elles accueillaient avec plaisir des hommes éclairés et sincèrement chrétiens que le mouvement des flottes anglaises amenait momentanément au milieu d'elles. En 1797, les membres vivants des Eglises de la Hollande avaient donné un bel exemple et un salutaire avertissement aux colonies dépendantes de leur pays, en fondant la Société des Missions de Rotterdam. Lorsque, à la conclusion de la paix, l'Angleterre prit définitivement possession du Cap, il devint évident pour tous qu'on entrait dans une ère plus libérale, que les vieux abus, la stagnation intellectuelle et morale allaient prendre fin. L'apostolique Van der Kemp était arrivé, et quelque désagréables que fussent à la grande masse des colons ses projets pour la diffusion du christianisme parmi les indigènes, les procédés sommaires dont Schmidt avait été victime, n'étaient plus possibles. Vers cette époque un tremblement de terre jeta la consternation parmi les habitants du Cap. A la vue d'une effrayante crevasse qui s'était produite, un pieux Hollandais fit vœu que si la ville était épargnée, il fonderait un service d'actions de grâces et de prières où tout le monde serait admis sans distinction de rang et de couleur.

Le local affecté à cette réunion devint petit à petit le rendez-vous des personnes qui sentaient le besoin de raviver leur foi. On y recevait les missionnaires allant à Madagascar, dans l'Inde, et ceux que l'exemple et les sollicitations de Van der Kemp attiraient dans le pays même. Parmi les Anglais qui s'ajoutèrent aux anciens colons, il y eut des hommes pieux et éclairés. Ce fut un nouvel élément de vie. Dieu prenant en pitié l'Eglise réformée, fit entrer parmi ses conducteurs quelques hommes éminents. Abraham Faure, descendant de réfugiés originaires de la ville d'Orange, en France, était allé étudier en Europe et en était revenu plein de foi et de zèle. Il fit usage de l'influence que lui donnaient à la ville du Cap sa position officielle et sa prédication puissante pour aider au réveil général. Le Dr Philip et d'autres pasteurs évangéliques apportèrent aussi leur part de lumières et d'activité.

C'est ainsi que l'état religieux s'était progressivement amélioré et que l'Afrique du Sud avait été définitivement ouverte aux propagateurs de l'Evangile.

Nous étions arrivés au Cap au moment où ce mouvement évangélique présentait le plus d'intérêt. Les congrégationalistes anglais et les Wesleyens déployaient beaucoup de zèle. Des hommes appartenant aux Eglises officielles Réformée et Luthérienne, se remuaient aussi. Les Anglicans qui depuis ont tâché de gagner la prépondérance, comme établissement national, étaient alors peu nombreux et ne se faisaient aucun scrupule d'agir de concert avec les indépendants. On avait établi des réunions de missions, fondé une Société Biblique, une Société de traités religieux. Un Comité local envoyait des évangélistes parmi les noirs et les Malais. Plusieurs écoles du dimanche étaient tenues avec le plus grand soin par des jeunes gens pleins d'intelligence et de piété, dont quelques-uns devaient dans la suite devenir missionnaires. La fille d'un pasteur de Londres, Mlle Lyndall, était venue tout exprès d'Angleterre pour introduire dans la Colonie le système des *Infant Schools*. Ses succès faisaient l'étonnement de tout le monde et même du Gouverneur, qui se donnait quelquefois le plaisir d'assister aux exercices des petits écoliers. Miss Lyndall, en devenant, un peu plus tard, Madame Rolland, devait, pendant plus de trente ans, faire bénéficier la Société des Missions de Paris, de ses remarquables aptitudes pour l'éducation de l'enfance. Heureusement pour le Cap qu'avant de se donner à nous elle avait formé des élèves capables de suivre et de propager sa méthode.

Je ne sais si toutes ces observations dans l'ordre moral y contribuèrent, mais il est de fait qu'en très peu de temps, nos premières impressions se modifièrent et le Cap nous parut, même au point de vue physique, un séjour plein d'intérêt ne manquant pas de charme.

Nous nous réconciliâmes avec la montagne de la Table dont l'aspect nous avait d'abord si tristement impressionnés. Cette structure majestueuse et fière, d'un genre unique, n'éveilla plus dans nos esprits que l'idée du sublime. En nous aventurant sur ses flancs, nous découvrîmes une infinité de charmants *cottages* et même plusieurs villas élégantes. Ces demeures champêtres étaient entourées de cactus gigantesques.

Des *protées* sans nombre légèrement agités par la brise de mer faisaient scintiller au-dessus des toits leur feuillage d'argent. Les eaux de source étaient abondantes et d'une rare limpidité. On assure que les meilleurs microscopes n'y ont jamais fait découvrir d'animalcules.

Il est peu de voyageurs qui résistent à la tentation d'aller s'asseoir sur la plate-forme que présente le sommet de la montagne. On dit que le tableau que l'on a là devant soi, défie toute description. Au bas, dans les profondeurs vertigineuses, la ville du Cap n'est plus qu'un damier; mais l'extrême pureté de l'atmosphère permet d'en discerner parfaitement toutes les rues et les principaux édifices. Les vaisseaux à l'ancre rappellent les jouets que nos enfants font naviguer sur les bassins des Tuileries. Au delà, c'est l'Océan sans bornes : ses vagues les plus formidables ne sont plus que de légères rides, et c'est à peine si l'on entend leur murmure, même lorsque le vent souffle en tempête.

L'excursion n'est pas très fatigante, mais elle devient parfois dangereuse. C'est lorsque le vent du sud-est se faisant nuage, s'abat subitement sur le sommet de la Table et forme ce que l'on appelle dans le pays, la *nappe du diable*. Il peut arriver que cette nappe reste là deux ou trois jours. L'excursionniste ne voit plus à deux pas de lui. Or, comme on ne peut descendre sans danger que par un seul point, il n'y a pas d'autre parti à prendre que de rester immobile et de souffrir patiemment le froid et la faim, si l'on n'a pas emporté des vêtements chauds et des provisions. On a vu souvent des gens rentrer en ville dans le plus piteux état. Il est aussi arrivé que l'on ait eu à ramasser les membres épars de malheureux qui n'ayant pas su réprimer leur impatience, étaient tombés dans d'affreux abîmes.

Vu d'en bas, le phénomène de la nappe est extrêmement curieux. La Table se couvre d'un nuage blanc, cotonneux, parfaitement horizontal comme elle. Ce nuage semble rouler sur lui-même, et, sans diminuer d'épaisseur, tombe en cascade.

L'œil en suit les ondulations jusqu'au tiers, à peu près, de la descente; là tout disparaît, et l'on se demande ce qu'est devenue cette substance vaporeuse que l'on s'attendait à voir arriver jusqu'en bas. Pendant ce temps, le vent balaie la ville avec une violence incroyable, à *décorner les bœufs*, comme on dit chez nous, locution que les gens du Cap, s'ils ne la connaissent pas, comprendraient sans explication. Le ciel est clair, le soleil brille et semble rire de la déconfiture des pauvres passants tout préoccupés du sort dont leurs chapeaux sont menacés, obligés quelquefois de courir après eux jusqu'à la rade. Je me souviens d'avoir été réduit en tournant tel coin de rue, à m'accroupir ou à me cramponner à une barre de fer pour ne pas être emporté, corps et biens. Les femmes qui se respectent restent enfermées chez elles. Il en est qui, par contre-coup, sont exposées dans leurs demeures à des tempêtes d'un autre genre. Ce sont celles qui ont des maris nerveux ou bilieux. Ce malheureux vent du sud-est a la propriété de les détraquer complètement. Lorsqu'il souffle, ces messieurs font rage chez eux.

En temps ordinaire, rien n'est agréable comme une excursion dans les environs immédiats du Cap. Lorsque, se dirigeant vers l'Est, on est sorti du giron dans lequel se trouve la ville, la montagne change d'aspect. Sa façade sombre, perpendiculaire, a complétement disparu. Ses flancs deviennent onduleux et sont couverts d'arbres de haute futaie. On a bientôt devant soi une route parfaitement ombragée, dont le macadam est très bien entretenu. A partir d'un hameau appelé Rondebosch, jusqu'à Wynberg et la célèbre plantation qui fournit le vin de Constance, ce n'est plus qu'une succession continue de maisons de campagne du genre de celles qui ornent les bords du lac Léman, dans les environs de Genève. Fidèles à leur goût pour la villégiature, les Anglais se sont ménagé là de charmantes retraites, où ils s'empressent de retourner dès qu'ils peuvent quitter leurs comptoirs. Ils s'y débarrassent avec bonheur de la poussière rougeâtre de la ville, se félicitant d'avoir échappé au vent du sud-est, et prennent leur repas du soir sous des berceaux de charmille tout entrelacée de chèvrefeuille, de jasmin, de fleurs de la passion et de diverses clématites.

Le terrain, quoique léger, est extrêmement fertile. Dans les parties les plus sablonneuses, on a fait d'immenses semis de pins qui ont parfaitement réussi et sont devenus de véritables forêts. Sauf la vigne, on ne voit guère dans les propriétés de cette région que des arbres fruitiers ou des plantes d'agrément. A celles qui sont originaires du pays et dont une intelligente culture a fort accru la valeur, s'est ajouté presque tout ce que les parterres de l'Europe et de l'Asie offrent de plus parfumé, de plus éclatant en couleur et de plus séduisant comme forme.

VI

Excursion dans le district de *la Perle*.

A l'arrivée de nos trois devanciers, MM. Lemue, Rolland et Bisseux, les descendants des réfugiés français avaient demandé avec instance que l'un d'eux s'établît dans leur colonie pour instruire leurs esclaves et les édifier eux-mêmes. M. Bisseux, cédant à leur désir, avait choisi pour centre de son ministère la *Vallée du Charron* (Wagenmaaker's Valei) à une vingtaine de lieues du Cap.

Une visite lui était naturellement due.

Nous fîmes le trajet dans un long char ennobli du titre de diligence et traîné par huit chevaux fringants, tout aussi peu chargés de harnais que les légers bidets qui font voler les traîneaux sur les neiges de la Russie. Le véhicule n'était pas suspendu, mais il n'y avait pas grand inconvénient à cela, car il sillonna presque tout le temps des sables profonds. Du Cap jusqu'à la Perle, il n'y a guère que cela. On traverse à gué un cours d'eau appelé la rivière du *Sel* (Zout Rivier) que des sables mouvants ont rendu tristement célèbre. Il s'est enfoncé là, pour ne plus jamais reparaître, des chars pleins de gens, et bien des chevaux que des cochers inexpérimentés avaient fourvoyés. On relaya à moitié chemin, au milieu de quelques mauvaises baraques ouvertes à tous les vents. Pour nous désennuyer dans ce désert, pendant que le cocher malais se donnait une heure de repos, nous fîmes notre première cueillette de ces charmantes bruyères du Cap, de ces géraniums, de ces grosses immortelles qui semblent d'autant mieux prospérer que le terrain est plus aride. Vers le soir, il y eut une halte inattendue. Le cocher mettant pied à terre bouchonna soigneusement ses huit chevaux, débarrassa leurs crinières de tout bout de corde ou de cuir qui eût pu les empêcher de flotter avec grâce, puis remontant sur son siège, il lança son attelage à fond de train. Il s'agissait d'entrer royalement dans la petite ville de la Perle. Dès que le char fut en pleine rue, un emploi savant des guides et du fouet fit succéder au galop des caracoles dignes de Longchamp.

La localité tire son nom d'un énorme rocher rond, de granit, qui se trouve au sommet d'une montagne voisine, et auquel des imaginations complaisantes ont trouvé de la ressemblance avec une perle. La ville n'a guère qu'une seule rue, mais elle est interminable. Les maisons, assez distantes les unes des autres, sont toutes blanchies à la chaux et présentent ces pignons de forme quelquefois si bizarre qui plaisent tant aux Hollandais. Chacun des habitants a un jardin très bien tenu et peut, matin et soir, prendre le frais sous de beaux arbres plantés devant sa porte. Tout est propre et parfaitement soigné. Des observations subséquentes nous permettent d'ajouter qu'on peut en dire autant de toutes les villes ou villages de la Colonie sans exception.

Les Anglais étaient peu nombreux à la Perle. Ici, comme dans la plupart des communautés qui se sont formées sous la domination des Pays-Bas, la Grande-Bretagne n'est représentée que par des marchands et des artisans. La propriété foncière est presque exclusivement entre les mains de gens d'origine semi-hollandaise et semi-française. Le temple réformé est l'édifice principal. Ses dimensions témoignent d'une grande affluence au service public. A peu de distance est un bâtiment plus modeste : la chapelle où un missionnaire tient l'office pour les noirs de l'endroit. Cette séparation a été jugée inévitable dans la Colonie. Elle est regrettable à maints égards. Ce fut sans doute un grand progrès, lorsque, cessant de traiter les gens de couleur comme s'ils n'avaient pas une âme immortelle à sauver, on permit à des missionnaires de s'occuper d'eux ostensiblement, d'ouvrir pour eux des maisons de prière et des écoles. Mais comme dans chaque localité un peu considérable, il y avait un pasteur officiellement chargé de l'enseignement religieux, le parquement n'eût dû être que provisoire. Il eût fallu le considérer comme un simple moyen de transition, justifié, en une certaine mesure, par la force des préjugés et la nécessité d'adapter la prédication aux besoins d'une partie de la population trop longtemps négligée. Au lieu de cela, les pasteurs ont trouvé commode d'abandonner définitivement aux Sociétés de missions européennes les noirs nés à leur propre porte, parlant la même langue que leurs ouailles privilégiées et dont ils étaient certainement responsables devant Dieu. Il en est résulté une persistance fâcheuse des préventions contre les gens de couleur, une distinction très marquée en ce qui concerne la dignité pastorale, entre le pasteur attitré et son aide bénévole, et de grands retards pour l'œuvre des missions proprement dite.

Les missionnaires ainsi chargés de faire l'œuvre des pasteurs eussent été mieux à leur place parmi les tribus de l'intérieur; l'argent de leurs sociétés eût servi à des besoins plus urgents.

Je n'ai connu qu'une seule exception au compromis que je déplore, mais elle a été si belle, si éclatante, qu'elle eût dû suffire pour ouvrir tous les yeux.

Vers l'époque où nous arrivâmes, un ministre écossais, M. le Dr Robertson, prit charge de l'Eglise hollandaise de Swellendam. Il déclara dès l'entrée qu'il ne ferait aucune distinction entre les blancs et les noirs parce qu'il les considérait tous comme lui ayant été confiés par Dieu. Là-dessus, grande clameur et résistance opiniâtre de la part du Consistoire et du troupeau. « Qu'à cela ne tienne ! » répondit le pasteur, « si vous ne voulez pas donner place dans la maison du Seigneur à des êtres qu'il est venu sauver aussi bien que vous, je n'en ferai pas moins mon devoir ». Le dimanche suivant, après avoir donné la bénédiction, il alla, sans quitter sa robe, se placer devant la porte du temple et tint, pour une assemblée de nègres, un service exactement semblable à celui qu'il venait de terminer. Il persévéra pendant longtemps par la pluie et le soleil, jusqu'à ce qu'enfin vaincus par son exemple et pleins d'admiration pour son zèle, les récalcitrants levèrent d'eux-mêmes une interdiction si condamnable.

Il leur réservait une autre surprise.

« Que sera-ce, leur dit-il, si vous voyez un jour un noir occuper ma chaire et prendre la parole pour vous édifier ? » A quelque temps de là, il envoyait en Ecosse un jeune homme dont les missionnaires de la Cafrerie avaient fait la première éducation. Tyo-Soga passa par la filière des études classiques dans l'Université d'Edimbourg, obtint son diplôme de bachelier en théologie, fut consacré, revint dans son pays et prouva aux protestants de Swellendam que leur pasteur n'avait pas trop attendu de lui. On a vu depuis, ce prédicateur indigène captiver de nombreux auditeurs à la ville du Cap. En une certaine occasion, on l'avait prié de venir des forêts de son pays exposer et réfuter les diverses théories rationalistes qui avaient cours en Allemagne. Il s'en acquitta d'une manière si remarquable que ses discours furent reproduits dans les grands journaux de la Colonie.

Pour se rendre de la Perle à la Vallée du Charron, il fallait, de notre temps, louer un cheval, si l'on ne se résignait à aller à pied. On fait maintenant le trajet d'une façon plus commode et l'on a l'avantage de traverser une petite ville de création plus récente, *Wellington*, où M. Bisseux a transféré sa demeure. La Vallée avait eu pour premier habitant un artisan français fort apprécié sans doute, puisque la localité prit son nom du métier qu'il exerçait. L'endroit est d'une extrême fertilité. On y voit des orangers en plein vent qui ont atteint les proportions d'arbres de haute futaie.

Dans le district compris entre la Vallée du Charron, Drakenstein, Fransche-Hoek et la Perle, on est en plein refuge français. Il y avait, en 1833, quatre mille descendants des victimes de la révocation de l'Edit de Nantes, possédant entre eux six mille esclaves. Ce chiffre donnait la mesure de la prospérité de leurs maîtres ; mais combien les descendants des anciens concitoyens et coreligionaires de nos pères nous eussent inspiré plus d'intérêt, s'ils avaient su respecter la liberté des noirs après avoir été affranchis eux-mêmes au prix du sacrifice de leur nationalité ! Nous étions tout émerveillés d'entendre à chaque instant prononcer des noms de famille de notre pays. Nous avions là, devant nous, des Daillié, des Cellier, des Duplessis, des Dutoit, des Faure, des Dupré, des Jourdan, des Joubert, des Le Roux, des Malan, des Malherbe, des Lombard, des Lefebvre, des Sabatier, des Sénéchal, des de Villiers, des Prévôt, des Pinard, des Niel, des Ménard, des Taillefer, etc. Les souches sont fidèlement restées dans les quartiers qui leur avaient été primitivement assignés et où elles ont extraordinairement prospéré ; mais une foule de cadets de famille, à mesure que les possessions du Cap se sont étendues, sont allés chercher fortune jusque dans les districts les plus éloignés. C'est ce qui explique que l'on retrouve maintenant les noms sus-mentionnés, et d'autres non moins français, un peu partout dans l'Afrique méridionale.

Ces colons sont très fiers de leur extraction, et, comme si leurs noms ne la rappelaient pas suffisamment, ils ont toujours soin de faire observer que leur complexion est plus foncée et que leurs cheveux ont une autre teinte que ceux de leurs voisins les Van Wyk, les Van der Walt et autres *Van* de toute espèce. C'est, du reste, la seule chose qui les distingue, sauf peut-être un peu plus de vivacité. Pour les idées, le langage, les mœurs, les habitudes, les colons envoyés par la Hollande se ressemblent tous. S'ils n'ont pas entièrement oublié l'Europe, ils s'en sont radicalement détachés; ils ont une horreur presque invincible pour la mer. Autant ils repoussent le nom de *Boers* qui ne s'appliquait originellement qu'aux planteurs épars dans la campagne et qu'ils savent être assez mal sonnant à nos oreilles, autant ils aiment à s'appeler *Africanders*, comme s'ils étaient nés maîtres du continent africain.

Malgré la décadence dont j'ai déjà parlé, nous trouvâmes qu'il y avait du bon, et même beaucoup, parmi eux. Les familles sont sur un pied tout patriarcal. Elles sont généralement très unies, souvent même trop. L'habitude de se marier entre cousins, qui prévaut surtout parmi les descendants des réfugiés, produit beaucoup de phthisies et autres conséquences de l'appauvrissement du sang. Une grande vénération entoure les vieillards; on ne fait rien sans les consulter. L'hospitalité est largement exercée. Dans toutes les maisons où règne l'aisance, il y a une retraite destinée aux voyageurs. A quelque moment qu'on arrive, vite quelqu'un vient vous aider à descendre de cheval, vous introduit dans le *voorhuis*, la salle d'entrée, où le chef de la famille se tient généralement assis avec sa femme auprès d'une petite table. Après les premières salutations, la maîtresse du logis tourne le robinet d'une brillante bouillotte de cuivre, toujours à sa portée sur un réchaud, et vous offre une tasse de café noir. Elle vous tend, en même temps, une petite boîte pleine de sucre candi. Elle suppose que vous savez qu'on doit en rouler un morceau sous la langue pendant qu'on avale l'amer breuvage à petites gorgées. Cela fait, un nègre vous conduit dans une chambre à coucher dont la porte donne généralement sur la cour, afin que l'on puisse entrer et sortir sans déranger personne. On est ponctuellement appelé pour les repas; personne ne s'inquiète de savoir quand vous vous proposez de partir. Accoutumées à compter sur les produits de vastes fermes, de grands troupeaux et à disposer d'un personnel nombreux parfaitement soumis, les ménagères de ce pays-là ne s'effrayent jamais du nombre des bouches qu'elles ont à nourrir. Cette absence complète de préoccupation à l'endroit des subsistances est l'un des grands charmes de la vie des colons et contribue à créer parmi eux une espèce de dignité qui a bien sa valeur. Quand on s'en va, on n'est tenu à aucune espèce de rémunération, pas même à une bonne main pour les domestiques.

Une immense Bible, à fermoirs d'acier ou de cuivre, ornée de gravures et d'estampes, se trouve généralement sur la table près de laquelle siègent le *baas* et sa femme. C'est dans ces in-folios que l'on conservait les généalogies des familles d'origine française. On y lit assez souvent, mais pas régulièrement, sauf le dimanche, où les enfants sont astreints à déchiffrer quelques versets, chacun à son tour. Ce sont les livres historiques de l'Ancien Testament que l'on ouvre le plus fréquemment. Le Nouveau Testament est consulté surtout au point de vue de la doctrine qui est assez bien comprise, mais généneralement trop peu saisie par le cœur. Ces braves gens aiment beaucoup les discussions, et il faut savoir ce qu'est parfois leur exégèse ! Il me souvient que l'un d'eux soutenait un jour avec opiniâtreté que dans la parabole de l'enfant prodigue le fils aîné était le diable, le grand ennemi du salut des âmes. « Mais », répliquai-je, « ne voyez-vous pas que le père symbolise Dieu et que ce père dit au fils récalcitrant : *tu es toujours avec moi et tout ce qui est à moi est à toi ?* » « Ah ! répondit mon homme, passablement confus, je n'avais pas fait attention à cela ! »

Il ne manque pas de maisons, où l'habitude du culte domestique s'est perpétuée, mais trop souvent un verset de psaume chanté au sortir du lit, et, le soir, en s'y remettant, en fait tous les frais. Pour les réformés du Cap, le vieux psautier, calqué pour les vers et les mélodies sur le nôtre, résumait tout le chant sacré. Dans ces derniers temps, il a fallu de grands efforts pour obtenir d'eux qu'ils y ajoutassent l'usage de cantiques extrêmement beaux, mais modernes. Le catéchisme de Heidelberg est fréquemment expliqué du haut de la chaire.

Il n'est pas de pays au monde où l'on ait autant de vénération pour les pasteurs. Ils prêchent avec beaucoup de solennité. Ils font d'assez fréquentes visites à leurs ouailles, mais elles ont un caractère trop officiel et ils y mettent trop de cérémonie. Dans les villes, on les voyait autrefois aller de maison en maison, en culottes courtes, bas de soie noire, toujours accompagnés d'un ancien. C'est surtout lorsque ces messieurs font des excursions parmi les colons isolés, dans les parties reculées de leurs circonscriptions ecclésiastiques, qu'on peut voir en quelle estime ils sont tenus. Un véhicule spacieux et commode est mis à leur disposition. Ils trouvent dans les fermes qu'ils visitent des relais de chevaux, et c'est généralement le propriétaire lui-même qui, dans ces occasions, se fait un honneur de tenir les rênes et de manier le fouet. Partout, on les attend en habits du dimanche. Les ménagères ont eu soin de préparer d'avance diverses douceurs. On en remplit la voiture à leur départ. Ce sont des biscuits fondants, des viandes, des fruits de toute espèce.

Nous trouvâmes que notre ami Bisseux était un peu moins choyé, ce qui tenait à sa qualité de pasteur des noirs. Il n'avait cependant pas à se plaindre. Les Le Roux, famille considérable et très pieuse, le traitaient comme leur propre fils, et Dieu venait de lui donner une compagne selon son cœur. Tout le monde se faisait un plaisir de lui faciliter l'accomplissement de ses devoirs.

On l'avait fait prêcher d'abord, une ou deux fois, en français, en ayant soin de placer un interprète à côté de lui. C'était pour voir quel effet produirait à l'oreille la langue que les ancêtres avaient tant regrettée, lorsqu'on leur avait fait une loi d'y renoncer. Après cela, chacun s'était mis à lui enseigner le bon hollandais. C'est du moins ce que l'on eut soin de nous dire, en sa présence, en s'applaudissant des progrès rapides qu'il avait faits. Nous nous doutâmes bien que ces succès étaient plutôt le fruit des veilles de notre ami, mais il faut pourtant reconnaître les bonnes intentions, et nous nous contentâmes d'échanger avec lui un léger sourire. On lui avait rendu un service beaucoup plus réel en lui bâtissant une chapelle.

C'était bien l'homme qu'il fallait aux noirs et à leurs maîtres. C'est ce qu'ont prouvé depuis les résultats de ses longs travaux. Arrivé au milieu de malheureux esclaves dont la triste position remplissait son cœur de pitié, il a eu le bonheur de voir tomber leurs chaînes après avoir contribué à les préparer aux privilèges et aux devoirs de la liberté. Il y a trois ans, les centaines de convertis de M. Bisseux célébraient, entourés de blancs, le cinquantième anniversaire de son ministère, recevaient de sa main un pasteur dont il avait fait choix pour lui succéder, et promettaient de consacrer annuellement 5,000 francs à l'entretien de ce jeune serviteur de Dieu. L'œuvre de notre frère a bien réellement été et restera une œuvre missionnaire.

Depuis que l'esclavage a disparu, les mœurs que je viens de décrire se sont fort modifiées, mais ce qu'elles avaient de bon s'est généralement conservé et s'est accru.

VII

De la ville du Cap au fleuve Orange.

Comme je l'ai déjà dit, les désastres survenus à nos devanciers avaient entièrement dérangé le plan dont on nous avait confié la réalisation et nous laissaient sans destination déterminée. Persuadés cependant que Dieu ne nous aurait pas laissés venir dans l'Afrique méridionale s'il n'y avait pas eu là quelque chose à faire pour nous, nous résolûmes de partir pour l'intérieur et d'aller au devant des lumières que la Providence nous préparait. Nos frères s'étaient repliés sur Kuruman, la station de Moffat dans le pays des Béchuanas, c'est là que nous prîmes le parti de nous rendre. On nous recommanda de ne pas faire tout le trajet par terre et de profiter d'un voilier allant à Port-Elizabeth, dans la baie d'Algoa, à mi-chemin du Cap à Natal. C'était le moyen d'éviter une région très aride, appelée le Karroo, où maints voyageurs avaient failli mourir de soif, après avoir vu leurs bœufs de trait succomber les uns après les autres. D'ailleurs, nous venions d'apprendre que M. Lemue était venu au-devant de sa fiancée et l'attendait au port mentionné. M. Kitchingman, ancien missionnaire résidant dans ces parages, retournait à son poste. Il arrêta son passage en même temps que nous sur le *Mexicain*. Ayant avec lui une de ses filles, il prit tout naturellement Mlle Colani sous sa tutelle. Le trajet fut agréable. Nous doublâmes sans difficulté la pointe des Aiguilles. Six jours d'assez bon vent nous amenèrent à Port-Elizabeth. Cet endroit, qui est maintenant le grand débouché commercial de toute la partie orientale de la colonie, n'était alors qu'un tout petit bourg composé des maisons et des magasins de quelques commerçants anglais. Il n'y avait pas, proprement, de port. C'était une baie spacieuse où les vagues de la haute mer entraient sans obstacle. Les navires y dansaient parfois sur leurs ancres d'une manière effrayante. Les barques ne pouvant atteindre la plage à cause du remous, des Cafres aux formes athlétiques, à peu près nus, nous prirent sur leurs épaules et nous portèrent, sans fléchir, jusqu'à la terre ferme. Nous eûmes une vive joie en embrassant M. Lemue et en lui remettant le précieux dépôt dont nous avions reçu charge. Outre les liens de la foi et du ministère évangélique qui nous unissaient à ce missionnaire, les dangers auxquels il avait été exposé, sa noble conduite dans plusieurs circonstances difficiles, nous l'avaient rendu extrêmement cher.

Deux excellents ouvriers de la Société des Missions de Londres, M. et Mme Robson, nous reçurent chez eux avec beaucoup de cordialité. Ils étaient l'un et l'autre pleins de zèle. Leur tâche principale consistait à instruire et à édifier un assez grand nombre de Hottentots et de Cafres qui venaient chercher du travail dans le port. En sus de cela, M. Robson tenait chaque dimanche un service pour des Anglais. C'était un ancien disciple de David Bogue et il avait eu pour compagnons d'études deux ou trois pasteurs français dont nous pûmes lui donner des nouvelles. Cela ne contribua pas peu à nous faire faire bonne et prompte connaissance. Il avait un petit faible, que nous ne tardâmes pas à découvrir, et qui nous amusa, vu le pays. Il se piquait de faire, pour son auditoire, des sermons dont l'arrangement et le style fussent parfaitement classiques. Il nous en demandait des nouvelles après avoir déposé sa robe.

La conversation de sa femme avait une saveur plus locale. C'était une vaillante personne qui, dans le courant d'une journée, savait vaquer aux devoirs d'un grand ménage, se rendre à l'école pour émoustiller les petits nègres et leur instituteur, visiter des malades et faire bien d'autres choses encore. Avant de devenir la compagne de M. Robson, elle avait été celle de l'un des premiers missionnaires de la Cafrerie, M. Williams. Perdue avec lui au milieu d'indigènes encore entièrement sauvages, elle avait eu le malheur de le voir succomber à une maladie, et pendant que les naturels creusaient une fosse d'après ses directions, elle avait dû faire elle-même la bière.

A quelques kilomètres de Port-Elizabeth se trouve Béthelsdorp, la plus ancienne des stations que la Société de Londres ait fondées parmi les Hottentots. C'est là que nous nous proposions de faire les préparatifs de notre long voyage dans l'intérieur. Il nous fallait pour cela deux ou trois semaines et nous pouvions consacrer une partie de ce temps à des observations qui devaient nous être fort utiles.

Tournant le dos à la mer et nous dirigeant vers le nord, nous eûmes bientôt atteint un hameau d'une soixantaine de maisons groupées autour d'un presbytère couvert de chaume, d'une chapelle et d'une école de dimensions assez vastes, mais d'apparence fort modeste. C'était là Béthelsdorp, la création de Van der Kemp. Il mourut au Cap en 1811 pendant qu'il y plaidait pour la dernière fois la cause des Hottentots.

L'endroit nous parut peu favorisé au point de vue terrestre. Le sol est maigre, léger, presque sablonneux; il y avait à peine assez d'eau pour les besoins domestiques. L'irrigation étant impossible, l'agriculture offre bien peu de ressources aux habitants. Evidemment, les Hottentots n'étaient plus maîtres chez eux lorsqu'ils se décidèrent à faire là leur premier essai de la vie civilisée. Il y avait dans les environs un site délicieux, offrant des avantages de tout genre, mais quelques blancs s'en étaient déjà emparés ; c'est là que s'est formée la florissante ville de Uitenhage. Pour suppléer à ce que le sol leur refusait, les Hottentots de Béthelsdorp exploitaient une saline qui se trouvait heureusement dans leur petite circonscription territoriale; ils faisaient des nattes et des fagots de bois qui trouvaient un facile débit à Port-Elizabeth; le voisinage de cette ville leur permettait aussi d'y gagner quelque argent comme journaliers. Les difficultés locales n'avaient pas empêché leur développement intellectuel et religieux. Presque tous savaient lire et écrire. L'école primaire prospérait. Elle comptait deux cents élèves. Une Hottentote était chargée de diriger l'asile ou *infant school*. Elle s'acquittait de sa tâche avec tant de soin et d'intelligence que nous n'hésitâmes pas à suivre ses leçons, et nous le fîmes avec profit. Une abondante mesure de grâce s'était répandue sur le troupeau. Il oubliait sa pauvreté temporelle en se sentant comblé des richesses de l'Evangile. Nulle part je n'avais vu le culte public aussi régulièrement suivi. La chapelle, qui pouvait contenir six à sept cents auditeurs, se trouvait souvent trop petite. Elle ne s'ouvrait pas seulement le dimanche, mais chaque soir de la semaine, et je rougis en voyant que le nombre des fidèles qui assistaient à ces prières quotidiennes surpassait celui des personnes que l'on voit dans quelques-uns de nos temples français, une fois tous les sept jours. Le missionnaire invitait de temps en temps quelques membres de son Eglise à prier à haute voix; ils le faisaient sans fausse honte, avec simplicité et d'une manière si fervente que l'assemblée était fréquemment émue jusqu'aux larmes.

Les Hottentots, si peu favorisés quant aux agréments extérieurs, chantent à ravir. Les femmes ont des voix d'une portée et d'une flexibilité incomparables; il y a, dans le ténor et la basse que les hommes font naturellement avec une parfaite justesse, quelque chose d'ému, de légèrement voilé qui remue profondément le cœur. C'est une compensation du Ciel que ces braves gens apprécient comme elle le mérite. Leur plus grand bonheur est de se rassembler, par un beau clair de lune, devant les portes de leurs chaumières et de chanter en chœur pendant des heures. Je puis dire, sans exagération que, dans de pareils moments, la laideur de leurs traits n'étant plus apparente, il m'est arrivé plus d'une fois de me croire au milieu d'êtres appartenant à une sphère supérieure.

Les Hottentots de Béthelsdorp jouissaient alors des soins éclairés et paternels d'un véritable Oberlin. M. Kitchingman, après avoir longtemps partagé la vie nomade des Namaquois, avait exercé un ministère aussi dévoué, quoique moins laborieux, parmi les noirs de la Perle, près du Cap, et maintenant il consacrait les années de sa vieillesse aux enfants de Van der Kemp. Il y avait chez lui un admirable mélange de débonnaireté, de douceur et de fermeté. Il avait ses heures pour recevoir dans son cabinet les Hottentots qui avaient besoin d'un conseil et d'un encouragement. Tout, dans sa personne et dans sa vie, disait qu'il n'y avait pas de souffrance à laquelle il ne pût sympathiser, de faiblesse qu'il ne pût comprendre, mais qu'il n'y avait pas non plus de péché et de vice qu'il pût tolérer. Pauvre, chargé d'enfants et très médiocrement rétribué, il s'asseyait chaque jour à une table plus que frugale, mais il mangeait son pain et le faisait manger à d'autres avec gaîté de cœur. Je dois beaucoup à cet homme et à sa digne compagne, car mieux que toutes les leçons des excellents maîtres que Dieu m'avait donnés, ils m'ont révélé par leur exemple ce que doit être le missionnaire. M. et Mme Kitchingman reposent maintenant dans le cimetière hottentot de Béthelsdorp.

C'est eux et quelques convertis octogénaires qui m'ont appris ce qu'était Van der Kemp. Cet homme exceptionnel, d'abord officier de cavalerie, puis médecin distingué, mais radicalement incrédule, devint un croyant fervent et un missionnaire après avoir vu sa femme et sa fille périr dans une promenade en bateau sur le Zuyderzée. Il avait un caractère, une manière de voir et d'agir aussi accidentée que l'avait été sa vie. Il était très excentrique et faisait parfois les choses, non pas seulement comme d'autres ne les eussent pas faites, mais comme il n'eût pas fallu les faire. Il poussait la frugalité, ou plutôt l'abstinence et, l'oubli de tout soin de sa personne jusqu'aux dernières limites. Ainsi, jamais il ne portait de chapeau. Il fallait bien qu'il en achetât un lorsque quelque nouvelle chicane faite à ses Hottentots le forçait à se rendre auprès des autorités du Cap. Mais même alors le chapeau n'était nullement pour lui un couvre-chef. Il le tenait dans ses mains jointes derrière le dos, à la grande joie des petits polissons de la rue, qui s'amusaient à remplir son feutre de gravier. Averti par le poids du tour qu'on lui avait joué, le bon docteur se bornait à vider le chapeau en le retournant et continuait sa promenade sans rien dire. Il avait pour maxime qu'en fait d'habits et de linge le missionnaire ne doit avoir que ce qu'il porte sur sa personne, et, pour la nourriture, s'en tenir à ce que mangent les indigènes. Ses idées là-dessus étaient tellement arrêtées, qu'il insistait pour que la Société des Missions de Londres n'allouât que 700 francs par an à ses ouvriers.

Ce n'est pas précisément qu'il visât à l'économie, mais il s'était mis dans la tête que, pour élever les indigènes jusqu'à soi, il faut d'abord descendre à leur niveau dans tout ce qui n'est pas répréhensible, principe dont l'expérience a démontré la fausseté. C'était renoncer à les civiliser. On raconte qu'un officier anglais en mission diplomatique dans la Cafrerie, s'enquit un jour de la demeure du docteur auprès d'un blanc qu'il trouva piétinant de l'argile à briques, sans coiffure, en costume presque aussi léger que celui des indigènes. On peut se représenter quelle fut la surprise de l'officier lorsqu'il apprit qu'il avait devant lui l'homme qu'il cherchait. Sous l'empire des mêmes illusions, Van der Kemp, dans ses vieux jours, épousa une Hottentote qu'il avait amenée à partager sa foi, mais qui resta toujours fort inculte et lui créa de grands embarras.

Mais en dépit de ces erreurs de jugement, quelle élévation de sentiment et de pensée, quel zèle, quel courage chez cet homme! Aucune fatigue, aucun danger ne l'effrayaient lorsqu'il s'agissait de l'œuvre de son Maître. Les frontières étaient alors le théâtre de désordres journaliers. Des aventuriers, accompagnés de petits débitants d'eau-de-vie, maraudaient sans cesse parmi les naturels qui, parfois, leur donnaient de terribles leçons en tombant sur eux à l'improviste. C'est dans un tel milieu que s'est passée la plus grande partie du ministère de Van der Kemp. Les mécréants qui tenaient le pays en émoi ne pardonnaient pas à cet homme de Dieu l'amour qu'il portait aux Hottentots et aux Cafres. Plus d'une fois, ils attentèrent à sa vie, mais un bouclier céleste le protégeait contre leurs balles.

Cette espèce d'invulnérabilité, jointe à un recours fréquent à la prière, frappaient extrêmement les Cafres; ils en vinrent à le considérer comme un être sacré ayant tout pouvoir auprès du Roi invisible devant lequel ils le voyaient si souvent prosterné.

Dans un moment où le pays était désolé par une longue sécheresse, le chef Gaïka fit demander à Van der Kemp de lui procurer de la pluie. Craignant que s'il en obtenait de Dieu, ce succès ne fût attribué à un procédé magique du genre de ceux auxquels ont recours les *faiseurs de pluie* indigènes, le missionnaire refusa. Un second messager ne tarda pas à paraître. « C'est cruel de ta part de nous traiter ainsi », faisait dire le chef à son ami; « nous savons que si tu veux seulement te mettre à genoux et cacher ta figure dans tes deux mains, nous aurons autant de pluie qu'il nous en faut ! » — « A la garde de Dieu ! » se dit le docteur, se souvenant d'Elie, et il se mit à prier. — On eut pendant plusieurs jours de vrais torrents d'eau. — Le messager revint, porteur de chaleureux remerciements et d'une recommandation qui fit sourire Van der Kemp : « Une autre fois, sois plus modéré; tu as failli nous noyer!

Voici cependant un bœuf pour te prouver ma reconnaissance. »

Le bœuf fut péremptoirement refusé. Croirait-on que l'un des blancs, qui infestaient la contrée, eut la diabolique pensée de tirer parti, pour son propre compte, du désintéressement de Van der Kemp? Rencontrant dans les bois l'animal et le Cafre qui le reconduisait au kraal, il s'enquit de ce qui s'était passé. « Comment », s'écria-t-il, « un bœuf, un seul bœuf pour une si belle pluie; c'est une indignité! Que Gaïka m'envoie six bœufs comme celui-ci; je me charge de les présenter moi-même au missionnaire; on verra bien s'ils ne seront pas acceptés. » — Les six bœufs furent remis à l'officieux intermédiaire, mais ni Gaïka ni le missionnaire ne surent jamais ce qu'ils étaient devenus!...

Les voyages de Van der Kemp et les vicissitudes exceptionnelles de sa vie ne dérangeaient nullement ses habitudes studieuses. Il s'était fait autrefois un nom, en Hollande, par de savants écrits sur la médecine; maintenant toutes ses pensées se portaient sur la Parole de Dieu. C'est à la prière et à la méditation qu'il recourait pour en acquérir une connaissance plus étendue et plus profonde. De vieux Hottentots racontaient à ce sujet des choses dont la sublimité leur échappait sans doute, mais qui avaient laissé dans leur esprit une impression indélébile. « Dans nos voyages », disaient-ils, « lorsque, la nuit étant venue, nous avions dételé et que nous préparions le repas du docteur, il allait s'asseoir à quelque distance parmi les buissons, une feuille de papier et un crayon à la main. Il se mettait à prier et à penser. Nous l'entendions dire quelquefois : « Seigneur, je ne comprends pas ce point, cette parole ». Un moment après, c'était : « Je comprends un peu mieux, mais pas assez, éclaire-moi ! » Et puis, souvent, après un moment de silence, il s'écriait : « Oh ! maintenant, j'ai compris ; merci, merci, Seigneur ! » Alors, malgré l'obscurité, il se mettait à écrire et l'on entendait son crayon courir sur le papier. »

Ces feuilles volantes eussent probablement été indéchiffrables pour tout autre que le docteur, mais que l'on serait heureux de les retrouver quelque part !

Van der Kemp ne demandait pas que l'on fût toujours à genoux ; il avait trop foi à l'efficacité de la prière pour cela. On raconte à ce sujet une anecdote caractéristique.

Un jour qu'il traversait avec un jeune missionnaire une forêt de la Cafrerie, apparut tout à coup une troupe de guerriers armés de toutes pièces et se livrant à des gesticulations fort alarmantes. Le novice, dont la voiture suivait celle du docteur, descendit promptement et, courant à lui, le supplia d'arrêter pour implorer la protection de Dieu. « Mon ami », répondit le vieil athlète, « n'avez-vous pas fait votre prière ce matin ?... Continuons notre marche. »

Van der Kemp n'a proprement opéré des conversions et laissé des traces durables de son ministère que parmi les Hottentots. Quant à la Cafrerie, il n'a fait qu'en ouvrir la porte à d'autres missionnaires plus jeunes que lui.

Cependant, encore à l'heure qu'il est, dans tous les pays occupés par des Cafres et leurs voisins immédiats, les nombreux indigènes qui ont embrassé le Christianisme sont fréquemment appelés *Ma-Yankana,* ce qui veut dire les hommes de Van der Kemp. A son apparition dans leur pays, les naturels ne pouvant réussir à prononcer son nom, lui avaient donné celui de *Yankana.*

Le morave Schmidt et le réformé hollandais Van der Kemp ont été les vrais fondateurs de l'œuvre des missions au sud de l'Afrique.

Ce fut le bon M. Kitchingman aidé de notre aîné, M. Lemue, qui dirigea tous nos préparatifs de voyage dans l'intérieur.

Il nous fit d'abord acheter deux de ces indispensables wagons qui sont pour le voyageur africain ce que le navire est pour le marin : une habitation tout autant qu'un moyen de locomotion. On nous apprit comment il fallait arranger et fermement caler sur les planches du fond nos malles, nos caisses et nos sacs et placer là-dessus, au moyen de quatre fortes lanières, une espèce de sommier sur lequel nous allions nous tenir assis, les jambes croisées, pendant la journée, et nous étendre la nuit. Sur le devant se montrait une caisse joliment peinte, avec couvercle et charnières, destinée à renfermer notre vaisselle d'étain et à servir de siège à notre cocher. La batterie de cuisine, fort heureusement pour nos oreilles, avait sa place à part, à l'arrière. N'ayant pas connu jusque là d'autres richesses que nos livres et l'argent que nos bons parents mettaient de temps en temps dans nos poches, un sentiment tout nouveau grandissait en nous à mesure que des fournisseurs apportaient les articles dont nos conseillers leur avaient remis la liste. Nous devenions propriétaires !

Que fut-ce lorsqu'un beau matin, on vint nous appeler pour faire passer sous nos yeux vingt-quatre bœufs de trait, et nous demander ce que nous pensions de leur taille, de leurs cornes et de leur pelage ! On alla jusqu'à nous dire le nom de chacun d'eux, ne doutant pas qu'ils resteraient gravés dans notre mémoire aussi bien qu'ils l'eussent fait dans celle d'un jeune pâtre du pays. Ce que nous saisîmes sans peine, c'est que les bouviers hollandais qui les avaient inventés étaient restés dans le vrai. Ils avaient scrupuleusement repoussé toute tentation de donner des noms poétiques et harmonieux à de très prosaïques bêtes. Les terminaisons étaient invariablement en *veld*, en *man*, en *land*, en *berg*. Nous allions être traînés par un *Haverveld* (champ d'avoine), un *Roodman* (homme rouge), un *Zwartland* (pays noir), un *Rondeberg* (montagne ronde, etc., etc. A force de vociférer ces âpres polysyllabes, en les accompagnant des détonations d'un fouet de 12 mètres de longueur, manche et corde tout compris, on avait appris à chacun de ces pauvres bœufs à distinguer son nom de ceux de ses compagnons d'infortune.

Aussi longtemps qu'il ne fut question que d'achats dont l'absolue nécessité paraissait évidente, nous laissâmes faire, tout en gémissant de voir à quel chiffre allaient se monter les traites que le trésorier de notre Société aurait à payer dans quelques mois. Les choses changèrent lorsqu'on en vint aux provisions : ici évidemment nous pouvions revendiquer le droit de régler nos appétits, sans que personne eût à s'en mêler.

On nous dit qu'il nous fallait un grand sac de riz de 75 kilogrammes, un de café, un de sucre brut, deux de farine, chacun du même poids, une caisse de thé de 5 kilos, un sac de sel de 100, une dame-jeanne de vinaigre et que sais-je encore ? Du coup nous nous révoltâmes. Nous prenait-on pour des prodigues sans vergogne ?... Le riz devait être réduit à 25 kilos, le café à 10 et le reste à l'avenant. Autour de nous on riait de notre imprévoyance. Les guides et bouviers qu'on nous avait procurés se disaient l'un à l'autre : « Nous n'irons pas loin avec ces jeunes gens! » Le débat dura deux ou trois jours. Nous consentîmes, non sans peine, à prendre à peu près les deux tiers de ce que l'on avait déclaré strictement indispensable.

Enfin tout se trouva prêt. Un vieux Hottentot,

appelé Philippe, qui avait voituré je ne sais combien de missionnaires, allait nous mener jusqu'au fleuve Orange. Il avait choisi lui-même parmi la jeunesse de Béthelsdorp tout le reste du personnel. Les scies, les bêches, les haches étaient dûment attachées le long de nos wagons, prêtes à faire bon service dans les fourrés et les ravins. A cette rangée d'outils, correspondait intérieurement un alignement formidable de fusils et de boîtes à poudre, en prévision des hyènes et des lions. Nos bibles et quelques livres de choix avaient trouvé place dans de fortes sacoches de cuir, attachées à portée de la main des deux côtés de nos banquettes. — Notre digne ami M. Kitchingman venait de nous donner ses derniers conseils, pendant que sa femme et ses filles nous remettaient des biscuits et des pains tout chauds qu'elles avaient pétris pour nous. Les enfants de l'école nous chantaient pour la dernière fois un de leurs beaux cantiques. Chaque bœuf était sous le joug, à sa place; le petit Hans tenait à la main les lanières qui servent à conduire la sixième paire, qui tire devant toutes les autres; Philippe avait saisi et déroulé le redoutable fouet... « *Trek* » (tirez), fit-il d'une voix stridente ; « *help makaar !* » (aidez-vous l'un l'autre!), et l'attelage docile, tendant le cou, courbant l'échine, agitant la queue, mit en branle la lourde machine.

On n'alla pas loin, ce jour-là. La jolie petite ville de Uitenhage s'offrit à nos regards après trois heures de marche. Il fallait la voir et saluer quelques hommes de bien qui résidaient là. D'ailleurs, il en est des wagons africains comme des navires au long cours. Il faut toujours à ceux-ci une pause entre la rade et la haute mer. Il y a encore maint détail à soigner, des cordages à enrouler, des poulies à huiler ; les volailles attardées arrivent par derrière à toutes rames. Nous avions, nous, deux ou trois quartiers de bœuf à acheter, plus des sacs de pommes de terre pour faire aussi longtemps que nous le pourrions de ces bonnes fritures que l'on n'apprécie jamais autant que dans la vie en plein air.

Nous dételâmes dans la cour d'un missionnaire d'origine allemande qui s'occupait avec zèle de nombreux Hottentots et autres noirs exerçant divers métiers parmi les blancs de l'endroit. M. Messer était en Afrique depuis une trentaine d'années. Il n'avait conservé de sa langue maternelle que tout juste assez pour gâter sa prononciation du hollandais et de l'anglais. Cela n'empêchait pas sa prédication de porter des fruits. Quant à Uitenhage lui-même, c'était un agréable séjour. Les maisons, toutes entourées de jardins, étaient parfaitement entretenues. La population paraissait jouir d'un grand bien-être, fruit d'habitudes tout à la fois agricoles et commerciales. On peut du reste en dire autant de presque toutes les petites villes de la colonie du Cap. Séparées les unes des autres par de vastes solitudes, elles se sont élevées sur le bord de cours d'eau qui avec l'aide de l'homme ont transformé un pourtour de quelques kilomètres en véritables oasis. Leur extrême propreté, l'ordre et le calme qui y règnent, le style des édifices consacrés au culte leur donnent un cachet protestant reconnaissable au premier coup d'œil.

On est agréablement surpris d'y trouver un mouvement intellectuel très prononcé. Chacune de ces cités en miniature est la résidence d'un préfet (*civil commissioner* ou *landrost*); elle a son journal politique, sa petite revue littéraire, sa feuille d'annonces. Le pasteur de l'Église réformée, un Monsieur Smith, qui avait quelques jours auparavant béni le mariage de M. Lemue, profita de notre passage pour nous donner un repas. Il nous étonna beaucoup par la parfaite connaissance qu'il avait de l'état de nos affaires religieuses en France. Il dévora tous les exemplaires des *Archives du Christianisme*, du *Semeur*, du *Journal des missions*, que nous avions emportés avec nous.

A partir de là, ce fut le désert, car on peut bien appeler de ce nom des contrées où il faut le plus souvent marcher plusieurs heures avant de rencontrer une seule ferme. C'était une suite interminable de petits coteaux parsemés de mimosas rabougris, aux épines blanches et acérées, d'arbustes rappelant nos chênes verts, d'aloès, de cactus, d'euphorbes de toutes formes. Le sol sur lequel croissait tout cela était rougeâtre, dur comme la pierre. De temps en temps, on trouvait dans les bas-fonds des crevasses tortueuses qui faisaient croire à un ruisseau. A force de chercher, on parvenait quelquefois à y trouver de l'eau. Dans ces endroits, la végétation était plus vigoureuse et plus variée. Il y avait force lianes entrelacées et des jasmins délicieux. Des plantes grasses formaient des tapis couverts de fleurs d'un rouge vif, aux étamines tellement nombreuses et déliées qu'on eût dit de petites houppes de soie.

Les premiers jours, nous nous montrâmes très réfractaires à la vie de wagon. La lenteur de ces pesants véhicules et leurs incroyables cahots nous exaspéraient. Laissant le vieux Philippe et ses subordonnés se prélasser sur leurs sièges, nous nous mettions dès le matin à battre la campagne, à la recherche des antilopes, des autruches. On les voyait bondir un peu partout parmi les halliers et nous les poursuivions pendant des heures entières sans pouvoir en approcher suffisamment pour leur lâcher un coup de fusil avec espoir de les atteindre. Nous ne tardâmes pas à perdre le goût de ces poursuites inutiles; nous en revenions le plus souvent les pantalons déchirés, les mains ensanglantées, et nos bouviers nous demandaient en riant pourquoi, ayant tant de goût pour la chasse, nous avions oublié d'acheter des chevaux.

Notre humeur guerroyante une fois calmée, nous commençâmes à prendre beaucoup d'intérêt aux mille détails de notre vie à la bohémienne. Philippe avait pour nous des égards et des conseils de père. Nous apprîmes, sous ses soins, à bien manier le fouet, c'est-à-dire de telle façon que ce ne fût pas seulement un excitant superlativement efficace, mais de plus un instrument de direction aussi sûr que des rênes. Nous apprîmes aussi pourquoi il arrivait souvent qu'au risque de nous mettre de mauvaise humeur, on dételait lorsque nous aurions voulu continuer la marche. C'est que le bœuf a ses heures; il est tel moment où, si on le lâche, il perd son temps à se gratter ou à dormir au lieu de paître. Déterminer par la seule vue du soleil l'heure à peu près exacte du jour, reconnaître à certains indices l'approche des lieux où l'on pouvait espérer trouver de l'eau, estimer avec assez de précision la distance qui nous séparait de telle montagne, de telle forêt, tout cela nous devint bientôt familier.

Petit à petit aussi nous en vînmes à trouver notre mode de locomotion très supportable. Nous rappelant ce qu'on nous avait dit du double usage du sommier suspendu au-dessus de nos caisses, nous découvrîmes qu'en nous y asseyant à la manière des tailleurs, nous n'éprouvions presque plus de secousses. Dès lors, le pas lent et mesuré des bœufs nous permit les conversations, les lectures, les notes au crayon, les croquis. Dans les solitudes que nous parcourions on respirait l'air à pleins poumons, on se sentait libre, parfaitement à l'abri de toute intrusion. Dame nature seule, avec ses ravins, ses montées à pic, ses barricades de lianes, de ronces, de cactées, nous contrariait souvent, mais elle a une manière d'imposer ses volontés qui mêle l'intérêt à la lutte et bannit la mauvaise humeur.

Quand le soir était venu, on choisissait avec soin l'endroit où l'on allait goûter quelques heures de repos. Quel bonheur lorsque auprès du filet d'eau, dont la rencontre avait déterminé notre halte, se trouvait un rocher tapissé de verdure ou un olivier séculaire. On plaçait les wagons de façon que chacun eût sa part de cet abri. Pendant que Philippe et ses jeunes aides dételaient les bœufs, arrangeaient symétriquement les harnais, les maîtres devenant serviteurs ramassaient du bois sec, battaient le briquet, emplissaient la grande bouilloire, l'équilibraient au moyen de trois pierres rondes sur la flamme pétillante. La première pensée du voyageur en Afrique, dès qu'il s'arrête, c'est d'avaler au plus vite un bol de café. Cela débarrasse les conduits intérieurs de la poussière dont ils sont tapissés, cela rend la voix, soutient l'estomac sans l'irriter et calme l'impatience que pourraient produire les retards d'un repas dont tous les apprêts sont encore à faire. Ce café, on le fait très léger; pris en dose suffisante, il est à la fois rafraîchissant et nutritif. Au bout de quelques jours, nous ne pûmes plus nous en passer et nous comprîmes que la pauvre petite provision à laquelle nous avions d'abord voulu nous en tenir, ne serait pas allée loin.

Le souper, qui consistait le plus souvent en un ragoût de mouton aux pommes de terre, bien mitonné sous la direction de Philippe, se terminait généralement à neuf heures. Alors le vieux Hottentot nous criait : « *Heeren, wy zyn klaar* », Messieurs, nous sommes prêts ; cela voulait dire que le moment de lire un chapitre et de prier était venu. Il tenait généralement la lanterne à celui de nous qui s'était chargé de ce culte de famille. Les chants n'étaient jamais assez longs pour ces braves disciples de M. Kitchingman. A la limpidité de leurs voix, on n'aurait jamais soupçonné qu'ils avaient pendant toute une journée crié à tue-tête des menaces et des exhortations à nos attelages. Vers dix heures, les bœufs bien repus venaient les uns après les autres se coucher à peu de distance du foyer, en dégonflant leurs amples poumons. Un cercle de cornes se formait autour du campement, les Hottentots allumaient leurs pipes, et alors venait le moment qui pour eux compensait les fatigues et les contrariétés du voyage.

D'abord, les incidents de la journée fournissaient la matière d'entretiens animés. Chacun recevait sa part de louange ou de censure suivant la manière dont il avait compris et accompli ses devoirs. Philippe, qui, malgré quelques faiblesses, était foncièrement pieux, ne manquait jamais de faire un petit bout d'exhortation à ceux qu'il appelait ses enfants. Il y mettait tant de finesse et de bonhomie qu'il n'y avait lieu pour personne de s'enorgueillir ou de se fâcher. Puis venaient des anecdotes égayantes, des descriptions de mœurs où les blancs n'étaient pas toujours épargnés, des scènes dramatiques fournies généralement par des souvenirs de chasse; le tout accompagné d'une pantomime si vraie que nous étions les premiers à en subir l'effet. Quand nos Hottentots sentaient le sommeil venir, ils s'étendaient chacun sur sa natte, les pieds tournés vers le foyer, s'enroulaient, sans dire bonsoir, dans leurs manteaux de peaux de mouton, et nous, grimpant dans le wagon, nous nous mettions au lit à l'européenne.

Une heure ou deux avant l'aube nous étions réveillés par des accents de prière. C'étaient nos gens qui, l'un ici, l'autre là, adressaient à Dieu leurs remercîments et leurs requêtes. Ils se recouchaient après cela. Ces habitudes de dévotion plus que matinale nous les avons observées depuis parmi tous les indigènes pieux. Ils veulent par là se prémunir contre les négligences dont ils pourraient se rendre coupables s'ils attendaient l'heure des conversations et du travail. L'obscurité et la solitude des champs sont pour eux la chambre secrète où le Seigneur a recommandé à ses adorateurs de le chercher. Grâce à l'épaisseur de la toile qui fermait l'entrée de nos voitures, nous pouvions, mieux ou plus mal, choisir nos heures pour remplir ce devoir, mais nous étions généralement sur pied de fort bon matin. La nature a dans ce moment, dans cette partie de l'Afrique, un cachet de mystérieuse grandeur qui porte au recueillement et à l'adoration.

Les plaines et les montagnes les moins habitées par l'homme hébergent et font vivre une infinité d'êtres inférieurs qui sont chers à leur Créateur eux aussi et qui le célèbrent chacun à sa manière.

Voyez plutôt ces deux belles grues qui viennent de se réveiller après avoir passé la nuit côte à côte, sous une touffe d'herbe. Elles déploient leurs ailes aux reflets d'azur, poussant vers le ciel des cris discordants, mais joyeux. Puis, se mettant en vis-à-vis, elles exécutent un vrai menuet, sautant de temps en temps l'une par dessus l'autre, jusqu'à ce qu'emportée par un accès de gaîté folle, chacune d'elles se mette à fuir à toutes jambes, pour revenir, après cette menace de divorce, grommeler à sa compagne des protestations de fidélité. Cela fait, on les voit emboîter gravement le pas pour aller ensemble à la recherche d'un déjeuner.

Ailleurs, ce sont des tourterelles, des colombes, qui, tout émues de revoir la lumière, vont et viennent, roucoulant et se livrant à des minauderies sans fin.

A quelques pas de là, une perdrix tout éplorée appelle à grands cris sa couvée trop aventureuse. Mais ses alarmes ont été comprises ; voilà tout son petit monde qui accourt, qui la salue d'un piaulement enfantin et la becquète d'un air qui semble lui reprocher son peu de confiance.

Il est une infinité d'autres scènes d'une égale

fraîcheur et peut-être d'un intérêt plus piquant. On les devine aux bruits apportés par le vent du matin, mais on ne peut en être témoin à cause de l'épaisseur des fourrés. De ces retraites partent des accents de bonheur naïf, d'insouciante légèreté, de méditation rêveuse, de surprise, de menace, d'invocation. On distingue, entre autres voix, celle du coucou indicateur qui a sans doute découvert, au saut du lit, d'appétissants rayons de miel et se désole de les voir défendus par des abeilles plus matinales que lui. Ces cris perçants, précipités, sont ceux de la pie-grièche. La méchante est probablement déjà à la poursuite d'un malheureux lézard ou d'une grosse sauterelle qu'elle va bel et bien empaler et laisser suspendus à l'épine d'un mimosa, ce qui lui a valu parmi les Boers le titre de *fiscal*.

Dans les parties dénudées, les lièvres, les antilopes grandes et petites se livrent à leurs ébats et l'on peut être témoin des mille sottises de singes grimaciers et tapageurs. Mais l'astre du jour monte, monte, inonde les plaines et les hauteurs de ses éblouissantes clartés; les perles dont la rosée avait orné le feuillage, les demi-teintes, les profils adoucis, tout se noie dans ses rayons. A mesure que la chaleur augmente, oiseaux et quadrupèdes perdent leur animation; ils poursuivent encore leurs occupations diverses, mais sans bruit et sous des abris.

Nous passions de temps en temps devant quelqu'une de ces fermes de Boers qui sont si éloignées les unes des autres que l'on a toujours le sentiment d'être dans le désert. Plus on avance vers l'intérieur, moins elles ressemblent à nos fermes d'Europe. L'irrigation y est indispensable, et il est rare, surtout dans la province où nous étions alors, qu'un fermier puisse disposer d'un volume d'eau qui lui permette de faire autre chose que cultiver quelques légumes et ce qu'il lui faut de froment pour sa consommation. Toute sa richesse consiste en bestiaux et surtout en bêtes à laine.

Une maison en briques ou en pisé, recouverte de chaume, n'ayant qu'un rez-de-chaussée et tout au plus trois chambres; un hangar, ouvert à tous les vents, sous lequel on abrite le wagon et quelques outils; deux ou trois huttes dont l'une sert de cuisine et l'autre appartient aux noirs chargés du soin des troupeaux; deux vastes enclos sans toiture, où l'on enferme chaque soir les bœufs et les moutons, voilà toute l'installation. Rien pour la commodité et l'agrément de la vie domestique, rarement même un arbre pour ombrager le devant de la porte. Dès que le vent se lève, il fait tourbillonner autour de ces misérables habitations des nuages de poussière et de crottin pulvérisé. Les os des bêtes qui ont servi à la consommation gisent épars de tous côtés, mêlés souvent à de vieilles peaux racornies par le soleil. L'intérieur n'est pas plus confortable; on y marche sur la terre nue, le seul plafond que l'on ait au-dessus de sa tête se compose des chevrons et du chaume de la toiture. Les parois, lavées à la chaux ou badigeonnées d'une espèce d'ocre jaune, sont couvertes de myriades de mouches qu'attirent les laitages et les effluves animales d'un mouton qu'on voit dans un coin, suspendu à une corde. La ménagère coupe là-dedans jusqu'à ce qu'il soit nécessaire d'apporter une nouvelle victime, ce qui est le cas au moins tous les deux jours, car il se fait une incroyable consommation de viande dans ces demeures; on n'y mange guère que cela. Pour plusieurs des propriétaires, l'absence de toute commodité est compensée par le plaisir de savoir que la caisse cadenassée, qui leur sert communément de siège, est remplie de belles et bonnes pièces sonnantes. Cela vient presque sans travail. Il suffit de veiller, chaque matin, à ce que les moutons soient dûment conduits au pâturage par un ou deux Hottentots, et rentrent le soir au complet. La tonte donne quelque fatigue, mais ce n'est que pour peu de jours, puis arrivent des marchands qui emportent les laines, laissant après eux des vêtements, du café, du thé, du riz, de l'eau-de-vie ou des poignées de *souverains*. Dans les courts moments que nous passions auprès de ces Boers, nous tâchions de leur faire un peu de bien, au point de vue moral et religieux. Mais cela n'était pas facile; la conversation n'est pas leur fort. A notre arrivée, ils nous adressaient invariablement ces questions : Qui êtes-vous ! — D'où venez-vous? — Où allez-vous? — Êtes-vous mariés? — Quel est votre état? — Les réponses faites, silence absolu. Il fallait tout l'art et toute la persévérance du monde pour obtenir que nos hôtes honorassent d'un *ja* (oui) ou d'un *neen* (non) les choses que nous nous enhardissions à leur dire. Il est vrai que notre qualité de missionnaires ne les prévenait pas en notre faveur. Plus nous approchions des pays habités par les indigènes libres, plus nous étions reçus avec froideur. « Qu'allez-vous faire parmi ces gens? » nous demandait-on fréquemment (car, sur ce point, les langues se déliaient volontiers). « Ne sont-ils pas déjà assez rusés, sans que vous alliez, en les instruisant, les rendre plus capables de nous faire du mal? »

Ces Boers épars n'entendent que très rarement leurs pasteurs, ne peuvent se rendre au temple qu'aux jours de grandes fêtes, n'ont pour apprendre à leurs enfants à lire et à écrire que les services d'aventuriers en quête du pain quotidien; cela explique leur ignorance et leurs préjugés. Ils n'en ont pas moins conservé leurs mœurs simples et hospitalières, leur grand attachement pour les psaumes et pour les principales croyances de l'Eglise réformée.

Douze jours de marche nous amenèrent à Graaff-Reinet, ville importante, qui a reçu son nom, comme Uitenhage et quelques autres, de l'un des gouverneurs hollandais de la colonie. En y amenant les eaux d'une petite rivière (*Zondag's Rivier*) on a fait de cet endroit primitivement très stérile, une délicieuse oasis. Toutes les rues sont bordées d'orangers, de citronniers, de lauriers-roses, de seringats. Des fruits de toute espèce, généralement fort beaux, se montrent dans les vastes jardins que les habitants entretiennent derrière leurs maisons et dont un plan judicieux a fait le plus bel ornement de Graaff-Reinet, sans empêcher l'accroissement de la population. De quelque côté qu'on arrive, on a devant soi la flèche du temple réformé hollandais. Ce bâtiment est exactement au centre de la ville, à la place d'honneur. Des chapelles se sont élevées dans divers quartiers depuis que des Anglais et des Allemands sont venus se mêler aux premiers colonisateurs du pays.

Après le temple, l'édifice le mieux situé et le plus considérable était le presbytère. C'est là que nous eûmes l'honneur et le très grand agrément d'être reçus. Nos wagons trouvèrent facilement place dans la vaste cour, nos harnais furent soigneusement enfermés dans une bonne remise. Nos gens, munis d'une lettre de recommandation, partirent avec nos bœufs pour une ferme du voisinage appartenant à l'un des membres les plus influents du Consistoire, et chacun de nous se vit introduit dans une bonne chambre à coucher où il trouva tout ce qui pouvait contribuer à son bien-être. C'est ainsi que l'hospitalité était comprise et pratiquée par M. le pasteur Murray et son excellente épouse.

Lorsque vint l'heure du dîner, nous les trouvâmes entourés de plusieurs enfants et de trois ou quatre domestiques noirs dont les traits portaient l'empreinte d'une parfaite satisfaction. Tout ici était sur un pied patriarcal. Les dimensions de la table témoignaient que l'on comptait habituellement sur d'autres convives que ceux, déjà nombreux, fournis par la famille. Les mets copieux, variés, la rondeur avec laquelle on était servi, disaient assez que la question des subsistances ne causait jamais d'embarras à la maîtresse du logis. Nous nous extasiâmes surtout en voyant apparaître le dessert. C'était du raisin, des pêches, des figues d'une grosseur et d'un goût merveilleux. En sortant de table, on nous conduisit au jardin et on eut soin de nous dire que nous pouvions nous y promener à toute heure du jour et y cueillir tous les fruits qui seraient à notre convenance. Quelle offre pour des palais si longtemps desséchés par la soif et la poussière du désert!

La vie religieuse de la famille était l'objet de soins tout aussi grands, si ce n'est plus. Chaque matin et chaque soir, enfants, domestiques et hôtes, étaient réunis dans la plus vaste pièce; chacun recevait un livre de cantiques et une Bible, la mère dirigeait le chant, et le pasteur, après une courte méditation, offrait une prière dans laquelle personne n'était oublié!

M. Murray était écossais, natif, si je ne me trompe, d'Aberdeen. Il connaissait intimement le docteur Philip et l'estimait beaucoup, bien qu'il n'appartînt pas à la même dénomination ecclésiastique. A l'époque où le Cap avait passé sous la domination de l'Angleterre, quelques ministres presbytériens de l'Ecosse sachant qu'il y avait pénurie de pasteurs réformés dans la colonie, et prenant en considération l'identité de leur Eglise avec celle qu'il s'agissait de fortifier, étaient allés apprendre le hollandais à Utrecht, puis avaient offert leurs services au Synode du Cap, qui les avait acceptés. C'est ainsi que M. Murray était devenu le pasteur de Graaff-Reinet.

A son arrivée, la ville était encore peu considérable et il avait puissamment contribué à son développement à tous égards. Il était à la tête de diverses associations religieuses, littéraires et autres. Le zèle et la sollicitude avec lesquels il s'occupait des colons confiés à ses soins, ne l'empêchaient pas de prendre un grand intérêt à l'œuvre des missions. Nous en avions bien la preuve dans l'accueil qu'il nous faisait. D'autres avant nous avaient été reçus avec le même empressement. Depuis, ces habitudes hospitalières ne se sont jamais démenties et pendant toute la vie de cet excellent ami, qui fut patriarcale aussi par sa durée, nous ne l'appelâmes jamais autrement que le *Gaïus des missionnaires* (1). Il nous fit faire la connaissance de M. Van Ryneveld, le préfet du

---

(1) Rom. XVI, 23; — 3 Jean, 5 et 6

district, ce qui pouvait nous être utile vu que sa juridiction s'étendait jusqu'à l'extrême limite de la Colonie. C'était un homme fort aimable, parlant très bien le français, ayant même passé plusieurs mois à Paris.

Notre hôte nous mit aussi en rapport avec quelques-uns des membres les plus pieux et les plus éclairés de son troupeau.

A peine sortis de Graaff-Reinet nous commençâmes à gravir les premiers escarpements des Montagnes de Neige (*Sneeuwbergen*), ainsi nommées parce qu'au cœur de l'hiver leurs sommités se couvrent légèrement d'une blancheur inconnue partout ailleurs dans la Colonie.

Ce fut une rude escalade pendant laquelle nous eûmes plus d'une fois à craindre de voir nos wagons rouler dans d'affreux abîmes. A partir du premier plateau, l'ascension devait se continuer graduellement et sans péril. Nous avions parcouru les deux tiers à peu près de la distance qui nous séparait encore du fleuve Orange, lorsqu'il me survint une aventure, pour moi fort mémorable.

Myope au point de ne pouvoir pas reconnaître un ami à trois pas de distance, j'avais emporté, outre les lunettes qui faisaient partie de ma personne, une bonne provision de montures et de verres, achetés chez Lerebours, au coin de la place Dauphine, vis-à-vis la statue de Henri IV. Cinq mois plus tard, voilà que je casse, de la façon la plus maladroite, les bonnes besicles avec lesquelles j'avais vu tant de choses et sur mer et sur terre ! Je me rassure en me rappelant le petit paquet que le meilleur opticien de France avait lui-même entouré d'ouate et ficelé. J'ouvre ma malle et le paquet. Consternation ! Pas un verre entier ! La provision brisée menu et presque en poussière !

Que faire ? Il m'avait semblé voir un peu de tout dans les boutiques de Graaff-Reinet. Allons, je vais retourner ; mes compagnons de voyage ralentiront leur marche, et s'ils voient que je tarde trop à reparaître ils m'attendront. Mais à quel moyen de transport recourir ?...

Dieu voulut qu'en cette extrémité, un voyageur assis dans une carriole découverte, traînée par deux chevaux, nous hélât en se croisant avec nous. C'est l'habitude au désert, comme sur l'Océan. Chose incroyable, l'inconnu s'appelait Lemaire. Il était né à Berlin, mais de parents d'origine française. Chirurgien dans l'armée des alliés, il avait vu Paris en 1815 et il y avait fait un assez long séjour. Depuis, sa Majesté le roi de Prusse l'avait envoyé faire de la botanique au Sud de l'Afrique. Notre homme, prenant goût au pays, avait expédié plusieurs herbiers, puis s'était mis au service des colons en qualité de médecin. Apprenant ma déconfiture : « Je vais où vous voulez aller », me cria-t-il, « placez-vous vite à côté de moi et partons ! » Le trajet se fit rapidement, et d'une manière assez agréable, au milieu des conversations les plus animées. Qui nous eût écoutés, eût souvent ri de voir avec quel à propos nous passions d'une euphorbe ou d'une iridée aux coucous de Passy, etc., moi ne songeant qu'à puiser dans le répertoire scientifique de mon savant ami, lui, voulant à toute force me prouver qu'il savait encore son Paris, et revenant sans cesse aux anecdotes, aux bons mots d'un goût parfois assez équivoque qu'il avait jadis recueillis dans les cafés du Palais-Royal.

Chemin faisant, mon homme arrive à la porte d'un colon, un sien ami, qui lui aussi s'était enrôlé avec la jeune Allemagne sous les drapeaux du grand Blücher et avait foulé d'un pied indigné les trottoirs du pont d'Iéna. Il fallut voir alors ces messieurs s'embrasser à la mode de France, avec quelle volubilité, quels airs d'habitués de salon, ils échangèrent, en les exagérant, ces formules de politesse empressée, ces fins propos que leur avaient appris les fats de l'ancien régime. Cette scène, vu les lieux, me parut du plus haut comique et me fit presque oublier le malheur qui m'était survenu.

Hélas ! je sus bientôt qu'il était irréparable, du moins pour longtemps. Pas de lunettes pour myopes dans tout Graaff-Reinet. Il fallait en faire venir du Cap. Elles m'arriveraient probablement dans trois ou quatre mois, encore à la condition que l'on sût où me les envoyer, ce qu'il m'était assez difficile de dire. Je dus me contenter de conserves bleuâtres dont les verres légèrement concaves allongèrent un peu la portée de ma vue.

Restait la question du retour. Plus de M. Lemaire pour me prendre dans sa carriole et me faire oublier la longueur du chemin par de joyeux propos. Je partis tout seul sur un petit bidet qu'on voulut bien me vendre par charité. Le malheureux était borgne !...

Notre quasi-cécité ne nous empêcha pas de trottiner heureusement et de faire un bon bout de chemin. Le soir, un colon nous donna l'hospitalité à l'un et à l'autre.

Le lendemain matin, nous trouvâmes moyen de nous perdre, ce qui n'est du reste pas difficile en pareil pays, même pour les plus clairvoyants.

Après une ou deux heures de marche, le chemin que nous suivions et qui nous avait paru la grand'route ne fut plus qu'un ruban tortueux et finit par disparaître au milieu de hautes bruyères.

D'abord un peu ému, j'arrêtai ma bête comme pour la consulter. Elle en profita pour brouter. Cette indifférence me rassura et me rappela le proverbe « Tous chemins mènent à Rome. » « Allons toujours, dis-je machinalement », et nous reprîmes notre petit trot, mon borgne dandinant sa tête et moi balançant mes jambes le long de ses flancs en fredonnant un air. Les garçons meuniers en font autant chez nous sur leurs ânes pour se désennuyer. Mais l'ennui n'est pas précisément le sentiment qu'on éprouve lorsqu'on a le malheur d'errer pendant des heures dans les contrées où j'étais.

Il y a d'abord cet incompréhensible silence du désert auquel on ne s'habitue jamais si l'on est français ou nerveux ; ce silence qui ressemble si fort à une pause perfide présageant un déchaînement de sons effrayants, un fracas quelconque... Encore, encore le silence !... Alors un petit souffle de vent qui vient on ne sait d'où et s'en va on ne sait comment, emportant ici une paille, là un peu de poussière, semble passer tout exprès pour vous dire : seul ! seul ! tout seul ! Tu tomberais là que personne n'en saurait rien, ni aujourd'hui, ni demain ! Mais non ; demain les vautours qui nichent là-haut, sur ces crêtes noirâtres, le sauraient. Ils viendraient d'une aile lugubre voler au dessus de ta tête, jusqu'à ce qu'assez près de toi pour être sûrs que ton agonie a commencé, ils pussent d'un bec inexorable te crever les yeux et déchirer ta poitrine.

Dans ces moments, c'est un soulagement que de voir son cheval dresser tout à coup les oreilles ou même faire un bon écart. Il y a donc par ici quelque chose de vivant ! — C'est une outarde qui haletait sous un aloès et qui fort à regret, pour ne pas être écrasée, quitte cet imparfait abri ; ou bien c'est un babouin qui se gorgeait de scorpions parmi des pierres rougeâtres, et qui, tout indigné de se voir dérangé, monte sur une fourmilière et se livre à une gesticulation furieuse.

Et puis, la configuration générale de la contrée où j'étais est fort peu rassurante. C'est une succession de plaines coupées par des monticules arides formant rideau, sauf en quelques endroits où, dans la saison des pluies, les eaux se sont frayé un passage. Où qu'on aille, on a toujours devant soi une gorge, un défilé plus ou moins tortueux. En Calabre, l'imagination placerait là un brigand au feutre conique, armé de sa carabine. En Afrique, on y voit un Bushman, la chevelure hérissée de flèches empoisonnées, pinçant la corde de son arc pour s'assurer si elle est bien tendue, ou bien, pis encore, un lion résolu de réparer, pendant le jour, ses maladresses de la nuit.

Mais le soleil est rarement caché par des nuages, et cet œil toujours ouvert qui semble regarder du ciel rappelle qu'il y a là-haut quelqu'un qui veille sur la timide gazelle et sur le voyageur égaré. C'est à Lui que je pensais dans mes bons moments, et alors, au lieu de fredonner un air insignifiant, je chantais avec bonheur un verset de cantique.

Nous approchions d'un des malencontreux défilés dont je parlais tout-à-l'heure, lorsque je vis quelque chose s'avancer vers nous, mais apparemment d'une manière rationnelle, sans aucun de ces mouvements désordonnés qui trahissent les mauvaises passions. Oh bonheur ! c'était un chien ! Oui, un chien, en chair et en os. Il me semble encore le voir. Il était roux, de belle taille, assez corpulent. Il voyageait en bête intelligente, ayant évidemment conscience du chemin qu'il avait déjà fait et de celui qu'il lui restait à faire. Pas d'arrêt capricieux, pas de distractions, pas plus de vitesse que le strict nécessaire. Malheureusement, il allait dans une direction opposée à celle que me conseillaient de confus souvenirs. A peine fit-il attention à nous. Que voulez-vous? il savait où il allait, pouvait-il soupçonner que nous fussions moins bons voyageurs que lui? Comme j'aurais voulu l'arrêter, recueillir dans son regard un petit signe de cette sympathie qu'il avait sans doute mainte fois prodiguée à pure perte! Répétant à la hâte les noms propres les plus usités au Cap parmi la gent canine, je tâchai d'arrêter cet honnête animal. Ce fut peine perdue...

Toutefois, sa rencontre n'avait pas été inutile, mes nerfs s'étaient un peu détendus. J'avais besoin de ce répit.

Voici, en effet, quelques instants après, une tête monstrueuse qui apparaît au milieu d'un fourré de mimosas. Il se fait un mouvement. Une bête tout entière se dégage des broussailles. C'était, pour la grosseur, quelque chose de semblable à un baudet de petite taille. Mes conserves ne me permettaient pas de bien distinguer les formes dans leur détail, mais l'ensemble éveillait en moi certains souvenirs de ménagerie fort peu agréables. Il y avait là une crinière, un port assuré et menaçant, une queue sans cesse occupée à battre des flancs creux. Pas moyen d'en douter, c'était un lion ! et de la grosse espèce... Une chose m'étonnait, c'est que ma monture ne partageait nullement mon émoi, mais j'observai que le vent ne venait pas du côté de la bête suspecte et j'avais ouï dire que l'odorat seul révèle aux animaux domestiques ce que l'on peut craindre du roi des déserts.

Que faire?... Reculer?... mais c'eût été attirer le lion par l'espoir d'un facile triomphe... Lancer mon cheval en avant, à toute bride?... mais c'eût été donner envie à mon ennemi de me faire voir jusqu'où ses bonds pouvaient atteindre. N'ayant point d'armes, aucune idée de résistance ne pouvait s'offrir à mon esprit. Il n'y avait donc qu'à se résigner, s'attendre à Dieu, et laisser le bidet continuer son petit trot...

Ce ne fut pas sans un certain serrement des côtes et un peu de brouillard dans les yeux que j'arrivai au point où le lion devait fondre sur nous s'il voulait profiter de son avantage. Une fois là, je n'eus plus peur. C'est une expérience que j'ai encore faite depuis lors, en plus d'une rencontre. Je regardai fixement le monstre, mais sans le voir mieux. Il y eut cependant dans son attitude quelque chose qui me sembla trahir du malaise... un mouvement brusque en avant suivi d'un recul, des trépignements de dépit plutôt que de colère. Je ne me rappelle plus de quel œil mon cheval était borgne, mais ce fut comme s'il ne voyait rien, il ne changea rien à son allure.

Grâce à la continuité de son trot, je me trouvai bientôt à une distance rassurante de l'objet de mes terreurs. — « T'en voilà quitte pour la peur, m'écriai-je, en m'essuyant le front, et tu as eu l'honneur de te croiser avec un lion en plein jour et dans ses domaines! »

Un lion!... c'eût été trop peu; j'étais en veine d'héroïques rencontres. Bientôt, en voilà six de plus, tous aussi gros que le premier et placés comme si un malfaisant génie eût assigné à chacun son poste.....

Le soir de cette aventureuse journée, grâce à la persévérance de mon petit cheval et au soin que Dieu avait pris de nous faire rencontrer quelqu'un pour nous mettre sur la bonne voie, j'étais au bivouac de mes amis, assis avec eux devant un grand feu. Sans me demander de quand datait mon dernier repas, ils me traitaient comme un homme qui s'en allait mourir de faim. Quand vint le moment des récits, les lions ne furent pas oubliés. « Sept! » murmura M. Lemue, « sept! et moi qui n'en ai pas encore vu un de près! »

Le lendemain, nos wagons roulaient paisiblement. J'avais pris place auprès de mon incrédule et je lui répétais combien j'étais heureux d'avoir échappé. Tout à coup, le saisissant par le bras, je lui crie: « Voilà des lions! Vous reconnaîtrez maintenant que ce pays en est infesté! » Mon homme, sans s'émouvoir, dit au Hottentot qui conduisait ses bœufs : « Va vite avec ton fouet chasser les lions de mon ami !... » — « Non, non ! » répond l'autre en pouffant de rire, « donnez-moi plutôt votre fusil, je lui ferai manger des grillades de ces lions ! »

C'étaient des *gnous*!!! antilopes très inoffensives. J'ai eu, depuis, la consolation d'apprendre que d'autres y avaient été pris avant moi. Pour que la méprise soit possible, il faut être myope ou n'avoir pas de bonnes lunettes, il faut aussi que l'animal vous regarde en face, la tête baissée, ce qui rend ses cornes moins visibles. Ce n'est pas le seul être ici-bas qui, pour cacher ses frayeurs, se donne des airs féroces. Mais il n'est ni quadrupède ni bipède qui sache le faire aussi bien que le gnou.

Trois jours de marche de plus nous firent atteindre *Colesberg*, sur l'extrême frontière de la Colonie, dans la direction du Nord, près des bords du fleuve Orange. Cette ville n'était alors qu'à l'état d'embryon. Elle se formait comme toutes celles que nous avions déjà visitées.

Un pasteur avait encouragé la construction d'un petit temple pour quelques Boers épars qu'il visitait trois ou quatre fois l'an. Le Gouverneur alors en fonctions (Sir Lowrie Cole) avait permis qu'on donnât son nom à la localité. Un boutiquier allemand, M. Maltitz, un médecin, mon obligeant M. Lemaire, un charpentier du Cap, M. Waldeck et un horloger suisse (où n'y en a-t-il pas?)

s'étaient installés autour de l'édifice sacré. Les Boers venaient trouver ces messieurs quand ils avaient besoin d'eux et laissaient pas mal d'argent entre leurs mains. Colesberg avec sa banlieue compte maintenant cinq ou six mille habitants et presque autant de magasins que de maisons. Sauf l'attrait qu'il offre aux gens qui veulent s'enrichir, ce doit être l'endroit le plus triste du monde. Le manque d'eau y rendait toute culture et tout agrément extérieur fort difficile.

Un missionnaire avait réuni là quelques Bushmen qu'il espérait à force de bonté arracher à la vie nomade, mais cet établissement portait ombrage aux Boers, il avait fallu y renoncer. Quand donc la charité chrétienne trouvera-t-elle des appuis qui lui permettent de tenir tête à la cupidité?

Nous passâmes trois jours dans cet endroit, et, pendant ce temps, on n'y entendit parler que français. Par un singulier hasard, les quatre maîtres de la place le parlaient tous sans difficulté. Ils en profitèrent amplement pour nous porter à faire plusieurs achats. Plus de boutique à attendre où que ce fût après celle de M. Maltitz. L'argument était péremptoire. Quelques semaines de voyage nous avaient démontré l'absurdité des approvisionnements à la livre et à l'once. Ces messieurs, souvent payés par les Boers en bêtes vivantes, avaient un petit *stock* de moutons et de chèvres dont ils n'étaient pas fâchés de se défaire et qui allaient nous devenir indispensables, à moins que nous ne voulussions absolument nous passer de viande et de lait. Tout alla donc à la parfaite satisfaction de la communauté naissante. Elle n'abusa pas trop de ses avantages, nourrissant l'espoir que nous nous souviendrions que le commerce est un puissant moyen de civilisation.

VIII

Du fleuve Orange au pays des Bassoutos.

Après tant de jours passés dans des régions presque entièrement dépourvues d'eau, quel bonheur ce fut pour nous d'arriver devant un fleuve, de nous ébattre dans son onde limpide, de nous asseoir sous les saules qui bordaient ses rives ! L'Orange à l'endroit où nous le vîmes pour la première fois, et où nous devions le traverser à gué, a trois cent dix mètres de largeur et à peu près deux de profondeur. Dans la plus grande partie de son cours, il est plus resserré et par conséquent plus profond.

Les gués sont généralement des bancs de rochers ou de sable que séparent de véritables gouffres, ce qui rend tout écart extrêmement dangereux. Les sources de ce fleuve étaient inconnues lorsque nous le franchîmes. C'est à mon collègue, M. Arbousset, qu'était réservé l'honneur de les découvrir plus tard dans les hautes montagnes du Lessouto, pays où nous nous rendions, mais sans le savoir, sans même en avoir jamais entendu prononcer le nom.

Ce ne fut pas sans peine que nous parvînmes sur la rive droite du fleuve. Les roues de nos wagons s'engagèrent dans les fissures du banc de rochers sur lequel glissaient les eaux. Il fallut des heures entières pour les dégager. Nous y parvînmes en doublant les attelages et mettant ainsi jusqu'à vingt-quatre bœufs à chacune des voitures. On coucha à quelques mètres du courant sous un beau ciel étoilé, mais dans la solitude la plus complète. Ce n'était pas sans émotion que nous nous sentions, pour la première fois de notre vie, dans des terres sur lesquelles ne s'étendait l'influence d'aucun gouvernement civilisé; mais nous avions l'assurance que Dieu prendrait soin de nous, et la perspective de pouvoir chercher avec la plus parfaite liberté des occasions de le servir était pour nous pleine de charme.

Nous croyions avoir dit adieu aux colons, pour quelques années, mais nous n'étions pas encore tout à fait en dehors de leurs œuvres.

A une petite journée du fleuve, se trouvait une station missionnaire appelée Philippolis, en l'honneur de notre vénérable ami du Cap. Là, résidaient des gens dont les traits et la chevelure rappelaient à la fois notre race et celle des Hottentots.

C'était, hélas, le fruit de relations illicites entre les colons et leurs servantes indigènes. A mesure que ces mulâtres se sont multipliés, on les a refoulés dans l'intérieur et ils ont formé quelques communautés assez nombreuses et assez indépendantes pour se donner des chefs. La Société des Missions de Londres et celle des Wesleyens leur envoyaient des missionnaires. Nous trouvâmes qu'il se faisait à Philippolis, sous la direction d'un M. Kolbe, une œuvre intéressante à maints égards. Il y avait là une grande chapelle qui se remplissait le dimanche d'auditeurs attentifs, des écoles pour garçons et pour filles fort bien tenues. Le hollandais étant universellement parlé par ces gens, l'enseignement se faisait sans difficulté. Plusieurs s'étaient construit de bonnes maisons. Ils avaient dans les environs de la station de petites fermes où ils récoltaient assez de froment et de maïs pour suffire à leurs besoins; ils élevaient, en sus, du gros et du menu bétail et d'excellents chevaux. Malheureusement, ils tenaient en beaucoup trop haute estime ce qu'ils avaient dans leurs veines de sang européen et se montraient hautains et tyranniques vis-à-vis des noirs, dont la race était restée pure de tout mélange. Cela ne les empêchait pas de détester cordialement les blancs qui, après leur avoir donné l'existence en obéissant à de viles passions, n'avaient voulu leur accorder ni part ni héritage à côté de leurs enfants légitimes.

Sans le savoir, nous étions arrivés à l'endroit et à l'heure où Dieu allait nous désigner le champ de travail qu'il nous destinait. Tout récemment, un de ces mulâtres du nom d'Adam Krotz, chasseur intelligent, avait résolu d'aller explorer le pays qui s'étend, au nord-est de Philippolis, jusqu'au voisinage de Natal. Cette région était restée presque entièrement inconnue. Une carte que nous avions achetée à Paris, chez l'éditeur Hérisson, la présentait en blanc avec les mots : *plaines sablonneuses et désertes.*

On savait à Philippolis qu'une horde de pillards *Koranas et Griquois* appelés *Bergenaars,* parcequ'ils se cachaient généralement dans des montagnes avec le fruit de leurs déprédations, faisaient des incursions de ce côté et en revenaient avec des bestiaux. On avait vu arriver après eux quelques indigènes de race cafre, venant du même côté et réduits à la plus affreuse misère. Ces malheureux avaient été bien accueillis à Philippolis. Adam Krotz avait permis à quelques-uns de s'établir sur sa ferme. Après avoir appris assez de hollandais pour se faire comprendre, ils s'étaient mis à parler de leur pays et des déprédations qu'on y commettait.

Apprenant que leur hôte était passionné pour la chasse, ils lui avaient fait les descriptions les plus séduisantes de la beauté et du nombre des antilopes qui chez eux couvraient la campagne. Ces descriptions avaient fait d'Adam Krotz un explorateur, et, comme on va le voir, un précurseur pour nous.

Ayant appris notre arrivée à Philippolis, il vint nous trouver et nous parla comme suit :

« Pendant que je continuais mes chasses à huit jours d'ici, un chef députa vers moi deux hommes pour me prier de me rendre auprès de lui. Je pris avec moi pour me servir d'interprète l'un des indigènes de ce pays que j'avais recueillis. Il me conduisit sur une montagne où ce chef avait fixé sa résidence ; on l'appelait pour cette raison le *Chef de la Montagne*. Son vrai nom était Moshesh, fils de Mokhatchané.

« Il m'apprit que depuis plusieurs années il était victime d'attaques incessantes, que les trois quarts de ses sujets avaient été détruits ou dispersés. Il m'avait fait venir pour me demander si je ne pourrais pas lui donner quelque bon conseil, lui indiquer un moyen de pacifier le pays. Je pensai de suite aux missionnaires, je lui parlai des nôtres et de Moffat ; je tâchai de lui faire comprendre les services que de tels hommes pourraient lui rendre.

« L'idée d'avoir auprès de lui, d'une manière permanente, des hommes sages, amis de la paix, disposés à faire tout ce qui serait en leur pouvoir pour l'aider dans sa détresse, lui sourit beaucoup. Il eût voulu les voir arriver de suite. « En connaissez-vous », me dit-il, « qui seraient disposés à venir ? » Je lui répondis qu'il en passait quelquefois chez nous. « Oh, je vous en supplie, dites aux premiers que vous rencontrerez de se hâter de venir ici. Je les recevrai de mon mieux ; je ferai tout ce qu'ils me conseilleront de faire ! » Je lui promis de ne pas oublier sa prière. — Un peu après mon retour chez moi, j'appris que s'étant demandé si j'aurais les moyens de remplir ma promesse, il m'avait envoyé 200 bœufs, pour lui procurer en échange au moins un missionnaire. Ce bétail avait été intercepté et capturé en route par les Koranas. »

Adam Krotz ajouta que si nous étions disposés à nous consacrer au salut de ce malheureux chef, il était tout prêt à nous servir de guide et d'introducteur.

Le Dr Philip, lors de son dernier voyage dans l'intérieur, avait eu vent de ce qui s'était passé entre Adam Krotz et le « Roi de la Montagne. » Il nous en avait parlé ; mais la chose paraissait avoir un caractère si romanesque, que nous n'y avions pas fait grande attention. Nous nous étions bornés à la noter comme un point à éclaircir, lorsqu'après avoir franchi l'Orange, nous aurions à décider d'une manière définitive vers quelles populations nous dirigerions nos pas.

Maintenant la Providence avait parlé. Adam Krotz s'offrant à nous accompagner, on ne pouvait plus avoir aucun doute sur sa véracité. A l'avantage de porter les secours de l'Evangile à des populations prêtes à nous recevoir s'ajoutait celui de faire des découvertes géographiques importantes, d'ouvrir une région nouvelle au monde civilisé.

Il fut décidé que M. Lemue irait rejoindre son collègue, M. Rolland, à Motito, dans le voisinage immédiat de Kuruman. La population déjà très considérable de ce district s'accroissait journellement par l'arrivée de Baharoutsis qui avaient dû, comme nos frères, se soustraire par la fuite, aux massacres de Mossélékatsé.

Il y avait là un champ de travail suffisant pour deux missionnaires, et, si la paix se rétablissait, Motito pourrait servir de base et de point de départ pour de futures opérations plus au nord.

M. Pellissier, que nous avions trouvé à Graaff-Reinet, allait se charger de rassembler et de prendre sous ses soins quelques milliers de Béchuanas-Batlapis que le contre-coup des guerres du Nord avait portés à se réfugier le long des rives de l'Orange. La Société des Missions de Londres offrait de nous céder, pour y installer ces indigènes, un poste où elle avait inutilement essayé d'établir et de gagner au christianisme une horde de Bushmen. Cet endroit, situé à seize ou dix-huit lieues de Philippolis en amont du fleuve, devait offrir le grand avantage de nous ménager, sur les confins de la Colonie, le moyen de correspondre avec le monde civilisé. Ces arrangements faits, M. et Mme Lemue continuèrent leur voyage vers Motito, et nous pressâmes Adam Krotz de nous conduire sans retard auprès du « Roi de la Montagne. » Pour diminuer les difficultés d'un voyage dans un pays entièrement sans routes, nous nous décidâmes à laisser à Philippolis un de nos wagons avec les objets les plus lourds.

Le zèle philanthropique de notre mulâtre ne lui faisait pas oublier ses petits intérêts. Il avait résolu de prendre avec lui quelques amis, d'abord pour faire de grandes chasses, puis, dans le but de voir avec eux, d'après la réception qui nous serait faite, s'il n'y aurait pas lieu de profiter, à titre d'aide, des avantages que le chef pourrait nous offrir. Il mit donc quelque temps à organiser son expédition. L'impatience commençait à nous prendre et nous parlions de partir seuls, à nos risques et périls, lorsque nous le vîmes arriver avec Booi Armans, Hans Lubbe, hommes de même extraction que lui, un nègre affranchi, sur la fidélité duquel il pouvait compter en toute occasion, son interprète Sépéami, deux ou trois autres natifs du pays où nous allions, et enfin toute une valetaille de petits Bushmen à moitié nus qui devaient soigner les bœufs de trait, seller les chevaux, suivre leurs maîtres à la chasse et porter leurs lourds fusils. Tout cela formait une caravane de gens résolus avant tout à se régaler de rôtis d'antilopes et à rapporter chez eux des quintaux de viande séchée au soleil. Nous comprîmes qu'un voyage en ligne droite était hors de question et que nous allions faire une véritable croisière de baleiniers. Imposer nos volontés à tout ce monde était impossible et il nous importait au plus haut degré de rester dans les bonnes grâces du chef principal de la bande.

Lorsque, arrivés au but, nous compulsâmes les notes que nous avions prises, la boussole à la main, nous vîmes que dix journées de marche droit au nord-est nous y eussent conduits. Au lieu de cela le voyage nous prit trois semaines. Pour atteindre les régions où le gros gibier foisonnait, on nous avait fait faire de grands détours.

Il nous sembla traverser d'interminables plaines ; en réalité nous parcourions des plateaux qui, en se succédant, nous rapprochaient d'une chaîne de montagnes. Dans les bas-fonds, il n'était pas rare de voir sourdre, entre une couche de terre végétale et un lit d'argile, un joli filet d'eau, parfaitement limpide. Au contraire, les plaines, circonscrites par des monticules, offraient assez généralement à leur centre des flaques d'eau d'un aspect repoussant pour l'homme, mais fort recherchées par les quadrupèdes de toute espèce qui fourmillent dans ces déserts.

Pendant la première partie de notre voyage, nous eûmes tous les moyens possibles de faire connaissance avec les divers animaux du pays, et je parvins sans trop de peine à ne plus confondre un gnou avec un lion. J'en étais encore réduit aux malheureuses lunettes qui avaient contribué à me faire commettre cette erreur, mais la nécessité de bien voir, l'extrême pureté de l'atmosphère et l'habitude de porter constamment le regard vers des horizons presque sans limites, semblaient corriger sensiblement ma myopie. D'ailleurs, nos infatigables chasseurs venaient, chaque jour, étaler au bivouac des spécimens de tout ce qu'il y avait de tuable dans ces régions. Nous pouvions contempler de près leurs nombreuses victimes, les palper, les mesurer, assister à leur dépècement. Les soirées se passaient à écouter la description de leurs mœurs.

La zoologie n'offrait rien de bien nouveau. En fait de ruminants, c'étaient des multitudes innombrables de *spring boks* (gazella euchore), de *blessboks* (damalis albifrons), de *gnous* (catoblépas gnu), des hardes moins nombreuses de *caamas* (acephalus caama) et d'*élans* (boselaphus canna), de *reeboks* (pelea capreola) et de *rietboks* (eleotragus arundinaceus).

L'élan était le fauve que nos gens recherchaient le plus à cause de sa grosseur. Il n'a pas moins de huit à neuf pieds de longueur sur cinq de hauteur. La chair en est très bonne. On peut en dire autant de celle des autres antilopes.

A côté d'elles, nous rencontrions un peu partout

d'immenses troupes de *couaggas* ou ânes rayés. On sait qu'ils diffèrent du zèbre en ce que leur corps n'est pas partout entouré de ces bandes noires qui donnent tant d'élégance à leurs congénères.

Ce qui nous intéressait surtout, c'étaient les mœurs de ces coursiers du désert. Il faut les voir de grand matin, s'élancer au galop vers la crète d'une colline rocailleuse dont les pierres retentissent et roulent sous leurs sabots. En tête et derrière sont les gros étalons, l'avant et l'arrière-garde. Les premiers donnent l'exemple de l'ardeur, de la rapidité, les autres mordillent ici et là une jument paresseuse, un poulain trop gras qui s'attarde. Les voilà au sommet, étrillés de frais par les blanches épines des mimosas auxquels ils se sont frottés en passant. Ils s'arrêtent, font volte-face, placés l'un à côté de l'autre ; chacun regardant devant soi. On dirait un escadron de chevaux qui, après s'être débarrassés de leurs cavaliers, auraient eu la fantaisie de se mettre en rang pour faire tout seuls la manœuvre.

Que font-ils donc là-haut? Ils saluent le soleil levant; leurs larges naseaux se dilatent pour aspirer l'air frais qui balaie le désert. Pendant la nuit, traqués, poursuivis par des lions, ils ont été en proie à d'indicibles terreurs. J'ai plus d'une fois écouté avec émotion les hennissements éplorés qu'ils font entendre en ces moments. Mais l'aurore a mis fin au danger. Des hauteurs où ils sont, une inspection attentive leur a donné l'assurance que l'ennemi s'est retiré !

Vous comprenez s'ils sont heureux de se sentir encore dans leur peau, de pouvoir encore frapper le sol d'un pied superbe, et réchauffer leurs croupes au soleil !

Ils vont descendre ; mais, avant cela, ils consultent les effluves odorantes que la brise matinale apporte de quelque coin du désert tapissé d'une herbe tendre et savoureuse. Le plus vieux de la bande fait bruire ses naseaux, rôde autour de ses protégés pour les former en colonne serrée, et les conduit, sans s'égarer, droit au pâtis.

Après s'être repus, ils se coucheront dans les attitudes les plus variées, les petits la tête appuyée sur les flancs de leurs mères. Plus tard, ils iront boire à la mare accoutumée. Les péripéties de la nuit les en ont peut-être fort éloignés ; mais, quelle que soit la distance, ils n'iront pas à une autre. La prudence est encore nécessaire. Il arrive parfois qu'un lion, malheureux dans sa chasse nocturne, va se cacher en plein midi parmi les roseaux dont les flaques sont généralement entourées. Sa présence peut être plus facilement découverte dans un lieu bien connu. On s'en approche avec précaution, le cou tendu, l'œil en feu, les naseaux grimaçants, jusqu'à ce que l'on ait l'assurance de pouvoir sans péril satisfaire le plus impérieux des besoins.

On disait qu'il y avait aussi des *buffles* dans

le pays que nous parcourions, mais nous n'en vîmes aucun. On les redoute extrêmement, parce qu'ils fondent avec une impétuosité brutale sur quiconque ose les regarder en face. Dans un de leurs chants de chasse, les naturels disent de cet animal : « Lorsqu'il s'élance sur vous en beuglant, il vous enlève les poumons, le foie et les entrailles. » Il est inexorable dans sa colère, et il arrive parfois que lorsqu'on est parvenu à lui échapper en grimpant sur un arbre, il se couche au pied et reste là pendant des heures entières.

Naturellement, dans l'étude que nous faisions du règne animal, l'intérêt le plus palpitant se rattachait aux bêtes féroces. Elles tiennent la pensée et l'imagination des indigènes constamment en éveil, et c'est sur leur compte que la conversation revenait le plus souvent pendant les soirées. Les lions, les panthères, les onces, les hyènes et les chacals, foisonnaient autour de nous. C'était bien assez sans y ajouter, comme l'ont fait quelques voyageurs, le tigre, qui n'existe pas au Sud de l'Afrique. Cette erreur est provenue de ce que les colons donnent le nom de *tigre* aux léopards, aux panthères et à tous les félins tachetés. Ceux-ci sont surtout redoutables dans les fourrés, et ils s'en écartent peu. C'est là qu'ils déchirent et dévorent leur proie, dont ils s'emparent généralement par surprise. Si on va les chercher dans leurs retraites, ils sont plus dangereux que le lion parce qu'ils n'hésitent pas à accepter le combat et qu'ils ont l'avantage de savoir grimper sur les arbres. Ils se lancent de là sur leurs adversaires avec une impétuosité sans égale.

On a fait à la hyène une réputation qu'elle ne mérite pas. Elle n'est féroce qu'envers des êtres qui sont entièrement incapables de lui résister. Il nous est arrivé d'en rencontrer quatre ou cinq couchées, en plein jour, sous un arbre, et de les mettre toutes en fuite par un seul coup de fusil. Des menaces eussent même suffi pour cela. Mais cette vilaine bête est un ennemi constant pour les colons et les voyageurs. On ne peut pas s'en débarrasser. Attirée de loin par l'odeur du plus petit troupeau de moutons ou de chèvres, elle ne cesse de rôder autour des fermes ou des campements. Alors même qu'elle ne peut rien prendre, elle trouble le sommeil par ses hurlements hideux et par les aboiements incessants qu'elle fait pousser aux chiens. Frustrée dans son attente, elle se rabat, vers l'aube, sur la fiente des bestiaux, ou elle va surprendre quelques pauvres grenouilles le long des mares; mais on peut être bien sûr qu'elle reviendra dès que le soleil sera couché. Elle devient plus audacieuse dans les temps de guerre. Elle ne se fait pas faute alors d'achever les blessés ou de surprendre dans son sommeil quelque guerrier exténué de fatigue. C'est aussi, comme on le sait, une grande déterreuse; les indigènes ne peuvent empêcher ses profanations qu'en entassant des pierres sur les tombes.

Quant au lion, je ne l'ai jamais trouvé prosaïque, quoique l'on ait eu raison de beaucoup rabattre de sa bravoure légendaire.

Lorsqu'il est dans un pays accidenté, le lion choisit ordinairement pour son gîte un monticule couronné de rochers qui lui ménagent un abri contre le soleil et la pluie.

Veut-on retrouver le lion de la statuaire avec tout ce qu'il a de majesté dans le port, d'assurance dans la démarche, il faut l'observer aux premières lueurs de l'aurore, lorsque, après une chasse heureuse, il regagne son domicile. Il éprouve quelque chose de ce contentement de soi-même, de cette bienveillance voluptueuse, qui se lit dans les regards d'un gourmet bien repu. La digestion en est encore au point où elle ne produit que d'agréables sensations. Il est entièrement satisfait. Il verrait un bœuf à peu de distance qu'il ne se dérangerait pas pour lui faire la moindre égratignure. Il marche sans se presser et tourne volontiers la tête vers le théâtre de ses exploits nocturnes.

De temps en temps, un mouvement de la queue passablement grotesque semble dénoter une réminiscence facétieuse, ou vouloir dire: tant pis, si tout le monde n'est pas content, moi je le suis. C'est ainsi qu'il arrive au point le plus élevé de sa résidence. Là, le sentiment de sa dignité semble se réveiller. Est-ce parce qu'il est sur un piédestal digne de lui, ou bien veut-il faire comprendre que s'il se sent près d'être vaincu par le sommeil, il va se coucher dans toute sa force? Il redresse la tête, se promène en long et en large, rugit avec ampleur, mais sans colère, puis se tapit au soleil. Ce n'est pas pour longtemps. La lumière trop éclatante le fatigue, les moucherons l'inquiètent, un sentiment vague l'avertit qu'il n'est plus en état de s'exposer à des luttes; il pousse un grognement qui se termine par un bâillement énorme et descend dans sa tanière.

C'est l'heure, si bien décrite par le psalmiste, où l'homme peut se rendre sans crainte à son travail.

Le lion ne demande alors qu'une chose, c'est qu'on le laisse tranquille.

S'il a pu chasser à sa guise et que de trop forts rivaux ne l'aient pas empêché de disposer de sa proie selon son appétit et ses goûts, il s'est gorgé de sang et de graisse. Il a englouti, encore tout fumants, le cœur, le foie, les entrailles de sa victime. C'est là généralement son manger de prédilection. C'est succulent, c'est vite avalé; cela ne fait pas travailler péniblement la mâchoire. J'ai ramassé un jour sur les pas d'un lion, et emporté dans mon wagon une magnifique antilope qui avait été ouverte d'un coup de griffe presque aussi proprement qu'un boucher l'eût pu faire avec son couteau, et à laquelle il ne manquait rien que le contenu du coffre.

Mais si le lion, lorsqu'il le peut, mange vite,

sa digestion est plus lente. Elle produit une grande torpeur, accompagnée de mouvements fébriles. Dans cet état, la lumière devient insupportable à l'animal ; si quelque chose le réveille, il n'ouvre les yeux qu'à regret et les referme le plus tôt possible. C'est ce qui explique qu'après tout, là même où ils foisonnent, les lions dévorent si peu de gens.

Il faut cependant excepter de la règle générale les lions âgés dont les dents sont trop ébréchées et les membres trop raides pour qu'ils puissent giboyer avec succès. Ceux-là se mettent de jour à l'affût des bestiaux ou de leurs pâtres. Mais, ils ne continuent pas longtemps leur métier. Les indigènes, qui les distinguent des autres sous le nom de *mangeurs d'hommes*, s'acharnent contre eux jusqu'à ce qu'ils s'en soient débarrassés.

Il faut dire aussi que les lions peuvent devenir fort dangereux de jour, lorsque la soif interrompt leur sommeil et les force à aller se désaltérer. Quand cela leur arrive, ils le font généralement sans bruit et presque à la dérobée. On doit se garder alors de les déranger. En ce moment, leur humeur est aigre et chagrine, ils se courroucent facilement ; si on les laisse faire, ils retournent à leur gîte sans chercher noise à qui que ce soit.

Les lionnes qui ont des petits sont beaucoup moins somnolentes. Elles chassent à toutes les heures pour leurs nourrissons. Les joies de la maternité contribuent aussi à les tenir éveillées.

Elles aiment à folâtrer avec leurs lionceaux, ce qu'elles font à la manière des chattes, s'attachant par mille niches à développer l'humeur querelleuse et la dextérité de leurs élèves.

Mais reprenons l'histoire du lion dans l'emploi de ses vingt-quatre heures.

Il ne se réveille tout de bon qu'à la nuit tombante. Frais et dispos, il remonte sur son observatoire. Il n'a plus la majestueuse nonchalance du matin. Il est svelte, élancé ; sa crinière n'encadre plus comme une ample gorgerette une face grave et sénatoriale. Elle semble s'être rabattue sur les épaules, tant la tête se projette en avant pour mieux inspecter le désert. Tout dans l'attitude de l'animal dénote une grande activité des sens de la vue, de l'ouïe et de l'odorat. Le dos est légèrement arqué, la queue, comme en suspens, est roide et un peu recourbée. Si les ténèbres se font avant que ses observations soient finies, le voyageur qui traverse la plaine aperçoit sur le monticule comme deux petits fanaux que leur rapprochement et l'intermittence de leur lumière font seuls reconnaître pour des yeux flamboyants.

Avant de descendre, le lion rugit deux ou trois fois. C'est un prélude au formidable emploi qu'il fera plus tard de ses poumons. C'est aussi très probablement un moyen de savoir s'il a des confrères à peu de distance. Dans le cas affirmatif, il peut compter sur une réponse. La chose n'est pas indifférente pour lui. Il évite la société de ses pareils ou recherche leur coopération suivant le genre de chasse pour lequel il s'est décidé.

S'il y a dans le voisinage des flaques d'eau où les antilopes aient l'habitude de se désaltérer, il préfère généralement à toute autre la chasse à l'affût, dans laquelle il ne peut guère réussir qu'à la condition d'être seul. Il s'en va au petit trot, et en faisant le moins de bruit possible, choisir un point d'embuscade encore inoccupé, observant la direction du vent par rapport à l'étroit sentier que les antilopes suivent généralement à la file pour se rendre à leur abreuvoir, et se place de telle sorte que la brise vienne d'elles à lui.

Une tactique différente préside aux chasses proprement dites. En pays découvert, atteindre les antilopes à la course serait fort difficile. Il n'y a qu'une ressource, c'est de les rendre folles de peur. Pour cela, les lions savent s'entendre à merveille; les avantages de l'association leur font très bien oublier les jalousies de métier.

Aux approches d'une plaine couverte de bêtes fauves, ils poussent à d'assez longs intervalles des rugissements très sonores, mais qui n'ont encore rien de menaçant et semblent plutôt exprimer une certaine inquiétude. Quand les réponses qu'ils se sont réciproquement envoyées leur ont donné la certitude que l'attaque sera simultanée, ils se mettent à trotter droit devant eux. C'est alors à qui rugira le plus fort et sur le ton le plus alarmant.

Les bêtes menacées, ne sachant de quel côté fuir, hésitent, se rapprochent les unes des autres. L'épouvante qui les a d'abord paralysées finit par déterminer un sauve-qui-peut général, mais trop tardif pour s'opérer impunément. Alors l'assaut commence. Ici un lion saute sur la croupe d'un zèbre; là, un autre saisit un buffle à la gorge; ailleurs, c'est un gnou qu'une lionne happe au passage.

Souvent, dans ces affreuses mêlées, tout n'est pas plaisir pour les assaillants. Maints coups de corne, maintes ruades bien appliquées, leur apprennent ce que peut le courage du désespoir. Mais ces messieurs n'y regardent pas de si près. Un œil poché, quelques mèches de crinière de moins, une dent ébréchée, ne les empêchent pas de rugir triomphalement et de se mettre à leur repas avec un frémissement de plaisir. Lorsqu'il leur arrive (ce qui est assez rare) de ne faire qu'une victime, ils sont quelquefois d'assez bonne composition pour la dévorer ensemble; dans d'autres occasions ils se la disputent à outrance. Cela dépend de la disposition du moment.

Parmi les animaux que les lions sacrifient à leurs appétits, il en est, au dire de nos chasseurs, qui, par une curiosité fort intempestive, leur offrent de singulières facilités. C'est surtout le cas des chevaux lorsqu'ils paissent par troupes. L'un d'eux a-t-il été terrassé, toute la bande détale, la crinière hérissée, l'œil effaré; mais bientôt ils s'arrêtent, gambadent les uns autour des autres, comme pour se reconnaître et se compter; puis, ils retournent au lieu du désastre et poussent l'imprudence jusqu'à aller flairer presque sous la griffe du lion le sang du frère qu'ils ont perdu. Un second malheur ne les rend pas plus sages et l'on a vu des cas où quatre ou cinq chevaux se sont ainsi offerts à la mort les uns après les autres.

Il est une victime qui, si elle a été saisie comme par un effet du hasard, semble causer beaucoup d'embarras au lion, c'est l'homme. Parmi nos gens il en était auxquels une expérience durement achetée donnait toute autorité pour affirmer la chose. Pendant qu'ils subissaient, plus morts que vifs, l'étreinte de leur terrible adversaire, ils avaient remarqué qu'il évitait de les regarder et que, dans les moments où ils restaient immobiles, il semblait affecter de tourner les yeux, d'un air distrait, vers quelque objet éloigné. Faisaient-ils le moindre mouvement, il les mordait avec férocité, mais en clignotant d'une façon nerveuse. Plus tard, le lion avait profité d'un moment d'apparente insensibilité de leur part pour les laisser là et s'éloigner d'un pas rapide.

Il ne faut pas attribuer cela à la dignité du regard humain, mais plutôt au caractère insolite et exceptionnel de la victime. Le lion est une bête fort routinière et très impressionnable. Il se laisse facilement déconcerter et désarmer par tout ce qui est nouveau et qui contrarie ses habitudes. S'il a été blessé, ou s'il a déjà goûté de la chair humaine, il n'y a pas de regard qui y fasse, il déchire et dévore sans y mettre la moindre façon.

Mais, dans son assiette naturelle, la présence de l'homme, surtout si elle est inopinée, l'inquiète plutôt qu'autre chose. Si vous le rencontrez fortuitement, dites-vous bien que cette rencontre lui est tout aussi désagréable qu'à vous. Il ne se courroucera pas tout à coup; il ne se dressera pas devant vous, comme un chien, pour vous mordre. Cela n'est pas dans ses mœurs. Pendant qu'il est à se demander ce qu'il doit faire, vous pourriez, sans grand danger, aller droit à lui et lui casser la tête presque à bout portant. Si vous n'avez pas ce courage et qu'il lui vienne quelque sinistre dessein, il tâchera de faire un détour pour échapper à votre observation; il prendra ses mesures, choisira son terrain et d'un bond sera sur vous.

Lorsqu'il est irrité et qu'il est engagé dans un combat, la fureur l'emporte sur la ruse. On peut à peine exagérer ce qu'il y a de souplesse et de force dans ses membres, où tout est ressort, de diabolique méchanceté dans sa hure convulsionnée par la rage. Nous avons vu un lion mettre à nu d'un seul coup de sa patte toute l'épine dorsale d'un de nos hommes.

Quand il a terrassé un adversaire qui l'a sérieusement irrité, il se place sur lui et, non content de le déchirer à belles dents, il le laboure en même temps de ses pattes de devant et de derrière.

Voici deux ou trois faits très authentiques qui montrent que dans ses rapports avec l'espèce humaine il commet parfois de grandes maladresses.

Un Boer voyageait avec sa femme et ses enfants dans un véhicule semblable à celui qui nous servait à nous-mêmes et que j'ai déjà décrit. Une nuit, par un beau clair de lune, notre homme se réveille et est tout étonné de voir se dessiner sur la grosse toile qui fermait l'entrée de son wagon la silhouette d'un lion assis sur ses hanches à la manière des chiens. Il avait trouvé fort commode de s'installer sur le siège du conducteur pour mieux faire de là ses observations. Le père de famille, sans réveiller personne, détache sa carabine, en place le bout à deux doigts de l'oreille de la bête trop confiante et lui fait sauter la cervelle.

Un autre incident du même genre s'est passé dans le pays des Bassoutos, peu après notre arrivée. Les naturels ménagent généralement une petite cour autour de leurs huttes, au moyen d'une palissade en roseaux. On y entre par un passage étroit et tortueux qui n'a point de porte. Un lion s'avise, un beau matin, de pénétrer dans une enceinte de ce genre. Il y avait là un homme et sa femme qui prenaient tranquillement leur repas, accroupis devant le feu. L'homme, sans donner à cet étrange visiteur le temps de se reconnaître, lui saute sur le dos, l'enfourche comme un cheval, le saisit à la crinière près des oreilles, dit à la femme de prendre une javeline et de la plonger dans les flancs de l'animal. La chose fut faite en un instant, sans lutte d'aucune sorte. Il n'y eut plus qu'à crier aux voisins de venir voir !

Sans l'imprévu de la situation, les choses se fussent passées bien autrement. Témoin ce que m'a raconté un indigène qui devait devenir l'un de mes meilleurs amis. Un soir qu'il était, lui aussi, accroupi près d'un feu avec un camarade, mais dans le désert, un lion fondit sur eux, les fit tomber l'un sur l'autre et se mit à dévorer celui auquel mon narrateur servait en quelque sorte de matelas. Pendant des heures entières, le survivant entendit craquer les os, et sentit ruisseler sur lui le sang de son compagnon. Une fois rassasié, l'animal se retira, sans songer à faire une seconde victime.

Aussi longtemps qu'ils ne connaissaient pas les armes à feu, les noirs osaient à peine se mesurer avec des ennemis aussi redoutables. Lorsqu'ils étaient forcés de le faire, ils s'y prenaient comme s'il se fût agi de combattre une armée, tâchaient d'enfermer l'ennemi dans un cercle de guerriers et faisaient pleuvoir sur lui une grêle de traits. Même dans ces conditions désavantageuses pour lui, il était rare que le lion, avant de mourir, ne tuât ou ne blessât pas quelqu'un.

Chez les Zoulous, il y avait une autre méthode à l'usage des hommes résolus et qui ne pouvaient pas compter sur le nombre. Un des chasseurs se détachait et allait agacer l'animal. Au moment où celui-ci acceptait la lutte, l'agresseur s'étendait sur le dos et se couvrait tout entier de son large bouclier, le tenant fermement des deux mains. Pour arriver à son adversaire, le lion se jetait sur le bouclier, essayait de le déchirer, et, se croyant sûr de son fait, concentrait là toute son attention et toute sa rage. Pendant ce temps, on se précipitait sur lui et trois ou quatre coups de lance donnés de près l'étendaient raide mort.

Les colons vont généralement à six ou huit faire l'attaque au gîte, armés de carabines. Le danger n'est pas grand pourvu qu'ils aient soin de ne pas tous tirer à la fois. Dans ces occasions, les chiens sont d'un grand secours. Ils obsèdent l'animal par leurs aboiements, l'arrêtent lorsqu'il essaie de se jeter sur les chasseurs, ce qui permet à ceux-ci de bien ajuster.

Les tueurs de lions de profession, qui ne sont pas, il est vrai, fort nombreux, méprisent ces sortes d'expéditions. Ceux-là s'en vont seuls, comptant sur la sûreté de leur coup et sur leur connaissance parfaite des mœurs de l'adversaire.

Voilà de bien longs paragraphes sur le compte du roi des animaux. Je pourrais facilement en ajouter quelques-uns de plus. C'est qu'à la suite d'Adam Krotz et de ses amis, on ne pouvait guère s'entretenir d'autre chose. Je dois dire aussi qu'à ce moment de notre vie, le sujet s'offrait fréquemment à nous dans sa réalité la plus saisissante et sous ses aspects les plus propres à produire des impressions ineffaçables.

Dans ces régions où l'espèce animale était si bien représentée sous le rapport de la beauté des formes et de la force, on ne rencontrait qu'une attristante caricature de la nôtre. Le Boschjesman, comme l'appelaient les Hollandais, ou Bushman, selon l'orthographe anglaise qui tend de plus en plus à prévaloir, se montrait à nous de temps en temps de la façon la plus inopinée. Blotti derrière un petit amas de pierres ou de roseaux, il nous regardait venir avec une vive inquiétude. Dès qu'il s'était assuré que nous n'étions pas des Boers, ses mortels ennemis, il se levait brusquement comme un spectre et accourait à nous pour nous demander du tabac. Est-ce bien un spectre qu'il faut dire ? Non ; c'est quelque chose de plus hideux. Petit, la face plate, d'un jaune sale ; la peau ridée comme celle d'un crapaud, le ventre gros, les jambes et les bras fluets, tout d'une venue, il me rappelait, sauf les proportions, les avortons dégoûtants que des amateurs d'anthropologie conservent dans de grands bocaux.

Cette atrophie de l'être tout entier est le fruit de la misère, de la souffrance et d'un constant usage du chanvre, fumé en guise de tabac. J'ai vu plus tard des Buschmen que le chef vers lequel nous nous rendions avait adoptés et pourvus de tout ce qui pouvait leur être nécessaire. Dès la seconde génération, la taille des enfants s'était relevée, leurs membres avaient commencé à présenter les renflements gracieux dont la main de Dieu, lorsqu'elle n'est pas contrariée, revêt le squelette humain. L'étincelle vitale et intellectuelle s'était ravivée dans leurs yeux; le sentiment avait sensiblement corrigé leurs traits.

Bien que le Bushman offre, comme je le disais, sa plus navrante caricature à l'espèce humaine, c'est cependant de lui que je prendrais texte pour démontrer aux matérialistes l'absurdité de leurs négations.

Qu'est, sous le rapport physique, cet ignoble et repoussant bipède auprès de la gazelle au poil lustré, aux formes si parfaitement symétriques, à l'œil à la fois si doux et si vif ? Que pourrait contre elle le bras de ce pygmée ? D'un coup de son front, elle lui casserait la tête; quelques bonds faits sans le moindre effort la mettraient hors de toute atteinte. Il l'a bien vu, l'infortuné, mais il s'est recueilli, il a *pensé*. Il a remarqué les effets terribles de la goutelette de venin qu'un faible reptile dépose dans une plaie à peine perceptible. Cette observation lui a fait chercher et inventer la flèche lilliputienne qui glace et fige le sang de l'éléphant lui-même, pour peu qu'elle ait pénétré dans son corps.

Cette arme, vous la prendriez pour un jouet d'enfant, mais c'est un petit chef-d'œuvre. Le fer, extrêmement mince, n'a qu'un demi-centimètre de saillie et un centimètre de largeur. Il est en demi-lune et pénètre en coupant; taillé en pointe, il se fût recourbé. Les deux cornes de l'imperceptible croissant, destinées à le fixer dans la plaie, ont pour auxiliaire un tout petit éperon ou plutôt une arête implantée sur la surface de la lame. Le fer, en apparence si peu redoutable, sert de tête à un morceau d'os de quatre à cinq centimètres de longueur, parfaitement arrondi, lequel est enduit d'une couche noirâtre de poison à l'état de mastic. Voilà la partie de l'arme qui tue. Pour peu que l'enduit vienne en contact avec le sang, le Bushman est sûr de son affaire. Pour envoyer l'os à destination, il l'insère au bout d'un brin de roseau qu'il ajuste sur un arc presque aussi petit que ceux dont s'amusent nos enfants. Il décoche la flèche en parabole, mais avec une précision à laquelle Guillaume Tell lui-même eût applaudi.

C'est ainsi que de tous les hommes, le plus faible, le plus dégradé, celui qui vit journellement parmi les léopards et les lions, qui n'a, pour s'abriter, qu'un trou ou quelques brassées de roseaux, qui jamais ne posséda de troupeau et ne cultiva la terre, a cependant su, pour sa défense et son alimentation, inventer une arme, d'apparence abjecte comme lui, mais beaucoup plus redoutable que la pesante massue, la lance acérée, le large bouclier du Cafre athlétique. Celui-ci s'est contenté de recourir à la hache et à la forge; la pensée de l'autre a creusé et l'a fait chimiste. C'est des sucs de diverses plantes et du venin de plusieurs reptiles et insectes, qu'il compose un poison qui tue l'animal dont il veut se nourrir et n'en rend pas les chairs malfaisantes.

Cet *homme-scorpion*, comme l'appellent les Béchuanas, ne se préoccupe pas seulement des besoins de son estomac. Il a de l'honneur à sa manière ; il est très jaloux de son droit. La moindre insulte le fait bondir. Nu, tout couvert d'ordure, il regarde en face le blanc le plus fier et le mieux accoutré. Ce gloussement qu'il vient de faire entendre devant vous veut dire : « Vous n'êtes qu'un homme comme moi ! » Il exige de sa femme la plus stricte fidélité, et punit sans pitié toute infraction à la règle conjugale. Cette femme, il ne l'a pas volée. Il lui a fait longuement la cour. Il a dû se mesurer avec ses frères, et même avec elle, pour prouver qu'il avait assez de force pour lui servir de maître et de protecteur. Il n'a ni feu, ni lieu, et cependant sa pensée a circonscrit une certaine étendue de pays où il souffre difficilement d'autres chasseurs que lui-même et les membres de son petit clan. Vous rencontrez dans le désert une Bushmane décrépite et vous la croyez abandonnée. Elle ne l'est pas. Arrêtez-vous un moment, vous verrez que si elle avance d'un pas chancelant, elle suit cependant sans hésitation une direction déterminée. Ses enfants, en allant à la chasse, ont laissé tomber, de distance en distance, des pierres qui lui disent par où ils ont passé. Elle trouvera la dernière à l'endroit qu'ils ont choisi pour y passer la nuit. Elle peut les attendre là sans inquiétude ; ils y apporteront leur venaison et la partageront avec elle. Que quelqu'un fasse du mal à cette pauvre femme; il sera suivi à la trace, et signalé comme devant, à la première occasion favorable, servir de but à une flèche empoisonnée. Tandis que chez les Cafres et les Béchuanas, qui vivent en société et ont des institutions nationales bien définies, on reçoit en héritage la veuve d'un parent, comme toute autre partie de son avoir, les Bushmen préfèrent que les veuves restent libres et désapprouvent qu'elles se remarient. On chasse tout exprès pour elles, à la place de leurs maris décédés.

Lorsque le gibier évite ses traits, le Bushman ne trouve pour se nourrir que des bulbes insipides, des larves de termites et des sauterelles. J'en ai vu se régaler de vers de terre. Ils les jetaient par poignées sur la braise et les dévoraient avant même que leurs contorsions eussent entièrement cessé. Presque toujours en proie aux souffrances de la faim, leur pensée s'étend rarement au-delà de l'heure présente. Cependant, il est moins difficile qu'on ne le croirait d'éveiller chez eux le sentiment de l'invisible et du divin.

Quand on leur parle de Dieu pour la première fois, ils n'expriment ni surprise, ni scepticisme. Ils admettent sans difficulté qu'il doit y avoir un *Kaang* ou Seigneur du ciel. Ils ajoutent généralement que cette idée n'est pas nouvelle pour eux. Mais ils semblent penser qu'elle ne les concerne pas, et ils voient aussi d'un œil indifférent les pratiques superstitieuses des indigènes sédentaires avec lesquels ils sont en rapport.

Le Bushman n'a conservé qu'un culte : celui de l'indépendance et de la liberté. Cette liberté, il la lui faut complète, absolue, comme celle des bêtes fauves. Il voit autour de lui des communautés où l'on vit à l'abri des besoins et des périls qui sont son lot journalier. Il pouvait, ce semble, se joindre à elles ou du moins adopter leurs usages. Il s'y est toujours refusé jusqu'ici et il est probable qu'il n'y consentira jamais. Du reste, dans quelques années, le dernier de ces pauvres vrais sauvages aura disparu. L'histoire de la Colonie fait foi qu'il y a eu des moments où on eût pu gagner leur confiance et les amener progressivement à changer leur mode de vie. Mais les battues que l'on était dès longtemps habitué à faire parmi eux, les massacres sommaires qu'on leur infligeait à propos de moutons volés ici et là sous la pression de la faim, avaient rendu toute réconciliation impossible.

On peut dire maintenant que « leur main est contre tous et que la main de tous est contre eux. » Les règlements qui ont en quelque mesure protégé les Hottentots vivant en communautés ont été complétement éludés en ce qui concerne les malheureux Bushmen. Quand les Boers en rencontraient dans leurs chasses, ils leur couraient sus, sans le moindre scrupule, tuaient les adultes et faisaient des jeunes garçons et des jeunes filles de vrais esclaves. Tout cela se passait dans des solitudes où l'on n'avait à craindre aucune répression. Un voisin en aurait eu connaissance qu'il se serait bien gardé d'en parler, se proposant d'en faire autant lui-même à la première occasion. Dans notre voyage à travers la Colonie, un vieux Boer s'était vanté à nous d'avoir pendant sa vie tué soixante Bushmen. C'était à ses yeux un acte méritoire. Les Cafres et les Béchuanas, lorsqu'ils avaient à se plaindre de ces malheureux, étaient eux aussi beaucoup trop enclins à les considérer comme des gens hors la loi; mais, en temps ordinaire, ils se gardaient de leur faire le moindre mal; ils repoussaient surtout avec horreur l'idée de leur enlever leurs enfants.

L'existence de ces Hottentots, radicalement sauvages, à côté des Hottentots proprement dits qui, malgré les injustices dont ils ont été victimes, ont fini par devenir citoyens de la Colonie du Cap, est fort difficile à expliquer. L'opinion générale l'attribue au régime oppressif de la colonisation hollandaise. Les indigènes les plus maltraités ou les plus fiers auraient pris la résolution de se disperser dans les montagnes et dans les plaines incultes, de renoncer à la vie sociale et à tout autre moyen d'existence que la chasse ou la rapine. On ne saurait, en effet, douter que les Bushmen n'aient été conduits par le désespoir à adopter le mode de vie qui les caractérise. Ce sont de vrais Hottentots et, bien que les défectuosités physiques de la race aient été exagérées chez eux par la souffrance, dans leurs veines coule un sang hottentot très pur. Or, pris dans leur ensemble, les Hottentots avaient des habitudes sociales, obéissaient à des chefs, possédaient des troupeaux. Pourquoi un certain nombre d'entre eux eussent-ils eu d'autres mœurs? On se trompe lorsqu'on attribue aux injustices des blancs la séparation des Bushmen d'avec le reste de leurs compatriotes. Ces injustices n'ont fait que les confirmer dans leurs habitudes. Le Bushman était déjà distinct du Hottentot proprement dit, lorsque les Hollandais s'établirent au Cap. Je m'en suis convaincu en étudiant avec soin des extraits de registres tenus par le premier gouverneur, Van Riebeek, et par ses successeurs immédiats. Ils parlent fréquemment d'indigènes *errants* qu'ils appellent *Souquas* et le portrait qu'ils en font correspond de tout point à celui du Bushman de nos jours. Il y a une centaine d'années, le voyageur suédois Sparrman trouva des *Boschis* un peu partout sur son passage. Les *Boschis* n'étaient autres que les Boschjesmans des Hollandais et les Bushmen des Anglais. A cette époque, on était encore trop près de la fondation de la Colonie pour que l'injustice eût pu produire un nombre aussi considérable de sauvages d'une nouvelle espèce. D'ailleurs, les Hottentots sédentaires parlaient des autres comme existant depuis longtemps déjà et n'ayant de commun avec eux que les traits originels et la langue. Un peu plus tard, Le Vaillant faisait des observations entièrement conformes à celles de Sparrman. C'est donc à une époque antérieure à celle de la fondation de la Colonie du Cap qu'il faut chercher le moment où il se forma des Bushmen dans l'Afrique australe. Je crois que ce moment est celui de l'invasion de la race cafre. Les représentants de cette race, tant Cafres proprement dits que Béchuanas, reconnaissent que leur installation dans les provinces qu'ils occupent est comparativement récente : elle date de quatre ou cinq siècles au plus. Ils affirment que leurs ancêtres sont venus du nord-est et que, dans leurs migrations, ils ont trouvé les Hottentots devant eux et les ont refoulés vers la pointe méridionale du continent. Ce fait est confirmé par les noms hottentots que portent encore plusieurs des montagnes et des cours d'eau les plus considérables des pays cafres et béchuanas. Du Cap jusqu'au tropique (et peut-être au-delà), presque partout où il y a des cavernes, on en trouve les parois couvertes de dessins grossiers, où sont représentés des hommes, des animaux, des scènes de chasse. Or, les Hottentots sont les seuls indigènes qui aiment à laisser de pareilles traces de leur séjour ou de leur passage. A en juger par l'immense étendue des terres que l'invasion leur a fait perdre, ils ont dû subir d'incalculables désastres. Des tribus entières ont dû être démembrées, irrémédiablement dépouillées de leurs moyens d'existence. Les Bushmen ne seraient pas autre chose que les restes de ces tribus. La pression des envahisseurs diminuant par l'extension même de leurs conquêtes territoriales, les peuplades les plus rapprochées du Cap auraient pu conserver leurs biens et n'auraient pas été obligées pour demeurer indépendantes de se condamner à une vie errante. Ce seraient là les tribus hottentotes sédentaires qui occupaient les pays sur lesquels la Colonie s'est progressivement étendue. La ligne de démarcation entre elles et les Cafres s'établit à peu près à la hauteur de la baie d'Algoa. Ces peuplades, plus heureuses, réussirent même à nouer des relations d'amitié avec les conquérants. La fréquence et l'intimité des rapports fut telle, que les Cafres limitrophes prirent goût aux étranges claquements de langue propres aux idiomes hottentots et les adaptèrent à plusieurs des mots de leur propre vocabulaire, bien que la structure de ces mots semblât se refuser à un tel alliage et qu'elle en soit restée pure plus au nord. Les deux races en vinrent même à des alliances matrimoniales et il en résulta une tribu de sang mêlé : celle des Gonaquas. Les Bushmen n'ont jamais voulu se prêter à des accommodements de cette espèce, ce qui confirme l'hypothèse que les Cafres ont été la première cause des malheurs auxquels se rattachent leur condition et leurs habitudes.

IX

Arrivée dans le pays des Bassoutos.

Toutes ces observations parmi les bêtes et les seuls êtres humains qui hantassent ces régions ne nous rapprochaient pas de la résidence du Chef de la Montagne, mais elles nous rendaient moins sensible l'abus que Krotz faisait de notre temps. Vint enfin le jour où il se crut en possession d'une quantité suffisante de viande, de peaux et de cornes de toute espèce. Alors, sans consulter notre boussole, il sut parfaitement se diriger vers le point où nous appelaient nos affaires. Par trois bonnes étapes, il nous fit sortir des plaines où nous avions tant louvoyé. Nous nous trouvâmes alors dans un pays de collines généralement en forme de mamelons. Quelques-unes étaient habitées par des gens qu'on nous dit appartenir à la nation que nous allions visiter. Une famine produite par d'incessantes guerres les avait forcés à venir s'installer provisoirement dans ces lieux abondants en gibier. Ils se procuraient leur nourriture sans se fatiguer et sans s'éloigner de leurs femmes et de leurs enfants. Leur méthode consistait à creuser des fosses le long des ruisseaux où les antilopes venaient se désaltérer. Ces fosses étaient en forme d'entonnoir. L'animal en y tombant se trouvait avoir les jambes ramassées sous le ventre et les pieds si près les uns des autres qu'il lui était impossible de faire le moindre mouvement. Quelques roseaux recouverts d'un peu d'herbe cachaient si bien ces pièges que l'un de nos chevaux ne tarda pas à s'y laisser choir et que nous faillîmes maintes fois en faire autant nous-mêmes. Heureusement qu'ici on n'avait pas l'habitude de planter au fond du trou un pieux acéré, comme cela se pratique plus au nord.

Deux jours plus tard, nous arrivions au pied d'une montagne qui nous parut fort élevée et d'un pourtour de plusieurs kilomètres. Au bas, se trouvaient de grands champs de maïs et de sorgho (gros millet) presque mûrs. Les habitants avaient construit leurs huttes sur les sommités les plus escarpées, par crainte d'attaques. Ceux qui travaillaient dans les plantations s'enfuirent à notre approche. Cela ne nous empêcha pas de dételer et de nous installer à notre aise au bord d'un ruisseau dont la limpidité et le doux murmure nous mettaient dans une véritable extase.

Nous avions atteint la frontière occidentale du pays des *Bassoutos*. Nous apprîmes là d'une manière définitive que tel était le nom national des populations soumises au souverain qui demandait des missionnaires. Il n'avait pas fait part à tous ses sujets de ses désirs et de ses démarches. Ainsi s'explique l'émoi que notre apparition produisait. Nos guides de Philippolis avaient presque les mêmes traits, portaient le même costume et les mêmes armes que les Koranas et autres brigands dont on avait tant souffert.

Le plus âgé des aborigènes qu'Adam Krotz avait à sa suite gravit la montagne pour aller rassurer les habitants du village et tâcher d'obtenir de leur chef qu'il vînt nous trouver. Notre homme eut beaucoup de peine à se faire écouter. La conférence fut longue. Il dut expliquer la nature de ses relations avec des étrangers si suspects, bien établir les raisons qu'il avait de croire à nos bonnes dispositions. C'était le chef qui hésitait le plus. Il savait que maint de ses pareils, leurré par des protestations d'amitié, s'était vu saisi, garrotté, forcé de donner pour sa rançon jusqu'à sa dernière tête de bétail, heureux encore de n'avoir pas reçu un coup de fusil par dessus le marché. Il finit cependant par comprendre que s'il repoussait les explications qui lui étaient données, il risquait de se faire très mal juger par son suzerain. Après une longue attente, nous vîmes notre délégué descendre avec un assez bel homme d'une cinquantaine d'années, suivi d'une petite escorte sans armes. C'était le chef. Il reçut nos premières politesses avec dignité, mais non sans étudier l'expression de nos visages, et s'assurer, d'un regard, de notre nombre. Puis, s'enhardissant, il nous apprit qu'il portait le nom de Mosémé, que sa famille était alliée par le sang au maître de la contrée, que la montagne sur laquelle il résidait s'appelait Thaba-Ntsou. Ici, l'interprète de Krotz nous expliqua que ce mot signifiait *montagne noire*, appellation que justifiait suffisamment la couleur sombre des rochers qui surplombaient notre camp.

Les traits de Mosémé s'illuminèrent lorsque, s'étant levé pour retourner chez lui, il vit que nous ne mettions aucun obstacle à son départ. Nous lui avions dit que le lendemain était un jour sacré pour nous (un dimanche), que nous le passerions au pied de sa montagne et que, s'il voulait bien venir avec tous ses gens, nous leur ferions entendre la *grande parole* que nous apportions au pays.

Ceci se passait dans le mois de juin, moment où les produits de ce pays sont à peu près tous mûrs. Dans la soirée, on nous apporta, de la part du chef, du maïs en épis, des bottes de sorgho sucré (infé). Nous pûmes aussi, au moyen de quelques pincées de sel, nous procurer de magnifiques citrouilles. Ces fruits de la terre ne furent pas un petit régal pour nous, qui avions vécu, pendant des semaines, de viandes grillées. Notre sel avait fait tout autant de plaisir, si ce n'est plus. Cette contrée n'avait pas de salines. Il fallait aller à une soixantaine de lieues plus au nord pour en trouver et, depuis longtemps, des ennemis infestant tous les chemins, le trajet était devenu impossible. Nos acheteurs de sel avaient toutes les peines du monde à s'empêcher de le consommer sur place. Ils en croquaient de petits morceaux en tressaillant de plaisir. Après l'avoir déposé dans de jolis petits pots d'argile, ils léchaient avec volupté le creux de leur main où ils l'avaient d'abord reçu. Nous devions nous-mêmes apprendre plus tard, par expérience, ce que c'est que d'être entièrement privé de cette inappréciable substance.

Le lendemain matin, Mosémé et une centaine de ses subordonnés vinrent s'asseoir en cercle autour de notre feu principal. Ils assistèrent au culte que nous fîmes en hollandais avec nos gens et ils en suivirent tous les détails avec beaucoup de curiosité. Le chant provoqua d'abord parmi les plus jeunes quelques éclats de rire que le chef se hâta de réprimer. Nos mulâtres, grâce à leur sang hottentot, avaient de très belles voix et ils se firent un devoir d'en tirer en cette occasion tout le parti possible. Leurs accords harmonieux finirent par produire sur les auditeurs une impression très vive, mais dont ils avaient évidemment beaucoup de peine à se rendre compte. Ils s'interrogeaient du regard, semblant se demander s'ils devaient rester ou se soustraire par la fuite à des émotions d'un genre tout nouveau qui pouvaient recéler un danger. Il se produisait aussi un certain émoi lorsqu'on se levait pour prier. Pourquoi ce changement d'attitude?....

Mais on nous voyait tous sans armes, cela rassurait un peu. Bref, grâce à la bonne contenance que fit l'homme principal, personne ne bougea : mais ce fut un soulagement pour tous quand, le service terminé, on vit nos gens rallumer leurs pipes et donner un tour de bâton aux marmites qui bouillaient sur le foyer.

Lorsque chacun me parut rentré dans son assiette naturelle, je me levai, et, plaçant à mon côté celui de nos guides indigènes auquel le hollandais était le plus compréhensible, je me mis en devoir d'expliquer à nos hôtes ce que nous venions de faire. Cette allocution chrétienne, la première que l'on eût jamais entendue dans ces contrées, ne renfermait qu'une idée, c'est que nous avions un Père dans le ciel, qui s'était révélé à nous et dont nous apportions les bénédictions et les grâces. Quant à la manière dont cela fut dit, je n'en ai plus aucun souvenir, sauf une phrase cependant qui m'est restée tant elle me satisfit par sa couleur locale. « Si vous recevez notre message, vous serez comme l'autruche qui jette ses vieilles plumes pour en prendre de plus belles. » Je n'ai jamais su jusqu'à quel point mon pauvre interprète lui-même m'avait compris.

Ce que Mosémé finit par saisir, c'est que décidément il n'avait rien à craindre de nous et qu'il pouvait sans danger nous permettre de visiter son village.

Il nous y précéda afin de préparer quelques pots de bière dont ils se proposait de nous régaler.

Nous pûmes de chez lui contempler tout le pays comme dans un panorama. Le coup d'œil était magnifique. Du haut de Thaba-Ntsou s'offraient de tous côtés des montagnes majestueuses séparées les unes des autres par de larges vallées et présentant presque toutes l'aspect de forteresses couvertes d'une vigoureuse végétation jusqu'à une centaine de mètres de leur sommet. Là, de gros rochers de grès, semblables à une gigantesque maçonnerie, leur faisaient un couronnement à peu près horizontal. Au-dessus, de vastes plateaux s'offraient aux habitants pour y construire leurs villages et faire paître leurs troupeaux. Du côté de l'Est, à une vingtaine de lieues, la vue était bornée par une chaîne splendide de montagnes en pics, courant du sud au nord, en ce moment poudrée d'une légère couche de neige. Ce rideau séparait le pays des Bassoutos de la terre de Natal. On nous montra, le long de la chaîne, deux points assez distants l'un de l'autre d'où se dégageaient une rivière et un fleuve, le Mogokaré et le Sinkou. Les blancs ne les avaient guère observés jusqu'alors qu'à leur point de jonction, près de Béthulie situé au sud-est de Philippolis. Ils ont donné au Mogokaré le nom de *Calédon* et au Sinkou celui de fleuve *Orange*. Le premier partageait le pays des Bassoutos longitudinalement en deux provinces à peu près égales, l'autre le séparait des avant-postes de la Colonie.

Après avoir poussé un cri d'admiration, nous ne pûmes nous empêcher de rire en voyant combien cette contrée ressemblait peu à ce que la carte que nous avions emportée de Paris nous avait fait attendre.

Mosémé eut soin de nous désigner fort près de la chaîne et du Calédon un point grisâtre et peu distinct. Là, résidait le chef que nous cherchions. Sa montagne était assez basse, ce qui n'empêchait pas qu'elle eût la réputation d'être imprenable. On l'appelait *Thaba-Bossiou* ou la Montagne de la Nuit. On ne put nous expliquer l'origine de ce nom. Quant au Chef lui-même, Mosémé le désignait le plus souvent sous le nom de *Mora-Mokhatchané*, le fils de Mokhatchané, parce que son père vivait encore et qu'il était censé jouir du pouvoir, bien qu'il en eût entièrement remis l'exercice à son fils. Celui-ci, dans son enfance, avait porté le nom de *Lépoko* « querelle ». On l'avait appelé ainsi à cause de certaines discordes intestines au milieu desquelles il avait eu le malheur de naître. Plus tard, ayant réussi à faire plier divers rivaux sous l'ascendant de sa maison, il avait pris le nom de *Moshesh*, « le *raseur*, ou le *niveleur* ». Cette supériorité que personne ne s'avisait maintenant de lui contester, il la devait à une rare intelligence, à beaucoup de fermeté et à une manière toute nouvelle dans ce pays de comprendre et de manier les hommes.

Nous quittâmes Thaba-Ntsou fort encouragés. Les Bassoutos produisaient sur nous une excellente impression. Sauf les Cafres, c'étaient les plus beaux indigènes que nous eussions encore vus. Leurs traits et leur couleur n'offraient rien de désagréable et tenaient généralement le milieu entre ceux du vrai nègre et les nôtres. Leur peau était douce, bronzée plutôt que noire, leurs membres robustes et bien modelés. Pour la taille, la moyenne était la même que chez nous. La dignité de leur port, la grâce de leurs mouvements, la déférence et la cordialité qui semblaient caractériser leurs entretiens nous frappaient plus que toute autre chose. Les manteaux de peaux de bêtes dont ils couvraient leurs épaules, les huttes dans lesquelles ils habitaient, le plaisir qu'ils prenaient à oindre leurs membres pouvaient seuls les faire assimiler à ce qu'on est convenu d'appeler le sauvage.

Le caractère accidenté du pays et l'absence de routes nous forçant à faire encore plus d'un détour, un de nos gens fut chargé d'aller en ligne directe annoncer notre approche à Moshesh. A partir de Thaba-Ntsou, nous trouvâmes sur nos pas d'effrayantes traces de massacres et de dévastations. C'étaient un peu partout des ossements humains. Dans certains endroits, leur nombre indiquait des champs de bataille. Des débris de poteries, des murs écroulés et tapissés de ronces, les contours très reconnaissables de terres longtemps cultivées, nous avertissaient fréquemment que nous étions sur l'emplacement d'un village qui avait dû être fort populeux. Il en existait encore d'habités, mais ceux-là étaient beaucoup plus petits, et sur des hauteurs d'un accès très difficile. C'est à peine si nous pûmes en visiter une douzaine. Partout il nous fallut recourir aux mêmes moyens qu'à Thaba-Ntsou pour calmer les terreurs des indigènes et les amener à s'aboucher avec nous. Nous remarquions cependant avec plaisir que la population devenait plus dense et plus accessible à mesure que nous approchions de la demeure du Chef. Nous n'en étions plus qu'à une petite journée lorsque le Mogokaré ou Calédon s'offrit à nos regards.

Depuis notre entrée dans le pays des Bassoutos, nous avions rencontré un peu partout des fontaines et des ruisseaux où nous nous étions surabondamment abreuvés, rafraîchis, rincés. Le Calédon y perdit les lyriques salutations que nous n'eussions pas manqué de lui prodiguer s'il se fût présenté à nous, trois semaines plus tôt, à quelques pas d'une mare nauséabonde. Il nous fit le désagréable effet d'une formidable barrière. Pour atteindre la rive, nous avions devant nous une descente de quarante à cinquante pieds, presque perpendiculaire. Quant à la montée de l'autre côté, il y avait de quoi éreinter en pure perte tous nos bœufs les plus vigoureux. Evidemment, il fallait d'abord recourir à la pioche et à la pelle Il se trouva fort heureusement que le terrain était sablonneux et que nos gens ne manquaient pas de bonne volonté.

Tranquillisés par l'ardeur et le soin qu'ils mettaient au travail, nos instincts d'explorateurs se réveillèrent et nous parcourûmes avec un vif intérêt une rive où des Européens laissaient pour la première fois l'empreinte de leurs pas. Les deux berges étaient ombragées de saules dont les racines plongeaient dans l'eau. Ces arbres étaient tout émaillés de pinsons écarlates et de petites tourterelles à collier. A chaque instant, nous entendions les cris et les battements d'ailes de sarcelles et de canards qui s'envolaient à notre approche, tandis que de charmantes poules d'eau se réfugiaient sous des touffes de jonc, trahissant leur présence par un sifflement timide et plaintif. Dans l'endroit où nous étions, le cours d'eau présentait à peu près soixante mètres de largeur sur un et demi de profondeur. Le fond, là où il n'était pas sablonneux, se composait de masses de basalte, polies par le courant et disposées en pavé. On trouvait, dans le gravier des bords, beaucoup d'agates, de cornalines et quelquefois des cristaux très réguliers, d'une grande transparence.

Les efforts réunis de vingt bœufs, émoustillés par quatre fouetteurs sans pitié, placèrent enfin notre wagon sur la rive gauche du Calédon. Les autres suivirent de la même manière. La nuit tombait, on n'alla pas plus loin.

Le lendemain matin arrive une cavalcade bruyante. Ce sont les deux fils aînés de Moshesh, Létsié et Molapo, qui viennent avec quelques suivants nous souhaiter la bienvenue de la part de leur père. Pour nous faire cet honneur, ils avaient rassemblé une dizaine de chevaux enlevés aux Koranas dans une récente rencontre. Leur apparition fut peu en harmonie avec la solennité qui nous semblait devoir caractériser tous les incidents de cette journée. Très novices en fait d'équitation, ils nous arrivèrent à fond de train, sans crier gare, au risque de tout bousculer. Il serait impossible d'imaginer quelque chose de plus grotesque que ces jeunes écervelés montés à cru, les jambes nues battant comme des fléaux les flancs ruisselants de leurs coursiers. Les peaux de panthères, qui flottaient sur leurs épaules, ne réparaient rien. Décidément, le nu n'est nulle part plus déplacé que sur le dos d'un cheval. Les formes du bipède sont trop chétives pour soutenir la comparaison.

Ces députés se contentèrent de nous dire avec quelle impatience nous étions attendus. D'après les idées du pays, leur âge ne leur permettait ni les longues phrases ni les discours officiels. Après avoir examiné d'un œil quelque peu effaré nos personnes et notre équipage, ils repartirent comme ils étaient venus, gesticulant et galopant en vrais possédés.

Au pied d'une montagne qui nous cachait encore Thaba-Bossiou, nous vîmes, pour la première fois, des villages en rase campagne. Là, on était instruit du but tout pacifique de notre visite. Le personnage principal, Chosané, homme d'une taille et d'une corpulence athlétiques, nous salua respectueusement du nom d'*étrangers de Moshesh*, en faisant déposer à nos pieds des pots pleins de lait et des corbeilles de maïs bouilli.

Le moment était venu de rendre au souverain du pays la politesse qu'il nous avait faite. Laissant les wagons continuer leur marche sous la conduite de mes compagnons de voyage, je pris les devants à cheval, avec Adam Krotz et son interprète.

Dans un immense cirque, formé par les derniers contreforts de la chaîne des Maloutis, nous vîmes bientôt se dresser devant nous une montagne en pentagone, complétement isolée, qui nous parut avoir quatre à cinq cents pieds d'élévation. Le sommet en était plat et d'une superficie à peu près égale à celle de la base. Du point où nous étions nous le dominions suffisamment pour voir qu'il était presque entièrement couvert de points noirs, du milieu desquels s'échappait de la fumée. C'étaient les huttes de la ville ou plutôt des villes de Thaba-Bossiou, car alors les nécessités de la défense avaient, contre l'usage, porté plusieurs chefs inférieurs à placer leurs demeures à côté de celles du souverain et de ses subordonnés immédiats. Toute cette étendue habitée était entourée d'une bordure de gros rochers escarpés qui semblaient en rendre l'accès impossible. Mais à mesure que nous avancions, nous voyions se dessiner à l'un des angles de la montagne une ligne partant d'en haut et serpentant jusqu'en bas. Ce devait être, et, comme nous le vîmes un peu plus tard, c'était, en effet, un sentier, ou plutôt un ravin servant de sentier. Je ne saurais mieux le comparer qu'à une crevasse longitudinale qui se serait faite dans l'écorce d'une grenade trop mûre. Pour rendre la ressemblance parfaite il n'y aurait qu'à imaginer, au lieu des grains visibles de la grenade, des blocs de basalte formant escalier. Hommes et bêtes trouvaient le moyen de passer par là sans se rompre le cou. Nous approchions du moment où nous devions tenter nous-mêmes l'escalade, lorsqu'une petite rivière, bordée de saules, s'offrit devant nous. Ce cours d'eau, tributaire du Calédon, portait le nom de Phuthiatsana. C'est lui qui, pour se frayer un passage, a dégagé l'angle par lequel Thaba-Bossiou se rattachait originellement au plateau qui sert de base aux Maloutis, et en a complété l'isolement qui fait sa force.

Tout le terrain compris entre la rivière et le pied de la montagne était couvert de sorghos et de maïs. En suivant de petits sentiers obstrués par les larges feuilles de ces plantes, nous vîmes se former sur la lisière des rochers une longue rangée d'êtres humains. Je fus d'abord tenté de les prendre pour des corbeaux tant l'élévation et l'éloignement les rapetissaient. Nous mîmes bientôt pied à terre, et, tirant nos chevaux par la bride, nous gravîmes de notre mieux la rude montée qui nous séparait encore de cette multitude impatiente. Près du sommet, nous fîmes une courte halte pour reprendre haleine, rajuster un peu nos vêtements et répondre à une salve par laquelle on nous accueillait. Notre messager, arrivé depuis deux ou trois jours, avait dit que c'était là un mode de salutation fort apprécié par les blancs. On s'était estimé heureux de pouvoir mettre à contribution pour nous faire honneur quelques mousquets récemment enlevés aux Koranas. Dès que nous montrâmes le visage, ce fut une bousculade universelle, chacun voulant nous voir le premier. Mais voici qu'un personnage accoutré de la façon la plus fantastique s'avance, une longue baguette à la main, grognant et jappant comme un chien. A son apparition, tout le monde recule, se range, un immense demi-cercle se forme derrière un homme assis sur une natte. « Voilà M'oshesh ! » me dit Krotz. Le chef arrête sur moi un regard majestueux et bienveillant. Son profil beaucoup plus aquilin que celui de la généralité de ses sujets, son front bien développé, l'ampleur et la régularité de ses traits, ses yeux un peu fatigués, mais pleins tout à la fois d'intelligence et de douceur, m'impressionnèrent vivement. Je sentis de suite que j'avais affaire à un homme supérieur, habitué à penser, à commander aux autres et surtout à se commander à lui-même. Il paraissait avoir quarante-cinq ans. La partie supérieure de son corps, entièrement nue, était parfaitement modelée, bien en chair, mais sans obésité. J'admirai les contours gracieux de ses épaules et la finesse de sa main. Il avait laissé négligemment tomber autour de sa ceinture un grand manteau de peaux de panthères aussi souple que le drap le plus fin et dont les plis couvraient ses genoux et ses pieds. Pour tout ornement, il avait ceint son front d'un cordon de verroterie auquel était suspendue une touffe de plumes flottant derrière le cou ; il portait au bras droit un bracelet d'ivoire, insigne du pouvoir, et quelques anneaux de cuivre aux poignets.

Après que nous nous fûmes regardés un instant en silence, il me dit en se levant, « *Lumèla lekhoa* », « Salut, blanc ! » et je répondis en lui tendant la main, qu'il prit sans hésitation. Il est considéré comme malséant, chez ces peuples, de toucher, même de loin, aux affaires dans une première entrevue. Tout nouvel arrivé est censé avoir besoin de prendre du repos et de se recueillir. Il ne peut donc être question d'abord que de politesses et de soins hospitaliers. Moshesh me plaça à côté de lui, fit volte-face et se dirigea vers sa principale demeure. La foule suivait à une distance respectueuse. Pendant le trajet, je vis reparaître l'aboyeur extraordinaire qui m'avait protégé contre une curiosité trop empressée. Il portait une énorme coiffure de plumes d'autruches noires assez semblable au bonnet à poil de nos grenadiers de la garde; il tenait dans une main la longue baguette dont l'effet m'avait paru si magique, et dans l'autre un sac en mailles de filet. Cette fois, il se mit à danser devant le chef, à reculons, l'appelant par son nom, vociférant avec une incroyable volubilité des paroles rythmées et entremêlant le tout d'aboiements dignes du dogue le plus hargneux. J'appris que cet homme cumulait le triple emploi de panégyriste et de bouffon du roi, de crieur public et de sergent de ville. Il précédait partout le souverain pour écarter les importuns et rappeler ses hauts faits; il se chargeait des ordres et proclamations; la nuit, il faisait des rondes fréquentes pour prévenir toute surprise et veiller à ce qu'aucun imprudent ne se jetât en bas des rochers. Ces dernières fonctions lui valaient le titre de *chien* de la ville dont il tenait à honneur de se montrer digne en imitant les cris de l'animal aussi bien que sa vigilance. Tant de services méritaient rétribution; mais comme le budget municipal était encore à créer, le pauvre Rasébéla avait imaginé de se faire un grand sac qu'il tendait aux passants en les régalant de ses aboiements les plus persuasifs.

La ville de Moshesh n'offrait aucun autre intérêt que celui de sa position et de son étendue. C'était un fouillis de huttes basses autour desquelles on circulait par d'étroites venelles encombrées de petits enfants et de chiens. Au centre du village, se trouvait une vaste place où les bestiaux parquaient la nuit dans des enclos dont les murs en pierres et parfaitement circulaires dénotaient un certain talent de construction. Attenante à cette place était la cour consacrée aux affaires et aux harangues publiques. Moshesh me conduisait vers une habitation un peu plus élevée et plus spacieuse que les autres, c'était celle de la reine Mamohato. Avant d'y entrer, il fit défiler devant moi ses femmes inférieures au nombre de trente à quarante, ne se doutant guère, le pauvre homme, de ce que je pensais de la polygamie et des coups que nous lui préparions.

Mamohato me reçut comme font toutes les ménagères du pays, accroupie devant un feu au milieu de la petite cour palissadée qui entourait sa hutte. Elle était là entièrement chez elle. Chacune des autres femmes du chef avait son installation à part. On me fit signe de m'asseoir sur une natte très propre ; un pot de lait, un petit panier évasé contenant un pain de sorgho de la grosseur et de la forme d'un boulet, furent placés devant moi par deux bonnes vieilles remplissant évidemment l'office de servantes. Comme j'hésitais à manger, elles comprirent la cause de mon embarras et l'une d'elles alla me chercher une cuiller de corne fort joliment travaillée et presque transparente. Dès que je pus le faire avec connaissance de cause et conviction, je me hâtai de prononcer le mot *monaté, bon*, et mes hôtes souriant le répétèrent après moi. Je fus, pendant ce repas, l'objet d'observations fort minutieuses, et je ne manquai pas d'en faire de mon côté. Mamohato était une grande et forte femme déjà sur l'âge, mais ne manquant pas d'agréments. Sa physionomie respirait la bonté; l'expression avec laquelle elle me regardait semblait dire qu'elle me trouvait bien jeune, qu'elle était heureuse de me servir un peu de mère. Moshesh était assis à côté d'elle et tenait entre ses genoux leur dernier fils, Ntalimi, petit garçon de quatre à cinq ans. Leur manière d'être ensemble, la parfaite cordialité et la déférence avec laquelle ils se parlaient et se rendaient de petits services me frappèrent. Evidemment, tout polygame qu'il était, le chef avait réservé dans son cœur une place toute spéciale pour la femme de son premier choix.

Krotz vint bientôt m'avertir que nos voitures étaient arrivées au bas de la montagne. Je pris congé, ayant hâte d'aller faire part à mes amis des bonnes impressions que j'avais reçues.

Moshesh ne tarda pas à venir les voir. Il admira beaucoup une petite tente que nous venions de dresser, nous fit apporter diverses provisions et se retira, évidemment très touché de l'intérêt que nous semblions lui porter. Nous ne l'étions pas moins nous-mêmes, de la bonté avec laquelle le Seigneur nous avait conduits jusque-là. Nous lui demandâmes avec ferveur, pendant la soirée, de nous établir lui-même au milieu de ce peuple, de nous instruire et de nous diriger dans tout ce que nous devions dire et faire.

Une chose nous étonnait : c'était de grelotter de froid dans cette Afrique que nous nous étions attendus à trouver partout brûlante. A la vérité, on était alors en plein hiver; mais dans la Colonie et à Philippolis d'où nous venions, il n'en résultait qu'une certaine satisfaction à se bien couvrir le soir, après plusieurs heures d'un soleil juste à point. Nous ne savions pas encore, à cette époque, que le sol sur lequel nous étions avait près de cinq mille pieds d'élévation au-dessus du niveau de la mer.

Il neigea pendant les deux ou trois jours qui suivirent notre arrivée. Cela retarda un peu nos affaires. Les indigènes, dans des moments pareils, se décident difficilement à sortir de leurs huttes et à mettre les pieds hors des pelleteries dont ils se couvrent.

Malgré notre ignorance complète de l'art culinaire et la pauvreté de nos approvisionnements, nous poussâmes l'audace jusqu'à inviter Moshesh à dîner. Le repas consista en un ragoût de mouton à la citrouille et plusieurs bols de café léger. La couleur de ce breuvage parut d'abord rebuter notre convive, mais nous parvînmes à le lui faire trouver délicieux en y mettant des poignées de sucre brut. Il s'enquit très minutieusement de l'origine de ce *sable* inestimable dont le goût l'emportait sur celui du miel le plus exquis. Grande fut sa surprise et son admiration pour la science des blancs, lorsqu'il apprit que nous le faisions sortir d'une plante fort ressemblante à ces *infés*, à ces sorghos sucrés que lui et ses gens suçaient journellement avec tant de plaisir. Il me souvient que nous envoyâmes à nos vénérables directeurs de Paris une description de ce repas qui nous valut une assez verte semonce. Nous avions eu la naïveté d'écrire que le roi avait reçu sa portion sur le couvercle de la marmite. Quel incroyable oubli des convenances! Quel sans-façon avec la pauvre race noire, même lorsqu'elle était représentée par l'un de ses chefs les plus distingués!... Nous avions oublié de dire que nous ne possédions aucun plat et que nous avions mangé nous-mêmes à la gamelle, dans le fond de la marmite!

Le moment était venu d'exposer le but de notre arrivée ; nous le fîmes après ce mémorable dîner. Comme nous allions commencer, Moshesh, comprenant notre intention, fit approcher ses principaux conseillers et nous invitâmes Adam Krotz à la conférence.

Celui-ci, prenant le premier la parole, rappela au chef le mandat qu'il avait reçu de lui et dit combien il s'estimait heureux d'avoir pu le remplir. « Voilà, dit-il en terminant, les hommes que je vous avais promis, c'est à eux de vous expliquer leurs projets et de s'entendre avec vous. » A cela Moshesh répondit par de longs et chaleureux remercîments dont l'interprète nous donna la substance. Parlant à notre tour, nous dîmes combien nous avions été touchés du tableau qu'on nous avait fait des malheurs des Bassoutos et de leur triste position. Les observations que nous avions déjà faites nous prouvaient qu'on n'avait rien exagéré. Nous croyions avoir pour tous ces maux un remède souverain dont il serait d'abord assez difficile au chef de comprendre l'efficacité, mais dont nous lui conseillions fortement d'essayer. Tous les malheurs des hommes procédaient de leurs passions et de leur ignorance. Nous étions les messagers d'un Dieu de paix dont la protection et l'amour nous étaient assurés et qui voulait protéger et bénir les Bassoutos aussi. Si Moshesh et ses gens consentaient à se placer avec nous sous les soins et les directions de ce Dieu, nous avions la plus parfaite assurance qu'il se chargerait de faire cesser les incursions de leurs ennemis et de créer dans le pays un nouvel ordre de croyances et de mœurs qui produiraient la tranquillité, l'ordre, l'abondance. Pour prouver à nos nouveaux amis la fermeté de nos convictions à cet égard et la pureté de nos intentions, nous offrions de nous établir au milieu d'eux d'une manière définitive, de partager leur sort quel qu'il pût être.

Abordant, après cela, le côté matériel de notre œuvre, nous dîmes que, voulant pourvoir entièrement nous-mêmes à notre entretien, il nous fallait un endroit où nous pussions bâtir des maisons, ensemencer des terres selon nos idées et nos habitudes.

Nos bâtisses, nos plantations devaient d'ailleurs servir de modèle aux Bassoutos, que nous regrettions de voir habiter dans des huttes et vivre d'une manière si précaire, si peu en rapport avec l'intelligence dont ils étaient doués. Thaba-Bossiou ne nous paraissait pas offrir les avantages que nous désirions. Le bois de construction y faisait défaut. Il n'y avait pas non plus des eaux que l'on pût détourner de leurs cours pour s'en aider dans divers travaux et en particulier pour arroser plusieurs plantes très utiles que nous nous proposions d'introduire dans le pays et qui ne pouvaient pas, comme le sorgho et le maïs, affronter impunément des moments de sècheresse.

« Mon cœur est blanc de joie », répondit le chef, « vos paroles sont grandes et douces. Il me suffit de voir vos vêtements, vos armes, les maisons roulantes dans lesquelles vous voyagez, pour comprendre combien vous avez d'intelligence et de force. Vous voyez nos désolations. Ce pays était plein d'habitants. Des guerres l'ont dévasté. Des multitudes ont péri; d'autres se sont réfugiées dans des contrées étrangères. Je suis resté presque seul sur ce roc. On m'a dit que vous pouviez nous aider; vous nous promettez de le faire, c'est tout ce que je veux savoir. Restez au milieu de nous! Vous nous instruirez; vous ferez tout ce que vous voudrez. Le pays est à votre disposition; nous allons le parcourir ensemble et vous choisirez l'endroit qui vous conviendra le mieux. » Les conseillers du chef exprimèrent leur assentiment à tout ce qu'il avait dit. Les plus influents parmi eux étaient Ratsiou, son oncle maternel, qui le remplaçait pour tout lorsqu'il s'absentait ou qu'il était malade, Makoanyane, son bras droit à la guerre, Khoabane, son petit cousin qui s'était acquis des droits particuliers à la reconnaissance de la tribu en empêchant sa dispersion dans un moment exceptionnellement critique. « Mes amis », avait-il dit, « nos malheurs sont comme le débordement d'une rivière. Attendez! le flot passera et vous resterez. » Cette comparaison avait suffi pour prévenir un démembrement irrémédiable.

Le chef, en se retirant, nous dit qu'il allait tout disposer pour l'excursion projetée et qu'il serait prêt à nous accompagner dans très peu de jours.

J'oubliais de dire qu'il avait eu soin de nous conduire auprès de son vieux père, Mokhatchané. C'était un petit vieillard sec, au regard narquois, à la parole brève et saccadée. Notre apparition, dans le pays, paraissait l'intéresser fort médiocrement. Après nous avoir regardés un instant, en se faisant de sa main une visière pour mieux discerner nos traits : « C'est bien », avait-il dit à son fils, « tu as maintenant la direction des affaires ; j'ai vu tes blancs, fais d'eux ce que tu jugeras convenable. »

C'était un singulier personnage que ce Mokhatchané, un véritable original : il y en a partout. Méfiant, railleur, profondément égoïste, il méprisait les hommes et ne s'en cachait pas. Le soin de sa dignité ou de ses intérêts, comme chef, ne l'arrêtait jamais lorsqu'il avait l'occasion de mystifier son entourage, de déconcerter son monde par une parole piquante. Il aimait, ainsi que son frère jumeau, Libé, à comparer ses sujets à des mouches qui ne s'assemblent autour d'un plat que lorsqu'elles y trouvent quelque chose à sucer. Au fond, il était plutôt malicieux que méchant. Chose inouïe dans ce pays, il abhorrait les longs discours, les circonlocutions. Les gens qui aimaient qu'on leur rendît promptement et carrément justice ne se plaignaient pas de cela. Sans être belliqueux, il avait fait plus d'une fois la guerre, comme tous les chefs ; mais, soit superstition, soit scrupule, il s'était imposé la loi de ne jamais tuer personne de sa propre main. Il dirigeait l'action, faisait toutes les combinaisons nécessaires pour que l'ennemi ne pût pas lui échapper, mais il laissait l'œuvre de sang entièrement à ses subordonnés. Entouré de gens fort superstitieux, il se prêtait à leurs idées et à leurs pratiques, mais non sans se rendre coupable de maintes profanations. En payant les devins, il ne se privait pas de leur dire qu'il les tenait pour les plus grands imposteurs du monde. On comprend qu'un esprit ainsi fait dût trouver souverainement ridicule que Moshesh attendît son salut de trois jeunes inconnus qui semblaient n'apporter avec eux que de beaux discours.

La masse du peuple était loin de partager son indifférence dédaigneuse. Les habitants de l'endroit semblaient avoir complétement oublié leurs travaux pour ne s'occuper que de nous. Il se mêlait beaucoup de peur à la curiosité que nous excitions. Les femmes et les enfants s'approchaient furtivement, s'asseyaient à une distance respectueuse, bien serrés les uns contre les autres, épiaient nos moindres mouvements et se faisaient part, à voix basse, de leurs observations. S'il nous arrivait de nous retourner brusquement ou de faire mine d'approcher, tout ce monde se rejetait en arrière en poussant des cris ; les plus poltrons détalaient, comme s'ils craignaient d'être dévorés. Les hommes n'étaient pas exempts d'émotions du même genre, mais ils se faisaient un point d'honneur de les cacher. Nous découvrîmes que ces pauvres gens avaient toute la peine du monde à croire que nous fussions réellement des hommes. On avait vu de près, on avait même tué, à la guerre des Koranas, des Griquois qui étaient habillés à peu près comme nous, avaient les mêmes armes. Pour ceux-là, leur couleur, leurs cheveux crépus n'avaient pas laissé de doute sur leur origine; mais les blancs, auxquels ils avaient emprunté leur costume et leurs moyens de destruction, qu'étaient-ils? On allait jusqu'à se demander, avec effroi, si ce n'étaient pas des *revenants*, une variété nouvelle de ces esprits avec lesquels les devins prétendaient avoir de fréquentes rencontres. Ce fut un grand soulagement pour tous lorsque, ayant découvert l'existence de ces doutes, nous encourageâmes les plus hardis à se livrer sur nos personnes à des investigations propres à les rassurer. On constata alors que nos cheveux, malgré leur ressemblance avec le poil des babouins, étaient de véritables cheveux, que nos souliers et nos bas recouvraient des orteils, que mes lunettes ne faisaient pas partie de ma structure physique. En nous voyant de près manger et boire, il était évident que cet acte était accompagné pour nous des mêmes sensations que pour tout le reste des mortels. On apprit avec plaisir que nous avions des pères et des mères. Pourquoi n'avions-nous pas de femmes? A cela notre interprète répondait tout doucement que c'était probablement parce que nous étions encore trop jeunes; que les blancs se mariaient assez tard.

Ces terreurs enfantines ou superstitieuses contrastaient singulièrement avec le parfait naturel, la confiance que le chef et son entourage immédiat faisaient paraître dans leurs rapports avec nous. Évidemment Moshesh était un esprit supérieur et il exerçait une influence très marquée sur les personnes qui avaient des rapports directs avec lui.

Après quelques jours d'attente, tout se trouva prêt pour l'excursion projetée. Grand amateur de venaison, le chef profita de la lenteur de notre marche pour abattre maintes pièces de gros gibier. Il lançait la javeline avec une précision et une raideur surprenantes. Nous vîmes du reste que dans ce pays, comme dans les forêts de Saint-Germain et de Compiègne, des batteurs empressés savaient ménager des coups faciles aux mains royales.

Après d'assez longues recherches, notre choix s'arrêta sur un endroit qui nous parut offrir tous les avantages désirables : eaux abondantes, terrain fertile, bois de charpente et de chauffage, site pittoresque. Il était à huit lieues de Thaba-Bossiou, vers le sud, à l'entrée d'une profonde vallée s'étendant jusque sous l'un des pics les plus remarquables des Maloutis. Cette localité que la guerre avait rendue entièrement déserte portait le nom de Makhoarane. Nous lui donnâmes celui de *Morija* en souvenir des incertitudes par lesquelles nous avions passé et des voies providentielles qui nous avaient conduits là.

C'était le 9 juillet 1833.

X

Premiers travaux à Morija, visites à Thaba-Bossiou.

J'ai raconté avec assez d'étendue, dans mon ouvrage intitulé les *Bassoutos*, les principaux incidents de notre installation. Ce que je vais en dire ici aura un caractère plus intime et servira mieux à montrer avec quelle bonté le Seigneur veillait sur trois jeunes gens sans expérience et dont la position semblait désespérée. Il nous fallut trois ans pour nous établir un peu convenablement, nous faire un genre de vie qui fût supportable pour nous-mêmes et qui pût être de quelque utilité réelle à notre entourage. Ces trois années sont entièrement à part dans mon existence. Les sensations que j'éprouvai pendant leur cours ne ressemblent en rien à celles que j'avais eues jusque-là, et diffèrent presque autant de celles qui devaient suivre. Par leur puissance, leur variété, leur étrangeté, elles firent pour moi, d'un laps de temps bien court en lui-même, toute une période dont la durée m'a toujours semblé d'une dizaine d'années au moins. N'ayant plus aucun rapport avec le monde civilisé, ce fut comme si nous avions cessé d'en faire partie pour le reste de nos jours.

Après Dieu et nos convictions chrétiennes, ce fut l'amitié qui nous préserva de l'*ennui*, ce grand ennemi du Français en pays étranger.

Nous n'étions que trois, mais nos caractères respectifs offraient assez de diversité pour qu'il n'y eût rien de fade et de monotone dans nos rapports; d'autre part, l'étroite amitié, la parfaite confiance qui régnait entre nous, écartaient tout danger de dissentiment pénible et fâcheux. Gossellin, notre doyen d'âge, était la force et la bonne humeur personnifiées. Il avait tâté de la vie par son côté le plus dur et s'était, comme on dit, frotté aux hommes. Une forte dose d'esprit gaulois le mettait à l'abri de tout regret et de tout abattement. En fait de nourriture, de logement et de lit, tout lui était bon. Par une espèce de prédestination, il savait, comme les sauvages, manger beaucoup lorsqu'il y avait de quoi et jeûner un ou deux jours sans rien perdre de son entrain. Il avait à sa disposition un fonds inépuisable de règles et de maximes humoristiques qui lui permettaient d'avoir toujours le dernier mot au milieu des difficultés et des déconvenues les plus agaçantes. Le caractère y était pour beaucoup, mais la vigueur et l'inébranlable confiance qui caractérisaient sa vie morale et religieuse étaient surtout le fruit de la parfaite simplicité avec laquelle il avait reçu les enseignements et les promesses de l'Evangile. Il n'admettait pas que l'on pût jamais se sentir malheureux lorsqu'on croyait avoir été sauvé par Jésus-Christ.

Notre ami Arbousset avait une piété tout à la fois suave et fervente qui rappelait celle des Frères Moraves. Il devait cela au vénérable pasteur qui l'avait élevé, M. Gachon de Mazères, dont le tempérament religieux s'était formé au contact de quelques disciples de Zinzendorf. Pour le reste, le caractère de mon collègue était celui d'un languedocien de l'espèce la plus accidentée. Imagination ardente, esprit d'aventure, impressions vives et profondes, besoin constant d'activité, parole pittoresque, plans intuitifs et parfois assez excentriques, rien n'y manquait. Il y avait là de quoi nous tenir en haleine, étant dans un pays où chaque individualité pouvait se donner libre carrière. J'occupais une place intermédiaire entre ces deux riches natures. Je puisais dans l'une et dans l'autre bien des choses qui manquaient à la mienne. Les Hottentots de notre suite m'appelaient *Meinheer*, *Monsieur*, tout court, tandis qu'ils ajoutaient pour chacun de mes deux compagnons, au titre de Monsieur, un qualificatif tiré de la maturité de l'un et de la jeunesse apparente de l'autre.

Deux ou trois jours après notre arrivée à Morija, nous nous trouvâmes dans une solitude presque absolue. Adam Krotz et sa suite étaient repartis. Moshesh, rentré chez lui, s'occupait à nous chercher des jeunes gens qui fussent disposés à partager nos premières aventures et à nous aider dans nos travaux. Seuls, le conducteur de notre attelage et son subordonné restaient auprès de nous. Quelques arbustes que l'hiver n'avait pas dépouillés de leur feuillage abritaient notre petite tente contre le vent. Le wagon nous servait de dortoir. Des milliers d'antilopes rôdaient autour de nous sans paraître se douter de notre présence. D'abord, loin de nous récréer, ce spectacle nous attrista ; il nous donnait la mesure de tout ce que nous avions à faire pour acquérir le droit de nous croire *chez nous*. Mais, en ce moment, il fallait à tout prix voir les choses par leur bon côté. Sans grand effort, nous en vînmes vite à nous féliciter d'avoir si près de nous des troupeaux qui ne nous avaient rien coûté et qui, grâce à nos bons fusils, nous procuraient autant de viande fraîche qu'il nous en fallait.

A quelques pas de notre campement se trouvait un bois. Il eût pu recéler des lions et des léopards, car ils ne manquaient pas dans nos alentours. Nous devions en avoir bientôt des preuves positives.

Moshesh nous avait dit le contraire : c'est un mensonge qu'il s'était permis, ne voulant pas sans doute que les difficultés de notre position se présentassent à notre imagination toutes à la fois.

Ne nous étant pas entièrement fiés à sa parole, nous crûmes devoir explorer le bois avec certaines précautions. Il avait en ce moment pour seuls défenseurs des babouins qui se retirèrent tout scandalisés lorsqu'ils virent le dédain avec lequel nous les traitions. Délivrés de leurs vociférations, nous pûmes jouir à notre aise du murmure d'un ruisseau tombant en cascade dans un bassin tapissé de cresson. A ce murmure se mêlaient les roucoulements d'une infinité de tourterelles, toutes plus jolies les unes que les autres. Ces charmantes créatures semblaient prendre plaisir à nous montrer avec quelle grâce et quelle légèreté elles savaient déposer sur le sable l'empreinte de leurs petites pattes rouges. A quelques pas de là, nous fîmes lever des pintades criardes qui s'enfuirent tout éperdues dans les broussailles. Nous nous promîmes de les visiter avec plus de précaution quand il nous prendrait envie de mettre la poule au pot. Le bois était sur le flanc d'une montagne, il s'y trouvait force rochers éboulés, les uns isolés et de champ comme des tronçons d'obélisques, les autres entassés de la façon la plus bizarre, formant là des grottes, ailleurs des venelles tortueuses. Dans ces couloirs tapissés de capillaires et de mousse, vivaient des colonies de damans (*hyrax capensis*), espèce de grosses marmottes dont la fourrure et la chair sont fort appréciées par les indigènes. Quoique leurs pattes soient charnues, ces rongeurs grimpent avec une étonnante agilité sur les parois les plus lisses. On les voit de loin blottis l'un à côté de l'autre le long des corniches de leurs habitations basaltiques. A l'approche du moindre danger, le plus éveillé pousse un petit cri et tous disparaissent comme par enchantement. Le fond de leurs couloirs est comme pavé d'une sécrétion particulière que l'on prendrait, à première vue, pour du bitume durci et à laquelle les colons attribuent une vertu antispasmodique.

Pour le moment, ce qui nous intéressait le plus dans ce bois, c'était le bois lui-même. Il nous fallait un abri dans le délai le plus court possible. Cet abri, pour être vite prêt, ne pouvait se composer que de pieux et de branchages, mais il fallait que ces matériaux se prêtassent jusqu'à un certain point aux exigences du fil à plomb et de l'équerre. Or, nous avions remarqué, non sans inquiétude, que, dans cette contrée, presque tous les arbres préféraient au port vertical les bifurcations et les bosses les plus bizarres. Il se trouva cependant que, parmi les jeunes troncs, il y en avait un certain nombre selon notre goût.

Nous en abattîmes le lendemain autant qu'il nous en fallait et la cabane s'acheva à peu près avec la semaine. Elle valait ce qu'elle nous avait coûté ; jamais domicile improvisé ne fut moins confortable. Il n'est pas de palefrenier qui en eût voulu pour ses chevaux. Mais Gossellin, notre maître en ces sortes de choses, se réservait pour la maçonnerie qui était son fort. On allait vite se mettre à des constructions irréprochables. C'est du *provisoire,* disait-il. Ce mot répondait à tout. Notre Picard avait la malice d'ajouter : « La petite maison est très bien pour ceux qui doivent l'habiter. »

Comme nous l'achevions, nous vîmes arriver une escouade de jeunes gaillards de dix-huit à vingt ans, commandés par Molapo, le second des fils de Moshesh. Ils se firent eux aussi quelques huttes à leur façon, les tapissèrent intérieurement de leurs boucliers et disposèrent le long des parois, en guise d'oreillers, des sacs de sorgho ou gros millet. Leurs parents avaient jugé que quelques poignées de ce grain devaient suffire pour la nourriture quotidienne de chacun d'eux. On les avait munis de vieux pots de terre pour le bouillir. S'ils voulaient améliorer leur régime, n'avaient-ils pas de bonnes javelines et du gibier à leur choix ?

Voyant mes amis logés et entourés d'une espèce de garde, je pus me décider, sans trop de dureté de cœur, à les quitter pour aller chercher à Philippolis les wagons et les effets que nous y avions laissés.

J'en revins, au bout de six semaines, avec les éléments de tout une petite colonie : des outils de divers genres, des sarments de vigne, de jeunes plants de pêchers, d'abricotiers, de figuiers, de pommiers, de cognassiers, etc., un troupeau de génisses qui ne m'avaient coûté qu'une vingtaine de francs chacune, et un autre de brebis et de moutons payés trois francs cinquante centimes par tête ; une belle jument poulinière et deux chevaux, enfin un peu de froment, des graines de légumes et surtout des pommes de terre. Adam Krotz s'était joint à moi avec sa famille et celles de deux amis. Il se croyait tenu, disait-il, de nous aider à réaliser nos plans. J'avais plus d'une raison de penser que ce serait à la condition de nous exploiter un peu et d'obtenir plus tard de Moshesh la concession d'un bon petit coin de terre. Mais, pour le moment, il ne fallait pas y regarder de trop près ; nous devions de la reconnaissance à cet homme. D'ailleurs, lui et ses gens étaient connus comme d'excellents tireurs. Leur présence pouvait imposer aux brigands koranas, qui comprenaient parfaitement ce que notre influence morale et nos conseils vaudraient à leurs anciennes victimes. Ils ne s'étaient pas fait faute de m'envoyer à Philippolis les messages les plus menaçants.

Ce ne fut pas sans peine que nous parvînmes, pendant le voyage, à soustraire nos pauvres bêtes à la dent des lions et autres carnassiers. Nous avions la précaution de dételer de bonne heure, de faire pâturer vaches et moutons dans les endroits où l'herbe nous paraissait le plus appétissante, afin qu'étant bien repus à l'heure du danger ils ne songeassent plus qu'à se coucher près des wagons et à ruminer tout à leur aise. Mais les maraudeurs avaient eux aussi leur tactique ; ils arrivaient de tous côtés, guidés par l'odorat, et se mettaient à rôder à une distance respectueuse de nos feux. Quelques coups de fusil éclatant dans les ténèbres les empêchaient généralement de venir plus près. Mais, vers minuit, l'impatience les prenait, et leurs rugissements, jusqu'alors assez rares, devenaient horribles. Nos bêtes, saisies d'épouvante, se levaient en sursaut, se mettaient à trépigner, à tourner dans tous les sens, à se bousculer à coups de cornes. Nous tâchions de les calmer, de prévenir, au risque de nous faire écraser, un sauve-qui-peut général.

Nous n'y réussissions pas toujours. Il n'y avait pas d'autre ressource que de courir après ces imbéciles, un fusil ou un tison à la main. Au fait, le tison était ce qu'il y avait de mieux. Quelques moutons y restèrent, mais ce fut tout.

J'eus, un soir, la preuve du parti que l'on peut tirer de l'imprévu pour déconcerter les lions. C'était vers dix heures. J'avais rassemblé tout mon monde autour du foyer principal pour faire la prière. Au moment où j'allais commencer, nous distinguons très près de nous cette espèce de hoquet convulsif que le lion fait entendre lorsqu'il s'approche de sa proie en rampant, et se prépare à bondir sur elle. Instinctivement, ou plutôt inspiré par Dieu, j'entonne avec vigueur, en entraînant mes gens par un geste, une hymne dont l'air était vif et bruyant. Vingt voix partent à la fois ; contralto, ténor, basse, rien n'y manque, et j'ai déjà dit de quoi les gosiers hottentots sont capables. Après le chant, nous écoutons...., plus rien. Nous nous armons de tisons et parccurons les alentours du campement ; la bête était partie. Peut-être nous étions-nous trompés, et n'était-elle pas même venue. Les plus expérimentés persistent à dire que nous avons couru un grand danger. En effet, le lendemain nous découvrons, à une vingtaine de pas, la trace encore fraîche des formidables pattes qui s'étaient déjà crispées pour nous déchirer.

Je laisse à penser avec quelle joie mes amis me virent arriver. Je les trouvai en parfaite santé, pleins d'entrain. Ils avaient amélioré la cabane. Telle qu'elle était devenue, des garde-côtes ou des douaniers pas trop difficiles s'en fûssent contentés. Il y avait trois compartiments : celui par lequel on entrait, où l'on pouvait venir nous parler, un autre un peu plus spacieux servant de chambre à coucher et de cabinet de toilette, et un petit dépôt pour nos caisses, nos outils, nos sacs. On remarquait surtout dans cette pièce une grosse corde attachée à une poutrelle et munie d'un crochet. C'est là qu'était suspendue la pièce de gibier ou le mouton tué pour la consommation de la semaine. Il n'y avait nulle part ni vitres, ni portes de bois. Quelques trous que nous pouvions, au besoin, boucher avec nos plus vieux chapeaux, laissaient pénétrer tout juste assez de lumière pour nous permettre de lire sans trop de peine. Quant aux issues, on y avait mis de fortes claies pivotant sur un socle de bois.

Nous avions pensé que nous n'aurions à redouter aucune intrusion nocturne. Nous nous étions trompés. Dès mon retour, des lions du voisinage, attirés par l'odeur et les beuglements du bétail que j'avais amené, se mirent à nous faire, de nuit, des visites fort alarmantes. Un beau matin, allant à la découverte, nous en trouvâmes plusieurs couchés sous un arbre à une demi-lieue de notre cabane. Suivis de nos gens, nous tuâmes une grosse lionne qui, avec d'autres, nous avait mangé un cheval, et nous fîmes une telle peur au reste de la troupe, qu'ils se décidèrent à aller s'établir plus loin. Il nous fallut plus de temps pour nous débarrasser de misérables hyènes qui en voulaient surtout à nos moutons.

Il s'agissait maintenant de travailler à outrance. Il fallait sans aucun retard planter les jeunes arbres que j'avais apportés, faire des semis de légumes et de froment, préparer les matériaux d'une maison solide et spacieuse et ceux d'une chapelle. Dès le début, les exigences d'Adam Krotz et de ses Hottentots nous firent comprendre que nous ne devions recourir à leurs bras que le moins possible et ne les employer qu'à des travaux de labourage et de charroi.

Ces bonnes gens savaient que nous relevions d'une Société animée des intentions les plus généreuses ; ils s'étaient imaginé que nous allions nous croiser les bras et puiser indéfiniment pour eux dans la bourse de cet être impersonnel. A chaque instant, ils venaient nous emprunter la marmite *de la Société*, la bouilloire *de la Société*, la hache ou la scie *de la Société*. Lorsqu'il s'agissait de s'entendre sur le salaire de tel ou tel travail, ils ne comprenaient pas que nous fissions la moindre difficulté, puisque, après tout, l'argent ne devait pas sortir de notre poche. C'était un système trop commode pour ne pas leur paraître tout naturel. Il faut dire qu'il y avait là un défaut de première éducation. Nos devanciers dans l'œuvre des missions au Sud de l'Afrique, condamnés par les colons à une vie presque errante au milieu des Hottentots, avaient dû d'abord se contenter de ramasser autour d'eux des malheureux, des fugitifs, des gens qui, pour une cause ou pour une autre, avaient besoin qu'on sustentât leurs corps tout autant que leurs âmes. On vivait un peu en commun avec ces gens-là, ce qui les avait amenés tout doucement à penser que la caisse du trésorier de Londres leur était plus ou moins tributaire. Nous étions bien résolus d'empêcher qu'on se fît jamais de telles idées autour de nous. En se perpétuant, elles eussent non seulement ruiné les Sociétés de Missions, mais encore fait des naturels d'insignes mendiants. Nous avions du reste observé, dans nos voyages, que les missionnaires de notre époque réagissaient de toutes leurs forces contre un système que leurs prédécesseurs avaient failli établir, sans le savoir.

Chose singulière, une difficulté d'un genre tout opposé surgissait au sujet des services que pouvaient nous rendre les Bassoutos que Moshesh avait placés auprès de nous. Leur chef nous avait expressément recommandé de ne pas les rétribuer. « Si vous le faites », disait-il, « vous allez tout gâter. Ils oublieront que vous êtes nos bienfaiteurs, que vous êtes ici non pour votre avantage, mais pour le nôtre; ils finiront par exiger que je les paie, moi aussi, lorsque je leur ferai faire quelque travail. » Ce dernier mot avait été pour nous tout une révélation. En allant aux enquêtes, nous avions découvert que les indigènes, grands marchandeurs lorsqu'il s'agissait de ventes et d'achats, n'admettaient pas que la sueur du prochain pût avoir aussi son prix. A la rigueur chaque famille pouvait se suffire, ayant autant de terre qu'il lui en fallait, et généralement un peu de bétail. Lorsque besoin en était, on demandait un coup de main à ses voisins pour construire une hutte, finir des semailles ou une récolte un peu en retard. Il était entendu qu'on rendrait aux autres le même service quand cela serait nécessaire. Les chefs ordonnaient de temps en temps des corvées ; ils les payaient en s'abstenant de lever des impôts et en administrant la justice à titre gratuit. A première vue, cela nous avait un peu rappelé l'âge d'or, mais il n'y avait là aucun élément de progrès. En suivant de tels errements, les indigènes devaient éternellement rester ce qu'ils étaient. Impossible de former des travailleurs capables d'aspirer à quelque chose de mieux que le strict nécessaire, impossible d'établir des métiers, de créer des industries. La défense faite par le chef ne nous allait donc guère mieux que l'avidité de nos dix à douze Hottentots à demi civilisés. Pour le moment, tout ce que nous pouvions faire, c'était d'éluder ces difficultés en montrant aux uns que nous saurions le plus souvent nous passer d'eux et en ne demandant aux autres que des services pour lesquels de légers cadeaux seraient une rétribution suffisante.

C'est dire qu'il nous fallait payer de nos personnes. Il fut convenu que le plus fort et le plus habile en fait de travaux matériels jouirait de toutes les prérogatives et immunités qui pourraient favoriser la prompte réalisation de nos plans. En devenant ses manœuvres, Arbousset et moi, nous ne nous imposions aucun sacrifice d'amour-propre. Nous ne faisions que rendre à notre excellent ami la déférence et le respect dont il donnait l'exemple à notre entourage lorsqu'il s'agissait des attributions de notre ministère. Ce qui nous coûta le plus, ce fut de l'exempter de toute participation aux soins de la cuisine. C'était d'autant plus dur que son appétit contribuait d'une manière fort notable à accroître le labeur et les soucis de cette détestable besogne. Nos jeunes aides indigènes s'y sentaient encore moins portés que nous ; c'est à peine si nous pouvions obtenir d'eux qu'ils nous fournissent d'eau et de bois. Il fut arrangé entre mon ami Arbousset et moi que nous ferions, à tour de rôle, chacun sa semaine. Mais, sans y mettre de la malice, j'eus bientôt la chance de me faire destituer. La vocation me manquait à un point désespérant. Mon ami avait étudié avec beaucoup de soin le cours d'hygiène de Rostan. Il ne tarda pas à observer qu'au grand détriment des travaux extérieurs ma semaine était généralement marquée par un déchet notable de forces et par diverses indispositions. Il eut la générosité de me débarrasser définitivement du tablier de marmiton. Dès lors, nous eûmes toujours un repas aux heures réglées et s'il advint encore que le plat sentît le brûlé ou ne fut pas assez cuit, ou se trouvât saupoudré de cendres, ce fut par grande exception. Quant au menu, il n'était pas varié. Un gigot de mouton, ou une pièce de gibier, du riz, des haricots noirs d'un goût fort terreux, que nous avions achetés des indigènes, du gros millet bouilli, nos ressources n'allaient pas plus loin que cela. Quelquefois cependant nous pouvions nous donner une omelette d'œuf d'autruche ; je dis d'*œuf* et non pas d'*œufs*, car un seul suffisait pour remplir la poêle. Le laitage, grand appoint d'alimentation en Afrique, vint plus tard quand nos génisses furent devenues mères. Je n'ai pas parlé de pain; hélas! il avait fallu y renoncer après avoir franchi les limites de la Colonie. Je ne dois pas néanmoins oublier qu'un sac de farine de froment, caché quelque part dans les bagages, permit pendant un ou deux mois à notre ami de nous servir de temps en temps de la galette. Il s'ingéniait, à notre insu, pour faire durer cette gâterie le plus possible. La galette changeait de goût, mais d'une manière imperceptible; du millet écrasé entrait subrepticement dans la pâte. Vint le moment où la fraude ne fut plus possible : la saveur du froment s'en était complètement allée. L'épreuve n'était pas petite pour des estomacs français. Elle fut suivie d'une autre bien autrement difficile à supporter. Le sel vint à manquer entièrement, et cette privation devait durer longtemps. Nous comprîmes alors pourquoi les yeux des indigènes brillaient d'un tel éclat, lorsque, à notre arrivée, ils apercevaient dans nos mains quelques parcelles de cette substance. Force fut de renoncer, ou à peu près, à toute espèce de bouilli ou de potage. La cuisine se simplifia, mais nos gencives souffrirent singulièrement d'être si souvent aux prises avec des viandes grillées.

Une chose nous consolait un peu. Nous avions semé du froment et il venait à merveille. Nous voyions approcher le moment où du pain, du vrai pain, chose si bonne, même sans sel, réconforterait nos estomacs plus qu'affadis. Ne voilà-t-il pas que le bon Moshesh vient nous faire visite avec toute une cavalcade? Notre champ n'avait pas la moindre clôture. Le lendemain, la moisson était faite. Malgré nos injonctions et celles du chef, les gens préposés à la garde des chevaux les avaient laissés courir à l'aventure pendant la nuit et l'instinct ne les avait que trop bien guidés, à nos dépens.

La question du vêtement était pour nous beaucoup moins compliquée que celle de la nourriture. Nous nous étions procuré dans la Colonie des vestes de grosse étoffe et des pantalons de peau capables de résister à toutes les ronces et les épines du pays. Cela n'avait pas plus de prétentions à la propreté que les blouses des ouvriers français. Nous tenions cependant à la chemise blanche. Pour simplifier les choses, nous en prenions une dans nos malles, toutes les six semaines ou tous les deux mois, et nous la portions jusqu'à extinction. Lorsqu'elle avait besoin d'être lavée, nous allions la rincer au ruisseau qui traversait le bois voisin; le soleil l'avait bientôt séchée, nous la remettions et nous retournions à notre travail sans avoir perdu plus de temps qu'un bourgeois n'en met à se faire raser par son barbier.

Comme il y a de petites incommodités qui font autant souffrir que de véritables maladies, de même notre accoutrement européen nécessite certains petits accessoires dont le défaut produit un étrange embarras. Une épingle, un bouton, qu'est-ce que cela ? Eh bien ! vint pour nous un moment où nous aurions donné tout ce qu'on eût voulu pour un bouton. Pour en trouver un, il nous eût fallu faire un voyage. Nous dûmes recourir à des épines de mimosas pour tenir nos bretelles et à d'autres plus déliées pour fermer les poignets et les cols de nos chemises. Pour la chaussure, nous apprîmes bientôt, en regardant faire nos Hottentots, à protéger nos pieds avec un composé de peaux d'antilopes, tenant le milieu entre la sandale et le soulier.

Le coucher ne nous inquiétait guère, jeunesse et travail font bien dormir partout. Nous avions placé, sur des claies, les petits matelas qui nous avaient servi à bord du *Test;* quand nous voyagions à cheval, nos selles nous servaient d'oreillers et nous nous enroulions sur la terre nue, dans de grandes couvertures de peaux de moutons cousues ensemble. Arbousset, toujours grand ami de l'hygiène, finit par s'aviser d'emporter sous sa selle un sac de toile, sur lequel il s'étendait le soir après l'avoir rempli d'herbe ou de feuillages secs. Il n'eut pas d'imitateur. Nous trouvions, Gossellin et moi, qu'après avoir couché sur la dure, nous n'avions jamais la bouche pâteuse et nous étions sûrs de nous lever à temps pour contempler les premières lueurs de l'aurore et les incomparables scènes du réveil de la nature. Pendant qu'aux teintes indécises de l'aube succédaient l'opale, l'orange, l'incarnat, le pourpre précédant le globe enflammé du soleil, nous placions notre petite bouilloire sur deux bûchettes, et nous prenions, frais et dispos, une tasse de café léger au moment où l'astre du jour commençait à réchauffer nos membres.

Chose étrange, dans ces pays infestés de serpents, il ne m'est jamais arrivé d'être inquiété par eux dans mon sommeil. Je n'en dirai pas autant des moustiques ; on en est dévoré si l'on a l'imprudence de bivaquer près d'un étang ou d'un bas-fond humide. C'est à ne pas se reconnaître les uns les autres, quand vient le jour. Ce n'est partout qu'enflures et bosses, même sur le cuir chevelu.

Les travaux des trois premières années furent extrêmement fatigants. Il fallut débuter par les plus rudes : ceux qu'exigeait la préparation des matériaux de construction. Pendant des mois entiers, nous ne fîmes autre chose qu'extraire et tailler des pierres, pétrir, les pantalons relevés jusqu'aux genoux, des tas d'argile et mouler des briques, abattre des arbres, en faire des poutres et des planches. De tous les métiers, aucun ne nous donna autant de mal que celui de scieur de long. Nous n'y entendions absolument rien et nous nous servions de la scie anglaise, immense lame, flexible, sans monture, et par conséquent très difficile à diriger. Elle sortait constamment du trait, déviant à droite ou à gauche. Une fois engagée hors de la ligne droite, on l'eût brisée plutôt que de la faire avancer d'un centimètre. Il fallait alors recourir à toutes sortes d'expédients : tourner et retourner, malgré son poids, le malheureux tronc d'arbre que nous traitions d'une façon si maladroite. A certains moments, on nous eût vus étendus tous trois sur le dos, épuisés, hors d'haleine et nous demandant si nos colonnes vertébrales se remettraient jamais d'une si violente épreuve. Les indigènes nous regardaient faire tout ébahis, cherchant à s'expliquer comment les blancs avaient compris la vie pour qu'ils se tuassent ainsi dans le seul but de se ménager un abri contre le soleil et la pluie. Ces réflexions n'empêchaient pas nos braves jeunes gens de nous donner un coup de main quand nous les priions de le faire. Le fils du chef se mettait de la partie avec autant d'empressement que les autres. Ils riaient aux éclats lorsqu'ils s'étaient mépris sur la nature du service que nous leur demandions ou qu'ils avaient commis quelque maladresse. Leur bonne humeur aidait à maintenir la nôtre.

Il y avait certains travaux auxquels ils étaient très aptes. Ils maniaient parfaitement la pioche et nous pouvions en tirer grand parti pour les soins à donner à nos plantes. Ils réussissaient assez bien à élever des murs en pierres sèches ou en pisé. Grâce à leur secours, nous pûmes, sans beaucoup interrompre la préparation de nos matériaux de construction, entourer assez vite le parc de nos bestiaux et notre jardin de bonnes clôtures.

On leur donnait pour les encourager des peaux de moutons qu'ils assouplissaient et cousaient ensemble avec beaucoup d'adresse, des couteaux, de petites haches et autres menus objets qui leur faisaient un grand plaisir.

Le genre de vie que nous menions aurait dû ruiner nos constitutions ; cependant, par la bonté de Dieu, nous échappâmes à toute maladie sérieuse. Nous eûmes divers accidents, mais aucun ne fut très grave.

Ce qui courait le plus grand danger en nous, c'était le moral ou plutôt la sensibilité. Le côté intellectuel était sauvegardé par l'exercice que donnaient à nos esprits des observations de tout genre, l'étude de la langue des indigènes, les récréations que nous procuraient quelques classiques français, latins et autres. Le côté religieux n'était pas non plus trop en souffrance. L'expérience journalière que nous faisions de la protection de Dieu et des douces visites de son Esprit faisait plus que maintenir notre foi. Il y avait aussi quelque chose de singulièrement fortifiant pour notre piété dans la pensée que nous étions là en vertu d'un ordre direct de Jésus-Christ, que nous représentions son Eglise dans des lieux qui lui étaient restés fermés jusqu'à notre arrivée. Plus d'une fois, après avoir chanté un de nos cantiques français sur quelque roche sauvage, nous avons tressailli de bonheur, nous nous sommes serré la main, en nous écriant, les yeux pleins de larmes : « Il a donc enfin été prononcé dans ces lieux le grand nom de notre Père céleste ! »

Notre amitié nous soutenait aussi ; 'le n'a jamais souffert d'éclipse. Mais le cœur se tient difficilement dans un juste équilibre lorsque l'on est complètement privé d'anciennes relations de famille et de société. Encore, si la correspondance eût quelque peu suppléé à ce qui nous manquait à cet égard ! Mais alors, le bureau de poste le plus voisin était à Graaff-Reinet, c'est-à-dire à une centaine de lieues de nous. Il s'écoula près d'une année avant que nous reçussions les premières lettres que nos parents nous avaient écrites immédiatement après notre départ de France. Pour nous faire parvenir ces missives, il fallait les confier à des voyageurs blancs ou noirs qui les ont toujours respectées, mais ne se sont jamais dérangés pour les soustraire à de longs retards. Quand le courant de notre correspondance se fut, tant bien que mal, établi par cette voie, nous vîmes qu'en moyenne une réponse d'Europe mettait dix à douze mois à nous parvenir. Dans de telles conditions, la correspondance est une épreuve plutôt qu'une consolation. Si l'on reçoit quelques nouvelles qui font plaisir, on apprend aussi bien des choses inquiétantes dont on voudrait savoir promptement l'issue.

Je puis dire qu'aucun de nous n'a jamais éprouvé l'ombre d'un regret d'avoir quitté pour le Seigneur tout ce que qu'il avait de plus cher ; mais lorsque l'ère des voyages et des observations nouvelles fut à peu près passée, nous fûmes exposés au sentiment de l'*exil*. Dès lors, nous comprîmes que notre imagination allait devenir le grand ennemi de notre repos, si nous ne parvenions pas à la brider.

Nous crûmes y arriver en nous imposant la loi de parler le plus rarement possible des objets lointains de notre affection. Gossellin se chargea de maintenir la consigne. Son tempérament était à la hauteur de ce devoir pénible. Le vif intérêt que mon autre ami trouvait encore aux détails de notre existence pittoresque l'aidait à vivre au jour le jour. Pour moi, sans m'en rendre bien compte et surtout sans en convenir, je trouvais que le remède ne faisait qu'aggraver le mal.

Vers la fin de la première année, je commençai à céder aux perfides attraits d'une secrète mélancolie. Dans les replis de mon cœur s'était glissé un illégitime espoir que ma vie ne serait pas longue.

Gossellin démêla cela au travers de l'entrain que je continuais à mettre dans mon travail. Un soir que nous étions assis sur le seuil de la porte de notre cabane, il me demanda si je n'avais pas remarqué au fond de la vallée une pelouse de quatre à cinq mètres d'étendue bornée par un beau rocher sur lequel avaient crû de jeunes oliviers. Sur ma réponse affirmative, il me dit que, dès le lendemain, il irait enlever une pelletée de terre dans cet endroit, qu'il en ferait autant le surlendemain et les jours suivants. — « Et dans quel but, s'il vous plaît ? » — « J'ai fait un calcul et j'ai trouvé que lorsque j'aurai fini, vous serez tout juste bon à mettre dans la terre !... » — « Et qu'est-ce qui vous le fait penser ? » — « Mon ami », me répondit-il avec un accent d'autorité mêlée de tendresse, « croyez-vous que je n'aie pas discerné le mal qui commence à vous miner ? Allons ! allons ! secouez-moi ça ! Les affections de famille ne sont plus une bénédiction, lorsqu'elles énervent le cœur au lieu de le fortifier. Si jeune et songer à finir ! Mais nous n'avons pas encore commencé !!! » Ces mots me ramenèrent à moi-même, je vis où j'allais sans m'en douter ; j'en rougis de la tête aux pieds. J'élevai mon âme à Dieu pour lui demander pardon, puis saisissant la main de mon brave frère : « C'est fini », lui-dis-je, « vous m'avez relevé. » Ce fut bien fini en effet, et il le fallait plus que jamais.

Quelques jours plus tard, je reçus la nouvelle de la mort de mon père. Sa constitution depuis longtemps chancelante n'avait pu résister au choc causé par mon départ. J'avais eu le sentiment qu'il en serait ainsi en recevant la dernière étreinte paternelle. Aussi, dans la première explosion de ma douleur, y eut-il comme un remords. Cette aggravation me fit passer les heures les plus cruelles. Et cependant, je pouvais me rendre le témoignage que si j'avais résisté à l'appel de Dieu pendant plusieurs années, c'était précisément parce que je ne pouvais supporter la pensée des larmes que j'allais faire couler. N'avais-je pas d'ailleurs emporté la bénédiction de mon père et de ma mère ? Ne m'avaient-ils pas dit cent fois que leurs droits sur moi ne venaient qu'après ceux du Seigneur ? A ces réflexions, s'ajoutèrent comme consolation des détails sur les derniers moments de mon père, qui me prouvèrent que ma vocation de missionnaire avait grandement contribué à les adoucir. Il était mort d'un cancer à l'estomac et ses dernières douleurs avaient été atroces. Mais il avait plu à Dieu d'accorder à cet homme excellent, doué de la plus exquise sensibilité, quelques heures d'ineffable bonheur avant son dernier soupir. Le mourant, entouré de sa famille, une de ses mains dans la main de ma mère et l'autre dans celle de son médecin, mon oncle maternel, s'était exprimé comme embrassant d'un même regard les réalités terrestres et celles du monde invisible. Il demandait qu'on lui chantât des cantiques et il parlait des hymnes du ciel comme les entendant déjà ; Jésus-Christ était visible à ses yeux, et il lui recommandait l'un après l'autre tous les êtres chéris qu'il laissait ici-bas. Mon nom revenait souvent sur ses lèvres, il bénissait Dieu de m'avoir choisi pour porter l'Evangile aux païens. Une de ses dernières paroles à ma mère fut celle-ci : « Je reverrai Eugène avant toi ! » parole mystérieuse dont mon cœur, après les premières angoisses, s'empara comme d'un gage qu'il n'existait plus de distance entre mon père et moi, et que j'allais désormais vivre et lutter sous son regard aussi bien que sous celui de notre commun Maître et Sauveur. Au milieu de mon deuil, je me souvins qu'un certain jour, faisant une excursion avec deux ou trois indigènes, j'avais été saisi d'un sentiment indéfinissable d'accablement et de tristesse. J'en avais pris note, et en recourant à mon carnet, je trouvai que cette heure ténébreuse était précisément celle où ma famille avait perdu son chef. Autre mystère, mais aussi, précieuse observation de plus à ajouter à celles qui ont été faites par tant de personnes véridiques dont le témoignage semble mettre hors de doute l'existence de relations surnaturelles entre les âmes, dès ici-bas.

Plus étroitement unis à moi qu'ils n'eussent pu l'être par les liens du sang, mes compagnons d'œuvre pleurèrent mon père comme s'il eût été le leur. Cette épreuve m'apprit aussi que les indigènes commençaient à ne plus nous regarder comme des étrangers. Le bruit se répandit qu'on avait entendu des lamentations dans notre cabane, qu'une lettre avait apporté la nouvelle de la mort de mon père. On accourut de divers côtés : une députation de Moshesh ne tarda pas à arriver. Ces pauvres gens ne savaient que me dire, ignorant encore ce que nous pensions des causes et des conséquences de la mort. Mais une vive sympathie se lisait sur leurs traits pendant qu'ils me regardaient pleurer. N'ayant encore que très peu de mots de leur langue à ma disposition, je me contentai de leur dire : « Dieu l'a fait !... *Ntaté o magolimong*, mon père est au ciel », ce qui les confondait, car, d'après leurs idées, c'était dans les entrailles de la terre que se rendaient et habitaient les trépassés. Ce qui fut le plus clair pour eux, c'est que nous étions mortels aussi bien que les noirs, et cela fit sensation parmi eux. Ils nous ont avoué depuis que nous voyant si *sages*, capables de tant de choses qui pour eux tenaient du miracle, ils s'étaient imaginé que nous devions avoir un remède contre la mort. Ce désappointement ne les empêcha pas de remarquer la parfaite assurance avec laquelle je leur disais que je reverrais un jour mon père et que j'irais habiter avec lui dans le royaume des cieux. Doués de beaucoup de perspicacité, ils avaient facilement découvert que je puisais une consolation réelle dans cette attente d'un revoir éternel. Cela aussi fit une grande impression sur eux ; ils en conclurent que si nous n'avions pas su, comme ils disaient, *vaincre* la mort, elle était loin d'avoir pour nous les mêmes terreurs que pour eux. Mon épreuve eut encore pour effet de les convaincre que nous étions vraiment résolus à demeurer indéfiniment au milieu d'eux. Ils s'attendaient à me voir partir, ne fût-ce que pour aller prendre possession des biens que mon père avait dû me laisser. C'est ainsi que, chez les peuples neufs, tout dans la vie du missionnaire sert à instruire et à convaincre.

Du reste, nous étions arrivés au moment où notre ministère allait devenir une réalité. Aux quelques jeunes hommes que le chef nous avait d'abord envoyés, étaient venus se joindre plusieurs familles. Il s'était formé autour de nous, sous les ordres du fils aîné de Moshesh (Létsié), une communauté de trois à quatre cents âmes.

XI

Premiers essais d'enseignement religieux.

Nous n'avions pour communiquer nos sentiments et nos pensées aux indigènes qu'un très mauvais interprète. C'était un Mossouto du nom de Sépéami que nous avions trouvé chez Adam Krotz, sur les confins de la Colonie, où il avait appris un peu de hollandais. Il en savait assez pour bien rendre les idées qui se rattachaient à la vie matérielle et à la morale la plus vulgaire, mais il n'entendait rien au langage religieux. A cet endroit, tout son dictionnaire se réduisait au mot *gebed, thapélo,* prière. Qu'il s'agît de croire, de se repentir, ou de toute autre manifestation de piété, il revenait toujours à sa phrase: « *Moruti o re re rapèlè*, le missionnaire dit que nous devons prier. » Il lui arrivait parfois de commettre d'étranges bévues, trompé qu'il était par des ressemblances de son dans les mots. Ainsi, il nous fit dire un jour que Jésus-Christ était un grand sellier, confondant *Zaligmaaker*, Sauveur, avec *Zadelmaaker*, faiseur de selles. Sa tenue ne valait pas mieux que son interprétation. Sa physionomie, ses intonations, son geste, disaient carrément: « Je ne crois pas un mot de ce que je traduis ». Au début, il prétendait remplir ses fonctions sans veste ni gilet et la pipe à la bouche. Nous découvrîmes dans la suite que c'était un menteur insigne et qu'il lui était en quelque sorte impossible d'ouvrir la bouche sans débiter quelque fausseté. Heureusement que nos gens s'en étaient vite aperçus et que, guidés par leur bon sens, ils ne mettaient sur notre compte que les bonnes choses qui perçaient au travers des niaiseries de notre truchement. Ils le lui disaient, sans doute, car il avait parfois d'étranges velléités à leur égard. Il poussa un jour l'ineptie et l'audace jusqu'à nous proposer de les fustiger pour les convertir. « Je me mettrai de la partie », disait-il, « et vous verrez si je sais manier ma cravache. Ces gens-là ne comprennent que lorsqu'on leur fait entrer la loi dans le corps par des coups. » On devine ce que nous devions attendre de nos prédications aussi longtemps que nous étions obligés de recourir à un tel auxiliaire. Plus d'une fois, nous nous demandâmes s'il ne valait pas mieux nous taire. Nous aurions bien certainement pris ce parti si nous avions su alors jusqu'où allaient l'ignorance et la déloyauté de Sépéami. En attendant mieux, nous cultivions et *exploitions*, comme on dit de notre temps, les indigènes pour leur arracher chaque jour quelques mots de plus de leur langue, et surtout les verbes, cette partie du discours si difficile à conquérir même lorsqu'elle s'étale complaisamment dans les paradigmes d'une grammaire. Ayant découvert que le sessouto, ou la langue des Bassoutos, avait plus d'affinité que nous ne l'avions d'abord cru avec celle que le missionnaire Moffat et nos frères Lemue et Rolland étudiaient plus au nord, nous profitions aussi du fruit de leurs recherches.

Depuis notre arrivée, nous avions tenu des services réguliers en hollandais pour les huit ou dix mulâtres hottentots qui étaient venus avec nous de Philippolis. Ces gens, ayant été élevés dans des stations missionnaires de la Colonie, avaient des habitudes religieuses. Ils savaient un grand nombre de cantiques en hollandais et les chantaient avec goût. Ils avaient, presque tous, des Bibles traduites dans la même langue et pouvaient suivre avec intérêt l'exposition d'un texte. Faute de local, nous les réunissions en plein air, et les Bassoutos, attirés par les chants, venaient généralement s'accroupir autour de nous. Ils suivaient tous les détails du service avec beaucoup d'attention, étant évidemment frappés du sérieux et de la conviction avec lesquels nous nous adressions à un être invisible. S'ils ne comprenaient pas les mots dont nous faisions usage, notre attitude, nos gestes, l'accent de notre voix, leur donnaient quelque idée de la grandeur et de la bonté de Celui à qui nous parlions...

Enfin, et cela beaucoup plus tôt que nous ne l'avions espéré, nous découvrîmes que les Bassoutos comprenaient, sans trop de difficulté, les phrases que nous commencions à faire dans leur langue. Dès lors, maître Sépéami fut congédié sans cérémonie, et tout le temps que nous pouvions dérober à nos travaux de construction et de culture fut consacré, par Arbousset et par moi, à écrire de petits abrégés d'histoire biblique et de courtes méditations que nous récitions le dimanche. Nous nous aventurâmes même à composer deux ou trois cantiques. Le premier roula sur le jour du Seigneur. Nous le mîmes sur l'air de : « Au clair de la lune » qui, par son extrême simplicité, semblait fait pour les indigènes et auquel nous donnâmes une solennité suffisante en le faisant chanter lentement. Le plus difficile fut d'empêcher nos gens de marquer la mesure en frappant du pied de toute leur force. Ils sont devenus, depuis, très sensibles à l'harmonie ; mais, au début, la cadence était presque tout pour eux.

Une difficulté plus sérieuse fut de les amener à se joindre à nous, par la pensée et le sentiment, dans l'acte de la prière. Pendant que nous leur parlions, notre enseignement consistant surtout en récits et ne s'étendant jamais au-delà de dix minutes ou d'un quart d'heure, ils nous écoutaient généralement avec attention. Il n'en était plus de même lorsque nous faisions la prière. Comme nous ne nous adressions plus directement à eux, ils se croyaient dispensés d'écouter. Cela leur faisait l'effet d'un monologue qui ne les concernait pas. L'un regardait à droite, l'autre à gauche, un troisième bâillait bruyamment, des conversations particulières s'établissaient. Nous y remédiâmes en les astreignant à répéter, mot à mot, tous ensemble, chacune des actions de grâce ou des requêtes que nous offrions à Dieu. Cela leur plut d'abord comme exercice; ils aimaient à entendre leurs bonnes grosses voix monter et descendre à l'unisson; mais bientôt nous pûmes discerner que la réflexion et le sentiment commençaient à s'en mêler. Il n'y avait pas le danger de la routine parce que nous improvisions nos prières et que tout, dans ce qu'elles exprimaient, était nouveau pour nos gens.

Dès ce moment, nous sentant en possession de l'arme puissante de la parole, nous ressaisîmes notre ministère et devînmes missionnaires tout de bon.

Nos travaux d'installation ne nous avaient pas empêchés d'aller, de temps en temps, à Thaba-Bossiou, faire une visite au chef Moshesh, lui renouveler nos assurances d'amitié et de dévouement. Il nous recevait avec un plaisir évident et, malgré les désavantages d'une interprétation défectueuse, il se révélait toujours plus à nous comme un homme supérieur, méritant bien le titre de : *Mothou oa litaba* « homme de sagesse ou de raison » que ses sujets lui donnaient dans un de leurs chants.

Nous avions cru d'abord comprendre qu'il avait l'intention de venir se fixer auprès de nous, mais cette illusion s'était bientôt dissipée. Son plan, bien arrêté, était de nous laisser fonder une ville nouvelle à Morija avec ses fils et leurs subordonnés, et d'encourager ainsi ses sujets à descendre progressivement des hauteurs sur lesquelles ils s'étaient retirés pendant les guerres, tandis qu'il continuerait lui-même à résider, avec deux ou trois mille âmes et ses principaux conseillers, sur la forteresse naturelle d'où il avait pu, aux moments les plus critiques, défier tous ses ennemis. Thaba-Bossiou devait ainsi rester un point de ralliement et de refuge si de nouveaux périls surgissaient. A mesure que la résolution du chef devenait plus évidente, nous sentions davantage la nécessité de lui faire de fréquentes visites. L'homme qui nous avait attirés dans le pays avait les premiers droits à notre enseignement. Nous comprenions aussi que, pour nous initier aux coutumes, aux idées, au genre de vie des Bassoutos, nous avions besoin de sortir de Morija. Là, nous étions chez nous et nous réglions tant bien que mal notre existence d'après nos propres usages. A Thaba-Bossiou, force nous était de vivre entièrement à l'indigène. Dès que la langue du pays nous fut devenue suffisamment familière, il fut décidé que, chaque semaine, l'un de nous se rendrait, à tour de rôle, dans la petite métropole de la contrée.

Le chef approuva très fort notre résolution. « Maintenant », nous dit-il, « vous serez vraiment mes missionnaires et vous verrez si les auditeurs vous feront défaut. Chaque fois que vous voudrez nous instruire, je serai là pour rassembler mes gens et pour veiller à ce qu'on vous écoute avec attention. » Et il tint parole. Dès que nous arrivions, son crieur public informait la population de notre présence. Il montait pour cela sur une espèce de plate-forme attenante à la hutte du chef et il criait de toute la force de ses poumons : « *Thapélong! thapélong*, à la prière ! » à quoi il ajoutait invariablement: « *Kaofèla! Kaofèla!* Tous, tous! *Bana le basali!* les enfants et les femmes. » Dans les commencements, cette dernière injonction provoquait des murmures parmi les hommes d'âge mûr, tandis qu'elle égayait beaucoup les jeunes gens. Convoquer des femmes à une assemblée, cela paraissait aux premiers une humiliation pour le sexe noble, cela ne s'était jamais vu ; et puis le bruit courait déjà que nos enseignements n'étaient pas favorables à la polygamie. Les jeunes gens trouvaient fort plaisant de voir quelle contenance feraient les pauvres convoquées. Viendraient-elles ? ne viendraient-elles pas?... Elles se faisaient longtemps attendre. Généralement, elles envoyaient leurs enfants, espérant que cela suffirait, et les marmots venaient sans hésiter se mettre aux premières places, fort heureux de pouvoir satisfaire leur curiosité et de se voir traités en hommes. Mais Moshesh était inexorable. « *Basali* ! les femmes ! » criait-il ; « *Basali ba kaé* ? Où sont les femmes ? » Elles arrivaient enfin tout ahuries, se blotissaient à l'entrée de l'enceinte, serrées les unes contre les autres comme un troupeau de brebis, et ayant soin de tourner le dos à l'assemblée. « *Ba téng* ! Elles y sont », nous disait alors Moshesh ; « commencez ! » Et, d'un regard, il avertissait l'auditoire qu'aucune inconvenance n'échapperait à son observation.

Moshesh n'était pas moins soigneux d'inviter à nos prédications les étrangers de toute tribu qui affluaient chez lui à titre de messagers de leurs chefs respectifs, ou de simples voyageurs. Il voulait absolument qu'ils rapportassent chez eux quelque chose des enseignements qu'il recevait de nous. Cette habitude, il l'a conservée jusqu'à la fin de sa vie, et nous a mis par là en rapport avec des milliers de gens dont beaucoup venaient de très loin.

Les services se tenaient dans ce qu'on appelle le *khotla*, espèce de grande cour, entourée d'une clôture de bambous et de roseaux, où les hommes se livrent à des travaux de vannerie, de pelleterie, de découpage, tandis que le chef y donne audience à des étrangers, ou règle quelque différend. Ce *khotla* facilite singulièrement la tâche du missionnaire. Il y trouve toujours des gens à qui parler et ses paroles acquièrent de l'importance par le seul fait qu'il proclame son message dans un lieu réservé aux hommes et aux affaires sérieuses.

Quand venait le soir, Moshesh nous faisait asseoir à son foyer dans la demeure de sa première femme. Nous soupions avec lui et ses enfants. Il découpait et plaçait lui-même devant nous des tranches de bœuf ou de gibier, veillant à ce qu'on nous apportât une terrine de lait caillé et un pain de sorgho. Le repas fini, il prenait un grand plaisir à répéter ce que nous avions dit en public et à demander des explications.

C'est ainsi qu'il découvrit, à sa grande surprise, que le fond de notre enseignement était basé sur des faits, de vraies histoires, et n'était pas, comme il l'avait cru d'abord, un composé de mythes et d'allégories. « Vous croyez donc », me disait-il un soir, en me montrant les étoiles, « qu'au milieu et au-dessus de tout cela il y a un Maître tout-puissant qui a tout créé et qui est notre père ? » — « Et vous, ne le croyez-vous pas ? » — « Nos ancêtres parlaient en effet d'un *Seigneur* du ciel, et nous appelons encore ces grandes taches lumineuses (la voie lactée) que vous voyez là-haut, le *chemin des dieux* ; mais il nous semblait que le monde avait dû toujours exister, sauf toutefois les hommes et les animaux qui, selon nous, avaient eu un com-

mencement, les animaux étant venus les premiers et les hommes ensuite ; mais nous ne savions pas qui leur avait donné l'existence. Nous adorions les esprits de nos ancêtres, et leur demandions de la pluie, d'abondantes moissons, la santé et une bonne réception chez eux après notre mort. »
— « Vous étiez dans les ténèbres et nous vous avons apporté la lumière. Toutes les choses visibles et une infinité d'autres que nous ne pouvons pas voir ont été créées et sont conservées par un Être tout sage et tout bon qui est notre Dieu à tous et nous a tous fait naître d'un même sang. » Cette dernière assertion paraissait incroyable à l'entourage du chef. — « Bah ! » disaient les plus hardis, « cela ne se peut pas. Vous êtes blancs, nous sommes noirs, comment pourrions-nous venir du même père ? » A quoi le chef répondait sans hésiter : « Imbéciles ! Dans mes troupeaux il y a des bœufs blancs, des bœufs rouges, des bœufs bigarrés, ne sont-ce pas tous des bœufs, ne proviennent-ils pas de la même souche et n'appartiennent-ils pas au même maître ? » Cet argument produisait plus d'impression qu'il ne l'aurait fait chez nous. Les indigènes observent avec beaucoup d'attention les phénomènes qui se rattachent à la reproduction des êtres animés. Ils attribuent certaines déviations anormales à des accidents survenus pendant la gestation. C'est ainsi qu'ils s'expliquent l'existence des albinos, qui ne sont pas rares chez eux, et les combinaisons de

couleur inattendues sur la robe de leurs bestiaux. Il y a chez les Bassoutos, dans les mêmes communautés et souvent dans les mêmes familles, des différences de complexion très notables. A côté de gens très noirs, on en voit qui ne sont que bronzés. Et à ces différences de couleurs correspondent généralement des divergences plus foncières. Les jaunâtres ont généralement les membres plus déliés, les pieds et les mains mieux modelés, la voix plus flûtée. D'après les indigènes, le prognathisme est l'effet de la misère, d'une alimentation insuffisante ou trop exclusivement végétale. Dans les familles de l'aristocratie (il y en a une aussi là-bas), où l'on se nourrit bien et où l'on peut se donner des femmes selon son goût, les yeux sont moins voilés et plus saillants, les nez moins épatés, les lèvres plus minces, en un mot le type se rapproche davantage du nôtre qui, sauf en ce qui concerne la couleur, est resté l'idéal de la beauté chez ces peuples. La foi robuste de Moshesh en l'unité de la race humaine reposait sur des observations de ce genre. Il insistait beaucoup aussi sur l'identité des sensations. « Blancs ou noirs », disait-il, « nous rions et pleurons de la même manière et pour les mêmes causes ; ce qui fait du plaisir ou de la peine aux uns, fait également du plaisir ou de la peine aux autres. »

Quand il était sur cet article, le chef exprimait généralement la conviction que les *anciens* (ses ancêtres et ceux de son peuple) avaient des idées fort semblables aux nôtres ; que bien des traditions et des légendes en faisaient foi, et que si les Bassoutos étaient si ignorants, c'est qu'ils n'avaient pas eu un *livre* comme nous. « Voyez-vous », disait-il, « tout dégénère ; tout est moins bon aujourd'hui qu'autrefois. Il me semble même que nos bêtes sont moins belles. »

Quand je lui disais que c'était une illusion provenant de ce que dans l'enfance nous avions des impressions plus vives, il avait de la peine à se rendre ; mais il prenait bonne note du fait que, chez les blancs aussi, on croyait le passé meilleur que le présent, et il y trouvait une preuve de plus de l'unité de l'espèce humaine.

Il triomphait, et avec raison, lorsque nous énumérions les commandements du décalogue. « Cela », disait-il, « est écrit dans tous les cœurs. Nous ne connaissions pas le Dieu que vous nous annoncez, et nous n'avions aucune idée du dimanche ; mais, dans tout le reste de votre loi, il n'y a pour nous rien de bien nouveau. Nous savions que c'est très mal d'être ingrat et désobéissant envers ses parents, de voler, de tuer, d'être adultère, de convoiter ce qui appartient aux autres, de médire. »

Il admettait l'existence du péché et renchérissait même sur ce que nous pouvions dire de l'étendue du mal qui règne parmi les hommes. En ce point, il était plus que pessimiste. Il expliquait le mal comme une espèce de fatalité ou tout au moins le résultat d'une faiblesse incurable. « Faire le bien », disait-il, « c'est rouler un rocher jusqu'au haut d'une montagne; quant au mal, il se fait de soi-même; le rocher roule tout seul jusqu'au bas de la montagne. »

Les récits de l'Ancien et du Nouveau Testament l'intéressaient beaucoup et il ne se lassait pas de nous faire répéter les plus saillants. L'histoire de Joseph et celle de David dans la première partie de sa vie, le jetaient dans de vraies extases. Entre toutes les paraboles du saint Livre il donnait la préférence à celle de l'enfant prodigue. Mais nous ne tardâmes pas à observer que la personne de Jésus-Christ était ce qui le frappait le plus, ainsi que ceux de ses sujets qui suivaient nos enseignements avec assiduité.

Ne connaissant encore les blancs que par nous, ils accordaient une haute place aux peuples civilisés sous le rapport de l'intelligence et de la vertu, mais la vie de Jésus leur paraissait un idéal surhumain. Ils reconnaissaient si bien en lui un homme-Dieu qu'ils n'eussent pas cru aux récits des Evangélistes, si ceux-ci n'avaient insisté sur son origine céleste et sa naissance miraculeuse. C'est comme rédempteur qu'ils saisissaient le mieux sa mission et s'y intéressaient le plus, preuve frappante de l'indestructibilité de la conscience en tout pays. La pratique du rachat leur était familière; ils avaient l'habitude d'offrir des victimes pour prévenir des malheurs domestiques et publics; de là à l'idée qu'un homme tel que Jésus ait pu sauver tous les pécheurs en mourant pour eux, le passage était facile.

En sus de la question religieuse qui prédominait dans nos entretiens avec le chef, son insatiable curiosité en soulevait une infinité d'autres. Il voulait savoir l'origine et l'histoire des différents peuples dont il nous entendait prononcer les noms. Ce fut un grand scandale pour lui lorsqu'il apprit que des nations qui reconnaissaient l'autorité de Jésus-Christ aimaient encore la guerre et s'appliquaient à perfectionner de plus en plus l'art militaire. « C'était bon », disait-il, « pour nous qui n'avions d'autres modèles que les bêtes féroces, mais vous qui prétendez être les enfants de Celui qui a dit: *Aimez vos ennemis*, vous prenez plaisir à vous battre! » Tout ce que nous lui disions des adoucissements qu'on avait apportés à ce mal, du soin qu'on prenait des blessés de l'ennemi, de l'absence de haine personnelle dans le cœur de nos soldats, ne faisait qu'accroître sa stupéfaction. « Vous faites donc ce mal sans colère, en y mêlant de la sagesse! Je n'y comprends rien; à moins que la guerre ne soit une verge que Dieu n'a pas voulu briser, parce qu'il veut encore s'en servir pour châtier les hommes. »

Il n'y avait rien d'hypocrite dans cette indignation, car, d'une manière générale, Moshesh avait la plus grande répugnance pour l'effusion du sang, souvent même au détriment de sa politique.

Il ne manquait pas de courage personnel, mais, dans presque toutes les occasions où il a pris les armes pour résister à des envahisseurs, il s'est attiré le blâme de ses sujets par l'extrême facilité avec laquelle il renonçait à un succès définitif dès que l'ennemi lui demandait la paix. Dans ses jugements, il ne recourait pas à la peine capitale, même pour les cas de meurtre, disant que l'exécution du coupable ne ressusciterait pas sa victime et qu'au lieu d'un mort on en aurait deux. Dès qu'il eut connaissance de l'histoire de Caïn, il ne manqua pas de faire observer à ses gens que la conduite de Dieu en cette occasion justifiait pleinement ses propres idées. J'avoue que j'étais loin de les partager sans restriction, mais il est de fait que, sous son régime, les cas de meurtre ont été fort rares. Dans mainte occasion, il m'est arrivé de répéter, au sujet de Moshesh, ces vers si vrais : « Qui ne hait pas assez le vice, n'aime pas assez la vertu »; mais il était impossible de ne pas admirer (surtout quand on pensait à d'autres chefs africains) sa débonnaireté et son inépuisable patience. Je l'ai vu supporter de la part de ses plus infimes subordonnés des invectives et des affronts qu'il m'eût été bien difficile de digérer. « Laissez-les », disait-il en souriant, « ce sont des enfants. » Du reste sa dignité n'y perdait rien, car jamais chef n'a été plus respecté et plus aimé. Les fous du pays se réfugiaient presque tous chez lui ; ils sentaient instinctivement que là ils seraient à l'abri de tout mauvais traitement et qu'il ne les laisserait pas mourir de faim.

Et la polygamie, qu'en pensait le brave chef, qui était notoirement le plus grand polygame du pays? Ce sujet venait aussi dans nos conversations. Nous ne l'abordions jamais d'une manière spéciale et directe dans nos prédications, parce que nous savions très bien que la réforme à opérer en ce point ne devait être que le fruit naturel et spontané d'une acceptation cordiale des grands principes chrétiens. Mais Moshesh ne faisait aucune difficulté de s'en entretenir avec nous. « Vous avez raison », disait-il; « chez nous aussi, il y a eu de tout temps, ici et là, des hommes qui se sont contentés d'une femme, et, loin de les blâmer, on les a toujours cités comme des modèles. Puisque nous n'admettons pas qu'une femme ait le droit d'avoir plusieurs maris, on ne voit pas pourquoi un homme aurait le droit d'avoir plusieurs femmes. Et puis, si vous saviez ce que ces femmes nous font souffrir par leurs querelles entre elles, et les rivalités qu'elles fomentent parmi nos enfants! »

« Comme chez Jacob, par exemple », lui disions-nous.

« Précisément; oh! nous nous reconnaissons parfaitement dans cette histoire lorsque vous la racontez. Tenez, avec mes bestiaux et mes amas de grain, il y a des jours où je risque de mourir de faim, parce que toutes mes femmes me boudent, me renvoyant l'une à l'autre « jusqu'à ce que », disent-elles, « tu ailles chez ta préférée qui certainement doit avoir en réserve pour toi quelque viande succulente. » Mais, que voulez-vous ? c'est dans nos mœurs et nos goûts. Nos femmes vieillissent vite et nous ne pouvons résister à la tentation d'en prendre de plus jeunes. Parmi les vieilles, il y en a qui deviennent paresseuses, et elles sont les premières à nous conseiller de prendre une femme de plus, espérant s'en faire une servante. Pour nous, les chefs, c'est un moyen de contracter des alliances avec les chefs d'autres peuples, ce qui aide au maintien de la paix. Et puis, il nous arrive beaucoup de voyageurs, d'étrangers ; comment les logerions-nous, de quoi les nourririons-nous, si nous n'avions plusieurs femmes ? » — « Vous pourriez avoir des domestiques. » — « Des domestiques, qu'entendez-vous par là ? J'ai des guerriers, mais pas de domestiques. Ces hommes, ces jeunes gens que vous voyez autour de moi me reconnaissent le droit de les punir s'ils refusent d'obéir lorsque je leur ordonne de veiller sur mes troupeaux, de porter un message ou de prendre les armes, mais il n'y en a pas un qui ne me rît au nez si je voulais l'astreindre à puiser mon eau, à moudre mon grain, à balayer mes cases. Oh ! la polygamie, vous vous attaquez là à un fier rocher ; je crains bien que vous ne réussissiez pas à l'ébranler, du moins de notre temps. Peut-être que nos enfants seront dans une meilleure position, et alors... Ceux que vous appelez les *patriarches* étaient polygames, vous l'avez dit, et il a fallu bien du temps pour amener les blancs dont vous êtes descendus à se contenter d'une seule femme. » — « Non, il n'a pas fallu bien du temps après la venue de Jésus-Christ, et c'est la parole de Jésus-Christ que nous vous avons apportée, pas celle des patriarches. » — « Bien, bien! » disait le chef en riant; « nous en parlerons de nouveau. C'est cependant fâcheux qu'il y ait cette différence entre vous et nous. Sans ça, nous serions bientôt chrétiens!... » — Je répondis un jour à cette observation en rappelant les rangées de pierres que nous avions enfouies dans la terre à Morija, pour servir de fondement à notre maison. « Pauvres pierres, quel poids elles portent, et puis elles ne reverront jamais le soleil, on ne louera jamais leur beauté! Mais elles portent tout l'édifice, quel honneur! Et vous ne voulez pas, au prix de douloureux sacrifices, servir de fondement à la famille, à la cité nouvelle qui va s'élever dans ces lieux et que vos descendants ne cesseront de bénir? » On trouvait la comparaison ingénieuse, mais elle n'entraînait personne. Cela devait venir plus tard, grâce à un progrès général dans les idées, et surtout sous l'influence de l'Esprit de Dieu. C'était déjà beaucoup que dans les commencements on nous écoutât avec déférence sur des sujets pareils. Une chose qui nous a toujours fort étonnés en même temps que réjouis, c'est que nos gens tirassent si peu parti des faits scandaleux rapportés dans maintes pages de la Bible, pour justifier les excès dans lesquels ils tombaient eux-mêmes. Là encore, le bon sens de Moshesh nous venait fréquemment en aide. « Ces histoires sont dans le Livre », disait-il, « pour nous apprendre à mieux connaître le bien. C'est parce qu'il y a des personnes très laides que nous apprécions celles qui sont jolies. »

On comprend quel intérêt nous devions trouver à ces piquantes révélations de la raison et du sens moral chez des gens qui n'avaient passé par aucune école. Aussi nos entretiens avec les *bagolous*, les anciens de Thaba-Bossiou, étaient-ils incessants et roulaient-ils sur tous les sujets possibles. Le chef se plaignait quelquefois de ne pouvoir pas nous consacrer autant de temps qu'il l'aurait voulu. Sa dignité n'était pas une sinécure. Il avait, tous les jours, une infinité de causes petites et grandes à juger, des visiteurs indigènes à loger et à faire vivre. Il découchait quelquefois afin de pouvoir s'entretenir avec nous pendant la nuit. Je me souviens qu'un soir il m'indiqua une hutte un peu isolée, en me disant: « Va m'attendre là, on y a étendu deux nattes, l'une pour toi, l'autre pour moi. Mais ne fais pas de bruit. » Une heure ou deux plus tard, il était à mes côtés. Nos entretiens allaient bon train, lorsqu'une masse noire se présenta à l'entrée. « Taisons-nous », dit le chef, « faisons semblant de dormir. » — Mais bientôt: « Moshesh ! Moshesh !... » — Pas de réponse.

« Mon Maître ! je sais que tu es ici ! » — « Va-t-en ! mon blanc est avec moi, laisse-le donc dormir tranquille !... » — « Non, voici trois jours que j'attends que tu juges mon cas; juge-le tout de suite. Ma femme et mes enfants sont seuls à la maison, je veux retourner auprès d'eux. » — « Tu as faim, sans doute ? » — « Eh bien oui, j'ai faim aussi ! » — « Va-t-en au plus vite chez une telle (nommant une de ses femmes), dis-lui de ma part qu'elle te donne une épaule de mouton que j'y ai laissée tantôt... » — Notre homme disparut et la nuit se passa sans autre interruption.

Moshesh avait une singulière habitude, celle de sortir aux premières lueurs du jour et de crier. « *Ah! dia ha!* j'ai revu la lumière »; après quoi, il rentrait, se recouchait, et dormait généralement assez tard. Ce cri de joie, qui est aussi celui du défi et de la victoire parmi les Bassoutos, il le poussait en souvenir d'une époque effroyable, où, cerné par des ennemis, il se couchait, chaque soir, avec la pensée qu'il serait probablement massacré avant le lendemain. *Ah! dia ha!* était l'action de grâces de cet intéressant païen. Nous tâchions de lui en apprendre une meilleure, tout en nous demandant si, de notre côté, nous étions aussi fidèles à crier notre Ah ! dia ha ! vers Celui dont la providence nous avait traités, dès le berceau, avec tant d'indulgence et de bonté.

C'est dans ces visites et pendant ces séjours que nous faisions à Thaba-Bossiou que nous apprîmes jusqu'où étaient allées les souffrances des Bassoutos pendant la période qui avait précédé notre arrivée. On les trouvait toutes résumées dans les souvenirs des habitants de cet endroit. Ils étaient restés dans cette forteresse naturelle, comme de pauvres naufragés sur une épave. Des invasions incessantes, les famines, et le cannibalisme partiel qui en avait été la conséquence, avaient forcé des milliers de leurs compatriotes à s'expatrier.

Chaque fois que Moshesh parcourait avec nous l'enceinte de rochers qui entourait sa ville comme un rempart, il nous décrivait les assauts qu'il avait eu à repousser. Il avait fallu dans les temps les plus critiques traiter même avec d'anciens vassaux devenus anthropophages, entrer en pourparlers avec eux pour recouvrer des prisonniers et subir pour cela leurs visites. Dans une occasion de ce genre, ils refusèrent tous les aliments qu'on leur offrait, disant qu'il leur fallait, à défaut d'un homme, au moins un chien. Ces misérables, pour inspirer de la terreur, s'appelaient *mangeurs d'hommes et de chiens*. Le vieux Mokhatchané, père de Moshesh, leur livra un gros chien blanc auquel il tenait beaucoup, et obtint, comme une grande faveur, qu'on allât le manger à quelque distance de sa demeure.

Les hyènes et les lions s'étaient tellement multipliés qu'ils gravissaient la montagne pendant la nuit et rôdaient autour des maisons. Bon nombre d'habitants devenaient leurs victimes ; d'autres n'échappaient que par une espèce de miracle. Nous avons eu parmi nos disciples un homme dont tout un côté de la tête et du visage n'était qu'une horrible cicatrice. Une hyène l'avait saisi et l'entraînait pour aller le manger quelque part, à son aise, lorsqu'en se débattant il parvint à placer entre ses dents l'oreille de la bête, et il mordit là-dedans avec une telle vigueur qu'elle poussa un cri désespéré et s'enfuit.

L'enlèvement d'une des femmes de Moshesh est une des scènes les plus affreuses que j'aie entendu raconter. Un lion l'emportait. Selon l'habitude des indigènes, lorsqu'il s'agit d'un tel adversaire, Moshesh et un certain nombre de ses gens s'armèrent en guerre et s'avancèrent en colonne serrée. C'était vers minuit, et l'on voyait difficilement à deux pas devant soi. Le lion se sentant serré de près, lâcha sa victime, fit volte-face, rugit avec fureur et se lança sur la troupe, qui prit la fuite. Un instant après, les cris de la femme recommencèrent, l'animal l'avait prise de nouveau dans sa gueule et gagnait du terrain. On se rallia : nouvelle attaque, nouvelle déroute, nouveaux cris aussi de l'infortunée qui, après un instant de répit, se sentait derechef étreinte dans une impitoyable mâchoire. Pareille scène se répéta six à huit fois dans un parcours de deux lieues, les cris de la femme devenant de plus en plus faibles à mesure que le monstre approchait du lieu où il se proposait de la dévorer. Le lendemain, on alla à la découverte et l'on ne trouva que quelques os à demi-broyés. J'ai passé maintes fois dans cet endroit.

On comprend qu'après de tels malheurs, Moshesh et ceux de ses sujets qui lui étaient restés fidèles dussent trouver du charme aux paroles d'hommes qui leur témoignaient une vraie sympathie et leur faisaient entrevoir un meilleur avenir.

Il y a bien longtemps de cela, et l'on sait que Moshesh ne s'est déclaré chrétien qu'aux approches de sa mort. Il l'a fait d'une manière très touchante après avoir donné des preuves d'un profond repentir et d'une foi bien vive. Il est mort avec ce cri filial : « Laissez-moi m'en aller vers mon Père ; je suis déjà bien près de Lui ! » Comment s'expliquer qu'il ait si longtemps tardé ? En dépit de son intelligence et de ses belles qualités, il tenait excessivement aux usages de ses pères, il aimait encore plus ses richesses et les accroissait par des voies qui n'étaient pas toujours droites. La comparaison que son entourage et lui-même ne pouvaient manquer de faire entre sa mansuétude et les procédés durs et arbitraires des autres chefs africains endormait sa conscience. Enfin, comme je l'ai déjà dit, une dure expérience de la perversité humaine l'avait rendu fataliste ; lutter contre le mal avec espoir de succès lui paraissait presque une impossibilité, se *convertir* était à ses yeux une illusion de quelques blancs qu'il admirait sans la comprendre.

XII

Continuation de nos travaux à Morija. Ma résolution d'aller m'établir à Thaba-Bossiou.

Le 17 septembre 1834, notre grande maison de Morija se trouva presque finie. Elle était sous toit et fermée à tous les vents et à toutes les bêtes sauvages par des portes et des fenêtres. Nous en fîmes l'inauguration par un service spécial, et nous crûmes devoir faire abattre une vache grasse pour en régaler les jeunes gens qui nous avaient aidés.

Nous ne voulûmes d'abord en occuper que trois pièces, l'autre partie fut consacrée aux services du dimanche et à nos premiers essais d'école. Nous pouvions, de cette manière, remettre à plus tard la construction d'un temple et d'une école proprement dite. Ce répit nous était indispensable : nous étions fatigués de tailler des pierres, de faire des briques et de scier des planches.

Sous le rapport matériel, l'année 1835 fut surtout consacrée à l'agriculture, occupation beaucoup plus agréable et pour laquelle nous pouvions mieux compter sur le secours des indigènes. Les graines de céréales et de légumes, les jeunes plants d'arbres fruitiers que nous avions apportés, réussissaient très bien. Sous le ciel de ce pays-là, les produits ne se font pas attendre. Les Bassoutos comprirent de suite ce que valait l'*herbe* nouvelle de laquelle provenait notre pain, et l'on peut supposer quelles furent leurs exclamations lorsqu'ils goûtèrent, pour la première fois, nos pêches, nos abricots, nos figues, etc. De tous côtés, on nous demanda des graines, des pepins, des rejetons. Les fils de Moshesh et leurs gens, que nos bâtisses avaient tant étonnés et rebutés, se montrèrent plus disposés à nous aider lorsqu'ils nous virent préparer des pépinières, auxquelles chacun pourrait avoir accès.

A l'agriculture se joignit aussi l'élevage du cheval, que l'on connaissait à peine à notre arrivée. Par notre conseil, et sous notre protection, un trafiquant irlandais vint offrir à nos gens de belles juments et des étalons de choix, pour lesquels ils s'empressèrent de lui donner plus que l'équivalent en bétail. A leurs animaux domestiques et de basse-cour s'ajoutèrent progressivement des chiens de meilleure race, le chat, le porc, le canard, l'oie, le dindon. Ils connaissaient la poule de toute antiquité. Le chat fut considéré comme un bienfait providentiel. Les huttes des pauvres indigènes étaient infestées de souris et de rats, et l'on ne savait comment s'en débarrasser. Volontiers on eût offert un culte à ce guépart minuscule qui, sans bruit et sans mordre personne, purgeait le pays d'un vrai fléau.

Nous avions apporté dans notre propre wagon les premiers chats, mâles et femelles, et leur progéniture ne tarda pas à se répandre dans le pays.

Il en fut de même du premier verrat et de sa compagne. Quant à ce couple, chacun comprendra ce que nous avions dû souffrir en le faisant voyager dans le même véhicule que nous. Puis, on dira que les missionnaires n'ont aucun soin de ce qui peut accroître les ressources terrestres de leurs disciples !

Les Bassoutos furent d'abord scandalisés du prix que nous paraissions attacher à la propagation de ces bêtes. « Blanc », me dit, quelque temps après leur arrivée, un jeune homme fort intelligent qui prenait un grand intérêt à tout ce que nous faisions, « je ne comprends pas que des gens aussi propres et aussi sages que vous puissent apprécier des animaux si détestables ! Je les ai vus manger de tout, même des grenouilles et des serpents. » Ils venaient de faire bien pis que cela, ils avaient dévore notre première couvée de petits canards, ce qui m'avait tellement exaspéré que je n'avais pas hésité à envoyer une baïle dans la tête du principal coupable. Depuis lors, les Bassoutos ont appris à compter les porcs parmi leurs richesses. Ils ont fort amélioré leurs mœurs en leur donnant de jeunes pâtres pour les conduire aux champs chaque jour et en leur faisant de bonnes pâtées. Il en est résulté que les habitants de nos stations, pendant les guerres que les blancs leur ont faites, ont moins senti la perte de leurs bestiaux, et il ne s'en est pas suivi de cas de lèpre, comme les Juifs auraient pu le prédire.

Nous nous appliquâmes aussi, avec quelque persévérance, à élever certains animaux du pays, mais cela n'aboutit qu'à de grands chagrins. Pour leur faire prendre des habitudes de domesticité, il eût fallu pouvoir les isoler, les astreindre à une vie réglée, changer leur tempérament en les rendant entièrement dépendants de nous pour tout ce qui concernait leurs besoins. Mais ils vivaient au grand air comme nous.

Il nous était facile de nous procurer des autruches, car il en venait parfois paître jusque sous nos yeux avec leurs petits. Elles sont charmantes pendant leur enfance; plus tard, rien n'échappe à leur voracité brutale. Il faut bien prendre garde de ne pas consulter sa montre près de l'un de ces becs toujours disposés à engloutir quelque chose. Il n'y a pas de mulet qui rue avec autant de raideur qu'elles, et cela bien souvent par pure méchanceté. Elles ont une façon assez désagréable d'accueillir les voyageurs ou toute personne dont l'apparition inattendue pique leur curiosité. Elles leur courent sus avec toute la vélocité dont elles sont capables, les enveloppent d'un tourbillon de poussière, et souvent aussi les saluent d'un cri fort rauque, qui ressemble à un rugissement. Si cette salutation s'adresse à un cavalier, il y a cent à parier contre un qu'il ira mesurer le sol de toute sa longueur. De pareilles gentillesses font bondir la plus vieille rosse comme un cabri.

Depuis notre époque, l'élève de l'autruche a été essayée avec succès dans la Colonie du Cap et y a fort accru l'exportation des plumes. Pour réussir, il faut enclore une étendue de terrain considérable et suppléer à l'insuffisance des pâturages dans ces parcs en donnant aux oiseaux de la luzerne, du trèfle, des feuilles de chou et du grain.

Nos soins les plus assidus se portèrent sur un jeune zèbre, auquel nous nous étions fort attachés. Le pauvre petit, pendant que nos gens poursuivaient la troupe dont il faisait partie, avait quitté sa mère pour suivre la jument de l'un des chasseurs. Ceux-ci voulaient absolument le manger ; nous protestâmes, et ils consentirent à nous le laisser. Comme s'il eût compris ce qu'il devait à notre intervention, il nous voua un attachement extraordinaire. Il nous suivait partout comme un chien. La chose, à force de cordialité, tournait même quelquefois au grotesque et au périlleux. Ainsi, lorsque j'allais me baigner dans un petit lac voisin de notre demeure, si j'oubliais d'attacher mon zèbre, il ne faisait qu'un galop jusqu'à ce qu'il m'eût rejoint, et se jetait à l'eau au risque de m'enfoncer le crâne avec ses sabots. Après un temps assez long de domesticité, il mourut victime de ses habitudes sociales.

Il nous suivit un jour dans une course forcée que nous fîmes montés sur de vigoureux chevaux. A la tombée de la nuit, il resta en arrière; une pluie glaciale survint; le lendemain, nous le trouvâmes mort au pied d'un rocher. La fatigue et le froid l'avaient tué.

S'il s'était montré constant dans ses affections, il n'avait jamais consenti à abdiquer son indépendance. Il permettait qu'on le montât en manière de jeu, mais, dès qu'il s'apercevait que la chose devenait sérieuse, il s'arrêtait tout court, ou s'en allait à travers champs dans une direction opposée à celle qu'on s'efforçait de lui imprimer par des exhortations ou des coups.

Mais son obstination n'approcha jamais de celle d'un jeune gnou, dont nous avions aussi entrepris l'éducation. Ici, la résistance se montrait sous la forme la plus grossière et la plus irritante; lorsque nous voulions l'astreindre à tirer une brouette ou à quelque autre travail, c'étaient des beuglements et des trépignements désespérés. Il finissait par se coucher et par se frapper la tête contre terre, de rage. Il nous eût tués s'il l'eût pu ; mais ses cornes n'étaient pas encore assez longues. Dans d'autres moments, au contraire, il venait nous chercher dans les parties les plus retirées de notre demeure, mais toujours en vrai rustre, bousculant tout sur son passage. Un jour qu'il avait fait un terrible ravage parmi notre pauvre vaisselle, nous décidâmes de nous débarrasser de lui.

Ce fut également la fin de plusieurs gazelles aux beaux yeux noirs, jolies, sémillantes, parfois câlines, mais toutes irrémédiablement portées à faire le plus intempestif emploi de leurs cornes.

Mon dégoût fut à son comble et je renonçai définitivement à tout essai de domestication lorsque un daman, qui avait gagné mon estime et m'amusait infiniment par des mœurs tout à la fois sages et joviales, alla bêtement se noyer dans une jatte d'eau.

Il va sans dire que le soin que nous prîmes pendant l'année 1835 de nos cultures et de nos bêtes ne nous fit pas négliger ceux que nous devions à notre œuvre missionnaire proprement dite. Nos visites à Thaba-Bossiou devinrent de plus en plus fréquentes ; nous ajoutâmes à cette annexe cinq autres localités dépendant de chefs subordonnés, eux aussi, à Moshesh. Nous fîmes de grands efforts pour organiser à Morija une école régulière et pour donner au culte du dimanche plus de solennité. Nos succès ne furent pas grands ou plutôt ne furent que préparatoires. Parmi les Bassoutos que le chef avait placés auprès de nous, il n'y avait presque pas d'enfants ; ce n'étaient que des jeunes gens à marier ou tout récemment mariés. Ils ne semblaient penser qu'à chasser ou à se livrer à des danses qui faisaient notre tourment, vu qu'elles commençaient souvent au moment où notre petite cloche allait se mettre en branle. Si à Thaba-Bossiou, Moshesh nous écoutait avec une vive curiosité et un discernement remarquables, à Morija, ses fils et leurs gens paraissaient trouver nos leçons absurdes et parfaitement ennuyeuses. Du reste, sauf quelques menus larcins parmi nos couteaux et nos hachettes, nous n'avions pas à nous plaindre. On nous respectait au point de s'abstenir sous nos yeux de querelles violentes et d'autres actes d'immoralité grossière. Mais cela ne nous empêchait pas de voir qu'au fond les cœurs étaient très dépravés, que si nos gens étaient encore trop jeunes pour avoir pu devenir polygames, les fornicateurs et les adultères n'étaient pas rares parmi eux et qu'ils ne pouvaient se vanter que de l'extrême adresse avec laquelle ils couvraient leurs méfaits. Encore de nos jours, comme au temps de saint Paul, l'impureté est le péché qui prédomine chez tous les païens. Un incident imprévu nous montra combien peu on doit dans de tels pays se fier à la paix, lorsqu'elle ne dépend que du tempérament ou de la sagesse politique des gouvernants. Les fils de Moshesh ne s'étaient encore distingués par aucun fait de guerre ; ils organisèrent clandestinement une expédition qui était une véritable atteinte portée à son autorité et une imprudence notoire. Il réussit à la faire avorter par un déploiement d'adresse et de vigueur. Mais cela ne l'empêcha pas, peu après, de les conduire lui-même contre une tribu dont il avait eu, dans le temps, beaucoup à se plaindre. C'était, disait-il avec une certaine sincérité, je crois, pour que ses fils pussent voir que ce n'est pas tout plaisir que d'aller à la guerre. Cette coupable complaisance lui coûta à lui-même un de ses frères, auquel il était fort attaché.

Le moment des vrais succès n'était pas encore venu. Nous prêchions depuis trop peu de temps pour que nos enseignements eussent pu créer dans les cœurs la crainte de Dieu, la honte et la haine du péché.

Le Seigneur daigna cependant, le 9 janvier 1836, nous accorder la joie d'entendre un de nos jeunes gens de Morija lui offrir spontanément une fervente prière.

C'était le soir vers neuf heures, à une petite distance de notre maison ; croyant discerner des accents de contrition, nous nous approchâmes sans rien dire à travers l'obscurité. C'était bien cela ! Surpris, émus au-delà de toute expression, nous nous jetâmes à genoux en fondant en larmes. Nous étions témoins d'une conversion bien réelle, car Sékhésa, depuis ce jour jusqu'à sa mort en

1881, n'a pas cessé d'être un fidèle disciple de Jésus-Christ. Quelques semaines après sa première prière, Arbousset lui ayant lu un cantique en sessouto annonçant l'avénement du règne pacifique du Sauveur, ce pauvre nègre se mit à sourire en disant : « Qu'*Il soit béni !* »

Ainsi, en dépit des tristesses et des impatiences par lesquelles nous avions passé, notre prédication commençait à être comprise, et, depuis lors, des centaines de Bassoutos nous ont demandé le baptême en faisant remonter leurs premières impressions religieuses à l'époque où Sékhésa avait supplié le Seigneur de faire de lui son enfant.

Pendant ce temps, nos frères et intimes amis, Pellissier et Rolland, avaient fondé deux stations : la première, *Béthulie*, sur les rives de l'Orange ; l'autre, *Béerséba*, sur celles du Calédon. Ces deux établissements devaient nous être d'un grand secours en reliant les nôtres avec les provinces septentrionales de la Colonie du Cap et en servant de point de ralliement à de nombreux Bassoutos que la guerre et la crainte des cannibales avaient dispersés parmi les blancs, mais qui, depuis notre arrivée chez Moshesh, s'étaient mis en route pour revenir dans le pays de leurs pères.

Dès qu'il eut connaissance de la fondation de ces stations, le Comité de Paris nous écrivit de nous constituer en conférence régulière pour aviser aux mesures à prendre dans l'intérêt de nos œuvres respectives. Nous ne tardâmes pas à le faire et choisîmes Béerséba pour notre lieu de réunion, comme le point le plus central. Dans nos entretiens, il fut reconnu qu'une population aussi nombreuse que l'était celle de Thaba-Bossiou ne pouvait rester sans moyens réguliers d'instruction et qu'il importait de nous maintenir dans l'intérêt et l'estime de Moshesh qui paraissait ne pas comprendre que ses fils eussent des missionnaires tandis qu'il n'en avait pas lui-même. On décida, en conséquence, que l'un des pasteurs de Morija irait s'établir dans la résidence même de ce chef. Cela répondait parfaitement à mes sentiments, et je m'offris.

Quand nous fûmes rentrés à Morija, mes collaborateurs exprimèrent de grands regrets. Ils ne pouvaient, disaient-ils, se passer de moi ; à quoi ils ajoutaient que ce serait une véritable injustice que de me priver de ma part de droits au domicile et aux avantages que nous nous étions procurés par un travail commun. L'expression de ces sentiments m'émut beaucoup, mais j'étais sous l'empire d'une conviction à laquelle il m'était impossible de résister. Mes excellents collègues finirent par céder, et Gossellin déclara qu'il était prêt à m'aider dans mes premiers travaux d'installation.

Une difficulté se présenta. Notre mobilier et nos ustensiles étaient si peu de chose que je ne pouvais songer à y prendre quoi que ce fût. Je partis pour Colesberg où je devais trouver de quoi me faire une petite pacotille de garçon. Je ne pouvais y arriver sans traverser les stations de mes amis Rolland et Pellissier. Ils m'accueillirent avec d'autant plus de cordialité qu'ils avaient parfaitement approuvé mes projets.

Ces messieurs étaient mariés. Je ne saurais dire l'émotion que j'éprouvai en entendant les accents d'une langue civilisée reproduits par leurs femmes. C'était pour moi comme un écho de la voix de ma mère et de mes sœurs. Mais l'état de ma toilette me causait un cruel embarras. J'en étais à mon dernier pantalon un peu mettable. Le lendemain, dans un tête-à-tête matinal, M. Rolland m'apprit que, pouvant compter sur l'aiguille de sa femme, il s'exerçait au métier de coupeur d'habits pour lui-même et pour ceux des indigènes qui avaient besoin d'un patron ; qu'il avait récemment manqué un pantalon, l'ayant fait trop petit pour lui, et que le dit vêtement devait être parfaitement à ma mesure. Il était là, inutile, et ce serait vraiment charité de le soustraire à la rapacité des mites... Je compris ; j'acceptai, malgré les réclamations de mon orgueil de garçon ; mais j'eus rarement le cœur aussi gros.

Les deux ou trois marchands qui tenaient boutique à Colesberg me firent payer cinq ou six fois la valeur des quelques objets qui m'étaient indispensables pour monter mon petit ménage à Thaba-Bossiou. Pour me les procurer, j'avais dû faire plus de cent lieues, en comptant l'aller et le retour.

Cette considération fut mise en avant par mes amis de Morija pour retarder encore le moment de notre séparation. Je devais avoir besoin de repos ; on n'avait pas encore suffisamment étudié la question de l'emplacement où s'élèverait ma future demeure, ni celle des dimensions qu'il conviendrait de lui donner, etc. Touchants prétextes de l'amitié ! Je n'allais pas bien loin cependant ; trois ou quatre heures de cheval suffiraient pour nous réunir chaque fois que nous éprouverions le besoin de nous voir, de nous parler. Rien n'y faisait ; une crise était inévitable : elle eut lieu en effet, mais elle fut bénie comme le sont toutes celles qu'amène le conflit de plans différents lorsqu'ils émanent des mêmes aspirations et sont soumis à l'approbation de Dieu par la prière. Une nuit, étant couchés, côte à côte, dans un même wagon, Arbousset et moi, nous nous expliquâmes en répandant des larmes. J'avouai que j'avais été trop raide, et mon inestimable frère comprit qu'il n'avait pas suffisamment reconnu combien il m'en coûtait de me séparer de lui.

J'avais fait part de mes intentions à Moshesh et il m'avait encouragé à les réaliser sans retard. Quelque inquiétude se mêlait à son approbation. Bien des gens autour de lui commençaient à redouter les changements que des enseignements tels que les nôtres leur paraissaient de nature à produire dans les mœurs et les institutions du pays. Il les redoutait lui aussi ; sa perspicacité l'avait averti de l'approche d'une lutte, mais il avait compris que, pour la bien surveiller et la mieux dominer, il importait que l'un des missionnaires habitât auprès de lui. Il me fit sentir que je n'avais pas un moment à perdre si je voulais m'établir à Thaba-Bossiou. Plus tard, ses conseillers pourraient me repousser et cela le forcerait à recourir, en ma faveur, à un acte d'autorité qui me serait tout aussi désagréable qu'à lui-même.

Sans me le faire dire deux fois et sans demander au chef une autorisation publique, je partis un beau matin, avec Gossellin, pour aller, à mi-chemin de Thaba-Bossiou, couper des arbres, des lattes, ramasser du roseau et d'autres matériaux nécessaires pour la construction d'une maison ou plutôt d'une cabane un peu spacieuse. Nous allâmes de là les déposer sur un monticule, au pied de la montagne du chef, et nous nous mîmes à l'œuvre, aidés de trois indigènes.

C'était dans la saison des pluies, et nous dûmes travailler au milieu d'orages incessants. Les toiles qui recouvraient notre wagon étaient usées; il pleuvait dans notre pauvre véhicule presque autant que dehors. A quelques pas de notre chantier se trouvaient trois rochers éboulés qui, en roulant du haut de la montagne, s'étaient entrechoqués et arrangés de façon à former une espèce d'abri. Diverses plantes grimpantes avaient complété cet abri; un bel arbre en décorait l'entrée. C'était comme fait pour nous. A chaque averse nouvelle, nous jetions nos outils et nous courions à cette grotte. Des pigeons ramiers nous y suivaient, et, voyant la place prise, s'accommodaient de leur mieux du feuillage de l'arbre. Nous ne pouvions nous contenter d'admirer leurs gracieux mouvements et d'écouter leurs roucoulements ; les pluies empêchaient notre ami de Morija de nous envoyer des provisions. Il fallait cependant manger quelque chose. Le pigeon plumé encore chaud, grillé de suite après, est tendre et succulent. Les pauvres petits, qui ne pouvaient pas même entrevoir le bout de nos fusils, tombaient l'un après l'autre. C'est ainsi que nous vécûmes plusieurs jours, en y ajoutant un peu de lait que Moshesh nous envoyait chaque matin après qu'on avait trait ses vaches. Dans ce pays-là, il est convenu que chacun reste chez soi lorsqu'il pleut. On va même jusqu'à croire que les cuisinières sont dispensées de préparer des aliments chauds. Où allumeraient-elles le feu, à moins de faire évacuer les huttes ? Il faut, bon gré mal gré, se plier à ne pas manger à sa faim : on adoucit un peu ces jeûnes intermittents au moyen du tabac. Le plus à plaindre c'était notre brave chef, qui a toujours considéré la prise et la pipe comme de vraies pestes.

Les pluies nous retardèrent tellement que Gossellin dut me quitter avant que ma cabane ne fût entièrement achevée. Les orages, qui nous forçaient de chômer à Thaba-Bossiou, lui faisaient perdre des milliers de briques qu'il avait moulées à Morija, et lui démolissaient des pans de murs d'une école en construction. Il m'aimait infiniment ; mais, dur envers lui-même, il n'admit jamais que le sentiment dût l'emporter sur le devoir.

Pendant une éclaircie qui promettait de durer quelques heures, il fit venir son cheval, passa son fusil en bandoulière, me souhaita la bénédiction de Dieu et partit. Il me laissait les trois ouvriers que nous avions emmenés avec nous.

Alors commença pour moi un genre de vie qui fut la quintessence et le retour journalier de toutes les difficultés et de tous les ennuis que j'avais connus jusque-là, mais dont je n'avais porté qu'un tiers. *Væ soli!* Je faisais en tout, pour tout, depuis mon réveil jusqu'au coucher et dans mes veilles, l'expérience de ce qu'il y a de cruelle et désolante vérité dans ce mot.

Si j'eusse eu les aspirations de Siméon Stylite, il n'eût tenu qu'à moi de me livrer aux extases de la vie contemplative. Mais les noirs du Sud de l'Afrique, quoique facilement poètes, sont au fond des gens très pratiques ; le stylite, loin de les convertir, ne leur eût inspiré que de la pitié ou du mépris.

Je ne pouvais remplir ma mission que par des travaux assidus et variés : écoles, visites, prédications, conseils et directions pour l'amélioration de l'agriculture, la construction de bonnes maisons.

Où trouver du temps pour cela, obligé que j'étais de préparer tant bien que mal mes aliments, de réparer mon linge et mes vêtements, d'entretenir un peu de propreté autour de moi?

Il n'y avait devant moi que cette alternative, ou bien reconnaître que je m'étais trompé en croyant que Dieu m'appelait à le servir à Thaba-Bossiou, ou bien m'adjoindre une compagne. Cette conviction me saisit un certain jour, comme si Dieu me l'eût soufflée. Au lieu de me faire sourire, elle me fit pâlir.

Me marier! moi, déjà plus qu'à demi-sauvage. Et puis il faut être deux pour cela! Où trouver l'autre?... Comment trouver sans chercher? C'est surtout cela qui me faisait courir un froid par tout le corps. Le ridicule m'a toujours glacé. Et je me voyais voyageant dans la colonie, *incognito* sans doute, mais partout reconnu et précédé d'un malin sourire.

Isaac et son fidèle Eliézer me revinrent à la mémoire. C'était du patriarcal cela; les gens parmi lesquels j'étais et la vie que je menais ne m'avaient-ils pas replacé dans les temps primitifs? Et puis, comme ma disposition d'esprit et de cœur me permettait de raisonner à froid, je me dis: « Si en allant au devant d'une intervention paternelle de Dieu, je ne rencontre rien, je saurai qu'il m'appelle à le servir dans des contrées où l'on peut, comme saint Paul, être missionnaire sans avoir avec soi une sœur-femme, et je demanderai à la

Société qui m'emploie de m'envoyer dans l'Inde ou en Chine.

Cette idée me soulagea, mais elle fut immédiatement obscurcie par la pensée que je n'avais pas le droit de songer au mariage sans l'autorisation de ma mère et sans les bons vœux du Comité dont je relevais. Assez prévoyant de ma nature, je leur avais écrit, pour sonder leurs dispositions en cette matière, dans des termes très vagues et seulement pour me sentir en règle sur le seul point où mon libre arbitre me paraissait encore douteux. Mais la réponse n'était pas venue.

En attendant, mes perplexités s'accroissaient de jour en jour et mes forces s'en allaient. Un beau matin, me confiant en Dieu, je partis pour Morija, sans savoir où finirait mon voyage.

J'eus de la peine à me faire comprendre lorsque je tâchai d'expliquer le motif de mon apparition. L'idée elle-même était fort approuvée, mais l'application aventureuse que j'en voulais faire, comment avait-elle pu paraître possible à un esprit et surtout à un tempérament organisé comme l'était le mien?

Mes amis, après m'avoir écouté, allèrent prendre l'air, et je n'eus garde de les suivre...

Le lendemain était un dimanche; je fus chargé du service. Comme je finissais, arrive un indigène portant un paquet de lettres au bout d'un long roseau. C'est à ce moyen qu'ils recouraient pour ne pas les salir, n'ayant ni sacs ni poches. « Vous verrez », dis-je à mes amis, « qu'il y a là quelque chose qui va confirmer ma résolution. » Et en effet, ces lettres, qui avaient plus de six mois de date et qui avaient été exposées à mille dangers, contenaient l'assentiment de ma mère et les meilleurs souhaits de mes directeurs pour tout ce que je croirais de nature à améliorer ma position et à me faciliter mon ministère. Ce petit rayon de lumière rassura un peu mes collègues, et ils m'aidèrent avec plus de courage à terminer mes préparatifs.

Cinq jours après, j'étais à Béerséba, auprès de M. et Mme Rolland. Là, même surprise, mais plus d'encouragements. Il arriva même à Mme Rolland de dire qu'elle connaissait quelqu'un à la ville du Cap dont le nom s'était parfois présenté à son esprit conjointement avec le mien ; mais il n'y avait pas là de santé... « N'ajoutez pas un mot de plus », me hâtai-je de répondre.

XIII

Voyage du pays des Bassoutos à la ville du Cap à travers la Colonie.

J'avais, pour mener mon wagon, deux Hottentots sachant parfaitement atteler mes bœufs et manier le fouet. Nous allions grand train, car la charge n'était pas lourde. Quelques livres de café et de sucre, du biscuit, un peu de farine et de riz, une petite malle et un mouton écorché tout couvert de mouches, suspendu à l'arrière du véhicule, constituaient tout mon avoir. Le mouton disparaissait, grâce à l'appétit de mes garçons, sans avoir trop verdi : on en trouvait un autre tout frais chez le premier colon habitant près de la route. Dans de telles conditions, Frans et Piet eussent traversé l'Afrique d'un bout à l'autre sans le moindre souci.

Leur pauvre maître n'eût pas pu en faire autant. J'avais depuis longtemps perdu tout appétit ; nous parcourions des steppes calcinées par le soleil ; mon biscuit trempé dans du café noir, seule nourriture que j'eusse le courage de prendre, me donnait une soif inextinguible ; des symptômes de dyssenterie s'étaient déclarés.

J'étais soutenu par l'espoir de trouver, chemin faisant, une diversion qui pourrait contribuer à me soulager. Nous avions appris à Morija que nous allions recevoir du renfort. Deux de nos intimes amis, M. Daumas et M. Lauga, devaient être en route, et il pouvait très bien se faire que je les rencontrasse avant d'arriver à Graaff-Reinet, la première ville coloniale que je devais traverser.

Nous n'étions plus qu'à une forte journée de cet endroit, lorsqu'un matin, vers dix heures, dans un moment de grande souffrance, j'observai que deux wagons, tout neufs, fraîchement peints et d'apparence coquette, se croisaient avec le mien. Un coup d'œil furtif me permit d'entrevoir deux jeunes messieurs bien mis, assis à côté l'un de l'autre et absorbés dans une lecture. Je menais en ce moment une vie si machinale, qu'il ne me vint pas à la pensée que c'étaient peut-être les amis qui nous avaient été annoncés. Les wagons étaient déjà à près d'un kilomètre, lorsque, me ravisant tout à coup, je criai à l'un de mes hommes : « Cours vite, va demander s'il n'y a pas là des Français ? ». Je fais arrêter ma voiture, et bientôt, regardant en arrière, je vois les deux voyageurs accourir hors d'haleine. Un instant après, Daumas et Lauga me serraient dans leurs bras. « Quoi ! c'est toi ! vraiment toi ! Où vas-tu ?... Mais est-il changé !... Et quel costume !... Pauvre ami !... » Et les plus doux mots de la langue maternelle, accompagnés de gestes et de bonds tout français, m'assaillaient tous à la fois. J'étais comme un homme qui rêve; je les regardais, les yeux baignés de larmes, sans pouvoir rien répondre. « Ça viendra », dirent-ils; « nous allons rebrousser chemin pour aller passer avec toi deux ou trois jours dans un endroit bien abrité, où il y a une jolie source et d'où nous sommes partis ce matin ! » Une heure après, nos wagons étaient alignés près du ruisseau. Sur une table pliante, recouverte d'une nappe, s'étalaient des miches de pain blanc, des viandes froides d'un aspect fort appétissant, des boîtes de sardines, des pots de confitures, et, au milieu de tout cela, une bouteille de vin de Bordeaux. «Tu as faim », criaient mes deux amis à la fois, « depuis quand n'as-tu rien mangé? tu es si maigre ! Allons, d'abord une goutte de ce bon vin, ça te remettra le cœur. » — « Doucement ! comme vous y allez ! Songez donc que je n'en ai pas bu depuis bien longtemps, et puis je suis malade, vous allez me faire tourner la tête et l'estomac! » — « Eh bien, à petites doses !... mais reviens-y souvent pendant la journée. Tu n'es plus qu'à une douzaine de lieues de Graaff-Reinet; tu ne peux pas t'y montrer dans cet état, tu ferais peur à tout le monde! Et ta toilette! Tu sais, nous ne venons pas comme toi du désert, nous avons un peu de tout, tu te serviras à ta guise! » Après ces premiers soins donnés à mon être extérieur, la conversation s'établit sur des sujets plus relevés. Mes braves amis étaient tout à l'Afrique et moi tout à la France. Ce chassé-croisé de questions et de réponses haletantes dura toute la journée. Le lendemain fut plus calme; nos entretiens roulèrent principalement sur l'expérience que nous avions faite de la bonté de Dieu. Je me sentis revivre en apprenant que l'intérêt pour l'œuvre des Missions allait croissant de jour en jour dans les Eglises protestantes de notre chère patrie. Il fallut bientôt se dire adieu, mais cette rencontre, en raffermissant mon âme, réagit aussi sur ma constitution ébranlée et me prépara à supporter plus virilement les émotions qui m'attendaient à ma rentrée dans la vie civilisée.

Douze jours plus tard, j'étais à Port-Elizabeth, la rade de la baie d'Algoa. J'avais espéré y trouver un navire en partance pour le Cap. J'appris qu'il n'y en aurait un que dans deux ou trois semaines. Mes bœufs étant hors d'état de me traîner plus loin, je dus me résigner à faire le trajet à cheval.

Ce n'était pas une petite entreprise. J'avais devant moi 500 milles à franchir par une chaleur tropicale. Pas un hôtel sur la route, mais, en général, je pouvais compter sur l'hospitalité des

Boers et sur d'agréables haltes dans quelques stations missionnaires où j'allais être reçu à bras ouverts et voir des choses du plus haut intérêt. Je partis de Béthelsdorp où un Hottentot m'avait loué deux chevaux que je devais monter alternativement; il allait m'accompagner pendant trois jours avec deux autres montures pour son propre usage. Nous devions être le premier soir à Hankey, qui était aussi une station de la Société de Londres.

Deux fils de missionnaires, jeunes gens de quinze à seize ans, se mirent de la partie. Pour eux, ce ne fut que plaisir. Tandis que nous avancions au petit trot, ils lançaient à chaque instant leurs bidets à toute bride. Tantôt c'était pour donner la chasse à un lièvre, tantôt pour aller déterrer une racine succulente dont leurs yeux de lynx avaient aperçu la tige. Ou bien il leur prenait envie de se jeter dans tel ruisseau ou telle mare qui se trouvait sur le chemin. « Passez », nous criaient-ils, « nous vous rejoindrons bientôt. » Cela se répéta trois ou quatre fois en quelques heures et me rappela les aller et retour d'un caniche qui trouve le moyen, en accompagnant son maître, de faire cinq ou six fois le même chemin que lui. En fait d'enfance heureuse, il n'en est pas de comparable à celle des fils de missionnaires au Sud de l'Afrique. Ces gamins ont tous les instincts, toutes les jouissances de leurs jeunes amis indigènes, avec le sentiment de supériorité que leur donnent leurs petites lectures et les conversations de leurs parents.

Le soleil allait se coucher, lorsque, à travers la brume de la mer, qui était alors fort près de nous, j'entrevis un hameau de petites maisons blanches groupées autour d'un temple aux formes un peu massives, mais idéalisé par un joli clocher.

Nous dessellâmes bientôt après devant la porte du missionnaire de Hankey.

La dame du logis fit signe à deux Hottentots de venir prendre soin de nos montures et, nous conduisant à travers une véranda toute tapissée de pampres chargés de fruits, nous fit asseoir, sans presque nous donner le temps de la saluer, devant une table couverte de pêches, de figues, de raisins, etc. Il faut avoir haleté sous le soleil d'Afrique pendant huit à dix heures, pour apprécier tout ce que la main bienfaisante de Dieu a renfermé de délices dans ces fruits.

Où était M. Melvill, le mari de mon hôtesse empressée ? Je m'attendais à tout moment à le voir entrer, mais la collation se termina sans qu'il eût fait son apparition. Sa femme, quand elle me vit suffisamment restauré, se leva, et me faisant signe de la suivre, me conduisit à l'église, et je vis là, à mon grand étonnement, un homme couché dans un lit, sous la chaire. C'était le pasteur de Hankey. Il m'accueillit avec un sourire affectueux, me serra cordialement la main : « Jeune collègue », me dit-il, « je sais d'où vous venez. Peu s'en est fallu que je ne vous aie devancé chez les Bassoutos. Il y a quelques années, j'étais missionnaire à Philippolis, sur les bords de l'Orange, j'entendis parler de populations vivant près des sources de ce fleuve et je fis une excursion qui me conduisit aux confins du pays où Dieu vient de vous introduire et de vous installer. J'envie votre position. Avoir des peuplades nouvelles à conquérir pour Jésus-Christ, quel privilège ! Pour moi, mes explorations sont finies. Je ne puis plus même franchir la distance qui sépare ce temple de ma maison. Ne pouvant remonter dans ma chaire sans être porté comme un enfant et souffrir beaucoup, j'ai fait de ce lit ma chaire. Je n'ai plus autre chose à faire qu'à parler de mon Sauveur aux âmes qui désirent s'enquérir de lui, et quand vient le dimanche, je puis tenir mes deux services sans fatigue. J'attends ici l'appel de mon Dieu. » C'est là, en effet, qu'il devait mourir un peu plus tard.

Après un long entretien, je me retirai fort ému en me disant qu'en fait d'abnégation et de dévouement missionnaire, je n'avais jamais songé à rien de pareil. Hankey a reçu son nom de l'un des premiers trésoriers de la Société des Missions de Londres. C'est une des rares localités de la Colonie où des Hottentots avaient réussi à se maintenir chez eux, groupés autour d'un petit chef, jusqu'au moment où le Gouvernement anglais reconnut les droits civils de ces aborigènes si longtemps opprimés. De loin, en voyant le village tout entouré de bouquets d'arbustes d'un beau vert, d'euphorbes gigantesques reliées entre elles, comme autant de colonnes par des tapisseries de lianes et de clématites, je m'étais attendu à trouver près des habitations de beaux jardins, de riches cultures. Mais l'eau manquait pour nos plantes potagères, et nos céréales n'avaient pu s'accoutumer à vivre sans irrigation comme la végétation indigène.

Les habitants se nourrissaient très mal, et pendant la semaine un grand nombre d'entre eux étaient obligés d'aller chercher du travail chez les colons. Après la mort de M. Melvill, M. William Philip, le fils aîné de notre vieil ami de ce nom, devait transformer Hankey en une plantureuse oasis en y amenant les eaux du Gamtoos par un tunnel que des Hottentots ont eu le courage de percer sous sa direction. Quant à lui, il est mort tout jeune, ayant été comme enseveli dans son œuvre.

Un débordement des eaux du Gamtoos lui ayant donné des inquiétudes sur l'état du tunnel, il était allé en faire l'inspection dans une mauvaise petite barque, accompagné d'un neveu de dix à douze ans. Ils ne revinrent pas; quand on retrouva leurs cadavres, ils étaient enlacés dans les bras l'un de l'autre. Cette catastrophe parut d'autant plus inexplicable que M. William-Philip était un excellent nageur. Sa dépouille repose à Hankey entre celles de son père et de sa mère, ces chrétiens éminents auxquels ce qui reste encore de la race hottentote doit l'existence et la liberté.

De Hankey nous nous dirigeâmes vers Pacaltsdorp, une autre station missionnaire appartenant elle aussi à la Société de Londres et également habitée par des Hottentots. Ce trajet nous prit trois jours, mais l'aspect du pays me parut enchanteur auprès des autres parties de la Colonie que j'avais vues jusque-là. Le voisinage de la mer y entretient une fraîcheur favorable à la végétation. On y rencontre fréquemment des ruisseaux, des côteaux, des vallons couverts d'arbres de haute futaie. Le district de la baie de Plettenberg n'est qu'une vaste forêt où des éléphants ont réussi jusqu'à ce jour à se reproduire. Le Langekloof et l'Outeniqua qui y confinent sont parsemés de fermes qui rappellent celles de l'Europe. On n'y entend pas seulement les bêlements ennuyeux de milliers de moutons haletant sous de grêles mimosas hérissés d'épines; des oiseaux de basse-cour, une infinité de poules, des canards, des oies s'ébattent et caquettent sous des chênes, des mûriers, des figuiers, qui leur offrent une ample pâture.

Certains colons de ces parages, hostiles à la race noire, me firent payer un peu cher mon titre de missionnaire et furent plus qu'impolis. Ils découvraient de loin ce que j'étais, rien qu'à voir le costume du Hottentot qui m'accompagnait et le sarsgêne avec lequel il chevauchait à côté de moi au lieu de me suivre. D'autres au contraire se montrèrent fort hospitaliers. Je citerai comme exemple un vieillard du nom de Zondag que j'eus cependant le malheur de surprendre d'une manière fort désagréable pour lui.

C'était vers huit heures du soir; on avait peine à voir à deux pas de soi. J'étais tout habillé de blanc pour moins sentir la chaleur et je me présentai à lui fort à l'improviste au moment où il ouvrait sa porte pour faire quelques pas sur son perron. « *Een spook! een spook*, un *revenant!* » s'écria-t-il tout éperdu. « Non! » me hâtai-je de répondre, « non pas un *spook*, mais un ami, un Français! » Ce titre de Français, je l'ai déjà dit, est en général un excellent passeport parmi les Boers, qui sont presque tous apparentés à quelques descendants des anciens réfugiés. Nous entrons, et nous voilà à nous examiner; lui très heureux de voir qu'il avait affaire à un vivant, moi fort impressionné par sa haute stature, ses longs cheveux blancs et l'extrême bénignité de ses traits. — « Vous êtes Français ? » — « Oui. » — « Et de profession ? » — « Missionnaire. » — « On n'en voit pas souvent par ici de votre nationalité. Mais asseyez-vous là; vous êtes mon frère. »

Une grande Bible était ouverte sur sa table; je vis que j'avais affaire à un homme pieux. Il appela sa vieille femme et ses serviteurs nègres et leur enjoignit de me préparer un bon souper. « Je veux qu'il y ait des beignets », disait-il ; « il faut qu'il en mange. » Puis, allumant sa pipe, il entama une conversation qui roula tout entière sur des sujets religieux. Après le souper, ayant appris qu'en France nous chantions les psaumes sur les mêmes airs qu'en Hollande et au Cap, il m'en fit chanter quelques-uns et trouva qu'en ce point aussi nous étions bien réellement frères. Il me conduisit après cela dans une petite chambre à coucher et, comme je devais partir de très grand matin, nous nous dîmes adieu, heureux de savoir que nous voyagions l'un et l'autre vers la même patrie.

Le lendemain de bonne heure, nous traversâmes la charmante ville de George. Le pasteur réformé, ancien disciple de Bogue, me fit un excellent accueil. A trois milles de là, presque au bord de la mer, se trouvait Pacaltsdorp. Comme Hankey, c'était un de ces endroits où les Hottentots avaient conservé un semblant de leur ancienne indépendance et de leurs droits territoriaux. Leur village avait reçu des Boers le nom de Hooge-Kraal, parce qu'il était sur une éminence. En 1813, il y avait encore là un petit chef auquel le gouvernement du Cap permettait d'exercer un reste d'autorité patriarcale. Les blancs l'appelaient Dikkop, *Grosse-Tête*. Grosse ou non, elle fut assez bonne pour lui faire comprendre la nécessité d'améliorer l'état moral et matériel de ses gens et il pria la Société des Missions de Londres de placer auprès de lui un missionnaire.

Elle lui donna un homme zélé, d'une tournure d'esprit fort pratique. Il était d'origine allemande et se nommait Pacalt. Il ne fit aucune difficulté de partager l'existence de cette horde méprisée. Pour en arrêter le démembrement, il fit entourer le kraal d'un grand mur et traça deux rues dans l'enceinte. Le terrain fut distribué aux chefs de famille qui prirent l'engagement de se bâtir des maisons régulièrement alignées et de cultiver chacun un jardin. Au centre furent élevés le temple, l'école, la demeure du missionnaire et d'autres constructions d'usage public. A l'extrémité de l'édifice sacré, presque sur la plage, on fit une tour d'où les visiteurs pussent jouir de la vue de la mer. Elle servait aussi à les loger la nuit. J'ai fait l'expérience qu'il était à peu près impossible d'y trouver le sommeil, des hiboux et des chouettes se plaisant à mêler leur cris lugubres au bruit des vents et des vagues. L'esprit pratique de Pacalt n'avait pas prévu cela.

J'avais été reçu avec beaucoup de cordialité par M. Anderson, successeur de Pacalt. C'était un beau vieillard, à la taille élancée, aux traits fortement accentués et d'une vivacité encore toute juvénile. La vue d'un collègue arrivant de l'intérieur opérait sur lui comme celle d'un jeune troupier sur un ancien brave. Il ne tenait pas sur sa chaise. A chaque instant, il se levait, traversait son salon à grandes enjambées, faisant des questions sur les pays récemment ouverts à l'Evangile et racontant ses propres aventures. Il avait, lui aussi, connu et aimé la vie du désert. Pendant longtemps, il avait suivi des Hottentots namaquois dans leurs migrations, leur annonçant la parole de Dieu, leur enseignant à lire, à écrire et les civilisant autant qu'on peut civiliser des populations que la désespérante aridité de leur pays force à ne vivre que dans des campements.

A Pacaltsdorp, sa vigoureuse vieillesse trouvait un emploi où son imagination était comme encagée, mais où son travail avait des résultats plus complets et plus permanents. Il était parfaitement secondé par sa famille. Les écoles ne laissaient rien à désirer. Pendant le temps que je passai là, ce fut une vraie fête pour moi de voir le temple s'emplir de Hottentots à l'air intelligent, tous proprement habillés, et d'écouter avec eux la parole incisive, fortement imagée et toujours édifiante de leur pasteur.

Grâce à M. Anderson, je pus facilement me procurer un guide et des chevaux à la place de ceux que j'avais eus jusque-là et qui étaient trop fatigués pour aller plus loin. Je partis de Pacaltsdorp ayant cette fois pour but la station morave de Gnadenthal, d'où je pouvais me rendre au Cap en voiture.

Je m'aperçus bientôt, à mesure que j'approchais de la métropole de la Colonie, que les Boers avaient plus de largeur dans les idées, plus d'aménité dans le langage. Les préjugés contre les missionnaires allaient aussi en diminuant. Entre Pacaltsdorp et Gnadenthal, j'eus l'occasion d'annoncer l'Evangile à des esclaves. Encore alors, dans toute la Colonie, la domesticité n'était connue que sous cette forme.

Un soir, je vis s'assembler devant moi toute une congrégation. On m'avait fait d'abord copieusement souper, puis une table avait été placée à l'extrémité de la salle d'entrée, nommée *voorhuis* dans ce pays-là; on déposa une grande Bible et un psautier sur la table, après quoi le chef de la famille, un Baas Van Wyk, suivi de sa femme, de ses enfants et d'une trentaine de noirs, vint me demander de faire le service. Malgré ce qu'il y avait de défectueux dans mon hollandais, je fus écouté avec un profond recueillement et un plaisir évident. Tous les assistants, en se retirant, les esclaves aussi bien que les maîtres, me remercièrent cordialement les uns après les autres, me souhaitèrent une bonne nuit et la continuation d'un heureux voyage. En cette occasion, et quelques autres, j'ai compris que des colons pieux aient pu donner à l'institution de l'esclavage un certain prestige et penser que nous la jugions en Europe avec trop de sévérité.

Après quelques étapes fatigantes, j'arrivai à Gnadenthal, par le jour le plus chaud dont j'aie gardé le souvenir, et j'en ai connu de terribles. Vers midi, je me trouvai à l'entrée d'une vallée étroite qui allait s'élargissant, et un murmure d'eaux courantes commença à récréer mes oreilles.

Bientôt, des deux côtés de la route, s'offrirent à nous des maisonnettes bien entretenues, entourées d'arbres fruitiers et de beaux légumes. On voyait, à travers les fenêtres, des femmes aux cheveux crépus, au teint jaunâtre, occupées à divers travaux de ménage. A chaque tournant du chemin, je remarquais que les maisonnettes ressemblaient de plus en plus à des maisons. Mon Hottentot m'observait sans rien dire, souriant d'un air d'aise et de triomphe, saluait ici et là des passants, leur disait que j'étais un missionnaire français, à quoi l'on répondait : « Merci ! »

Tout à coup, comme je commençais à entrevoir une espèce de place et le profil d'un clocher, il m'arrête : « Voici », me dit-il, « où nos pasteurs, les Frères Moraves, désirent que les étrangers descendent et se délassent avant d'aller les saluer. » Déjà un noir, de quarante à cinquante ans, proprement habillé, s'était emparé des rênes de mon cheval, tandis que mon guide me tendait la main pour m'aider à descendre. Je fus promptement installé dans une chambre bien aérée, recrépie à la chaux, mais dont les parois étaient assombries par le feuillage de jolis arbustes plantés devant les fenêtres. Il y avait quelques chaises, une table couverte d'une nappe blanche, un lit et tout ce qu'il fallait pour se livrer à de copieuses ablutions. C'est ce que je fis longuement, plongeant et replongeant ma tête dans une eau fraîche et parfaitement limpide. Quelques coups, discrètement frappés à la porte, m'avertirent que je devais me tenir pour suffisamment rafraîchi. La maîtresse du logis, une Hottentote corpulente, m'apportait des pêches, du raisin, du pain et une grande tasse de café : « Tantôt », me dit-elle, « vous entendrez sonner une cloche; cela signifiera que les frères vont dîner; on vous conduira auprès d'eux et vous mangerez à leur table. » — « Ne pourrais-je pas faire un somme en attendant? » — « Oh! parfaitement », répondit-elle avec un sourire tout maternel, « dormez; on vous réveillera s'il le faut. » Une Bible, placée sur la table, m'avait appris que cette simple et touchante hospitalité m'était offerte au nom de Dieu.

Je m'étendis sur le lit; mais j'eus de la peine à m'endormir; j'avais trop à penser. J'étais à Gnadenthal, la *vallée de la Grâce*, autrefois la *vallée des Babouins*. C'est ici que que le bon frère morave, George Schmidt, était venu en février 1736 faire un premier essai de mission parmi les Hottentots et avait été brutalement forcé, par les colons, d'abandonner cette œuvre. J'allais voir le fruit du travail que d'autres fils de Herrnhut avaient entrepris cinquante-six ans après lui.

Après une petite sieste, j'attendis avec impatience que la cloche m'invitât à pénétrer dans la station proprement dite et à aller m'asseoir à côté des missionnaires. Le signal ayant été donné, il me suffit de faire quelques pas pour me trouver dans une vaste salle où je fus reçu par l'évêque Teutsch. Ces bons et simples Frères Moraves ont, eux aussi, des évêques, mais des évêques qui n'ont ni mître, ni crosse et qui se rappellent qu'à l'origine le titre d'*épiscopos*, dont les Anglais ont fait *bishop*, les Allemands *bischof*, les Français *évesque* ou *évêque*, ne donnait droit qu'aux *devoirs* d'une paternelle surveillance. Une longue table occupait les deux tiers de la salle. Elle était couverte de mets abondants, mais très simples, et de fruits qui éclipsaient à mes yeux tout le reste. Bientôt arrivèrent à la file les missionnaires et leurs femmes, en tout six ou huit couples. Ils avaient tous à peu près le même costume. Les hommes portaient des casquettes plates à longues visières, des vestes de drap bleu, des pantalons de basane souples et très propres, imitant le chamois; les femmes avaient des robes d'indienne sans garniture, aux manches longues et collantes, et des bonnets blancs de toile fine, rappelant les cornettes de nos arrière-grand'mères. Ce qu'il me serait impossible de décrire, c'est la bienveillance, la candeur, les habitudes d'ordre et de sérieux qui se lisaient sur les traits de tous ces amis. Chacun d'eux me serra la main; puis ils entonnèrent un cantique, ce qui est leur manière de bénir la table et de dire grâces après le repas. L'évêque m'ayant placé à côté de lui, m'initia aux habitudes domestiques de la communauté. Chaque famille missionnaire avait son appartement à part, mais toutes mangeaient ensemble. A tour de rôle, l'une de ces dames présidait, pendant une semaine, à tout ce qui concernait les provisions de bouche et la cuisine. Parmi les frères que je voyais devant moi, deux seulement étaient proprement ministres; les autres exhortaient et priaient aussi en public et en particulier, suivant les circonstances, mais ils étaient spécialement préposés à l'enseignement et à la direction d'industries ayant pour but l'entretien de la communauté et la civilisation des indigènes. Ceux-ci faisaient, eux aussi, chacun à sa manière, partie de la grande famille de Gnadenthal qui comptait plus de deux mille âmes. Les uns étaient membres de l'Eglise, les autres n'étaient encore que de simples adorateurs, mais par le fait de leur admission dans la station, ils avaient renoncé à toute pratique païenne ou même simplement mondaine. Tous travaillaient ensemble et leurs gains étaient versés dans un fonds commun qui était partagé d'après des règles et sur une base acceptées de tous. Sans aucune exception, ils envoyaient leurs enfants aux écoles de la mission; après quoi, ces enfants apprenaient un métier sous la direction des frères.

Ces explications m'inspirèrent naturellement un grand désir de voir, dans tous leurs détails, la marche et les fruits du système. Cette satisfaction me fut donnée bientôt après le repas. Le frère directeur, ou l'évêque, m'invita à sortir et me fit d'abord jeter un coup d'œil d'ensemble sur la station. Quel contraste avec le village primitif des Hottentots! Je me trouvai sur une place à peu près carrée, dont tous les bâtiments étaient occupés par les familles missionnaires, sauf les écoles et de grands magasins et entrepôts contenant les produits du travail commun. Ces maisons, badigeonnées en jaune, pour atténuer les effets du soleil, étaient bordées d'arbres au feuillage touffu. Au milieu de la place était un beau temple pouvant contenir près de deux mille personnes et surmonté d'un clocher élancé.

M. Teutsch me conduisit d'abord aux écoles. Il y en avait trois : l'une pour les tout petits enfants, les autres pour les garçons et les filles. Le maître et les maîtresses étaient Hottentots. Ils enseignaient simultanément en hollandais et en anglais, le hottentot ayant disparu avec la nationalité des anciens possesseurs du pays. Les murs étaient tapissés de cartes de géographie et de gravures représentant des faits bibliques. Parmi les écoliers et les écolières qui se présentèrent à ma vue, il n'y en avait pas un qui ne fût habillé, sinon aussi bien, du moins aussi proprement qu'on l'est dans nos écoles d'Europe. On leur fit faire toutes sortes d'exercices en ma présence. Ils chantèrent à ravir, ce qui ne m'étonna pas, du reste; je m'y étais attendu.

En sortant de la place centrale nous passâmes devant les maisons appartenant aux indigènes. Un bruit d'eaux jaillissantes me fit hâter le pas. Nous nous arrêtâmes devant un réservoir où des femmes blanchissaient du linge à grands coups de battoir. Le savon (fabriqué dans l'établissement) ne faisait pas défaut. On en voyait les traces blanchâtres dans les eaux cristallines du lavoir.

Un peu plus haut, d'immenses roues, placées sous des écluses, mettaient en mouvement les meules d'un moulin à blé et d'une coutellerie. Je m'empressai d'aller acheter un ou deux de ces couteaux dont l'excellent acier et la fine trempe sont fort appréciés par les colons du Cap, qui leur ont donné le nom de *herrnhuters*, couteaux de Herrnhut. — Il faut ajouter à ces industries une scierie et un atelier de charronnage où se construisent ces pesantes machines roulantes que l'on a si souvent décrites sous le nom de wagons du Cap.

Dans tous ces ateliers, il n'y avait que des Hottentots travaillant sous la direction de missionnaires.

De là, mon guide conduisit mes pas à travers des potagers, des vergers, des champs de blé fort bien entretenus, et nous arrivâmes devant une grille, au haut de laquelle se lisaient ces mots en lettres de fer : *Ils sont semés corruptibles.* C'était le cimetière de Gnadenthal. Là, missionnaires et Hottentots reposaient ensemble, après avoir travaillé en commun. Les missionnaires ne s'étaient réservé qu'un seul privilège, celui d'occuper des fosses contiguës à l'entrée du cimetière. Comme monuments, il n'y avait que de simples ardoises, de dix-huit pouces carrés, sur lesquelles étaient gravés les noms des décédés, le jour de leur naissance et de leur mort. Je parcourais silencieux cette humble nécropole, lorsque, relevant les yeux, je vis devant moi une autre grille, et je lus : *Ils ressusciteront incorruptibles*.

Le soir était venu, la cloche retentissait.

« Nous avons l'habitude », me dit l'évêque, « de nous réunir tous dans la maison de Dieu avant d'aller nous coucher. »

Nous entrâmes, et je vis un Hottentot gravir les degrés qui conduisaient à l'orgue ; c'est lui qui devait le tenir. La vaste nef, en forme de croix, était déjà toute remplie d'hommes, de femmes et d'enfants, non endimanchés, mais aussi propres que peuvent l'être, dans la semaine, des ouvriers qui se respectent. Un des frères se leva, et, sans indiquer ni page ni verset, il entonna une hymne que chacun reconnut et chanta de sa voix la plus suave. La lecture d'un fragment de chapitre et un second cantique complétèrent le service ; après quoi, l'assistance se sépara, chacun disant à son voisin, en lui serrant la main : *Slaap gerust !*
« Dormez en paix ! »

Je dormis en paix moi aussi, le corps fatigué par ma galopade du matin, l'âme doucement bercée par les souvenirs édifiants de l'après-midi.

Je consacrai la journée du lendemain à étudier de plus près les saines et touchantes habitudes de cette ruche chrétienne ; puis je partis en répétant un mot qu'avait récemment prononcé un colonel anglais : « Vraiment, si ces Frères Moraves voulaient y consentir, je les prierais de me prendre pour pensionnaire. »

De Gnadenthal au Cap, je n'eus plus à m'occuper de chevaux et de guides ; j'étais entré dans la région des postillons et des pataches. En traversant les vallées du refuge français, je m'arrêtai quelques instants chez mon brave ami Bisseux, qui eut bien de la peine à reconnaître ma figure sèche et basanée.

XIV

Dieu met son dernier sceau à ma vocation missionnaire.

J'arrivai à la ville du Cap avec la ferme résolution de laisser ignorer pendant un mois au moins le but de mon aventureuse visite. Je n'avais pas oublié le genre de vie que l'on menait dans une ville, mais j'en avais complètement perdu l'habitude. J'aurais voulu me cacher, tant je me sentais timide et gauche.

Les ombres de la nuit protégèrent mon entrée dans la métropole de la colonie. Après être descendu du véhicule dans lequel j'avais sournoisement fait ma dernière étape, je tirai respectueusement le chapeau au premier portefaix qui s'offrit à ma vue, lui remis mon sac de voyage et me glissai le long des murs jusqu'à la porte de mon ancien conseiller et ami, le docteur Philip. Il me reçut comme si j'eusse été son fils, me fit souper, et, après avoir passablement ri de ma sauvagerie, il me conduisit dans une immense chambre à coucher où je pus, avant de trouver le sommeil, méditer à mon aise sur l'étrangeté de ma position. Toutefois, je venais d'apprendre, avec un notable soulagement, que le docteur allait très prochainement partir pour Londres, où l'appelaient les affaires de sa Société. Le brave homme, chacun le savait, avait la manie de marier les gens.

Or, j'étais toujours bien décidé à n'admettre d'autre intervention que celle de Dieu et à laisser à sa providence le soin de me désigner l'aide qui m'était nécessaire s'il m'en destinait une, ou de m'envoyer dans un pays où le célibat n'aurait pas les mêmes inconvénients qu'en Afrique.

Le lendemain j'allai, dès l'aube, respirer le grand air de la plage. A cette époque, où la navigation se faisait encore exclusivement par voiliers, rien n'était beau comme de voir, sous un ciel d'azur et sur les flots empourprés par les premiers rayons du soleil, des navires s'entre-croiser à l'entrée du mouillage, les uns déployant, les autres repliant leurs blanches ailes. C'était beau, mais c'était surtout émouvant pour moi, car, par l'effet de ma position, jamais je n'avais autant senti mon isolement. Tel trois-mâts cinglait évidemment vers l'Europe, et il me semblait entrevoir, au bout du sillage que sa quille commençait à tracer, les rives chéries près desquelles vivaient mes parents et d'autres conseillers de ma première jeunesse. Bientôt, les accents de la langue maternelle vinrent rendre cette illusion plus poignante. Des matelots français avaient attaché leur barque aux piliers de la jetée, et pendant que des camarades s'approvisionnaient au marché, ils se livraient aux conversations et aux passe-temps les plus folâtres. Parmi des capotes de toile cirée retombant sur le cou, il y avait là des bérets de Bayonne ou de Bordeaux. C'étaient des bordées de quolibets, de railleries, d'exclamations, où mon oreille affamée retrouvait des mots, des dictons, des phrases dont j'avais presque perdu le souvenir. J'avais beau faire, je ne pouvais me défendre de tressaillir d'aise, même en entendant certains jurons fort peu polis et moins chrétiens encore. Il me semblait renaître ; j'étais de nouveau en plein pays natal ! Hélas, les plates réponses que me valurent quelques questions émues adressées à ces matelots me ramenèrent bientôt à la réalité.

Une grosse affaire me rappelait, du reste, en ville. Ma toilette était toute à renouveler. Il me fallait pour cela un conseiller et un guide. Je trouvai l'un et l'autre dans la personne d'un aimable mulâtre, fils de missionnaire. Son père était un de ces collègues de Van der Kemp, qui avaient cru ne pouvoir mieux faire, pour relever la race hottentote, que de s'abaisser jusqu'à elle en lui demandant des filles en mariage. Ces unions n'avaient pas été nombreuses, heureusement, car, en général, leur résultat n'avait donné satisfaction ni aux blancs ni aux noirs. James Read faisait exception. Au physique, il avait la belle taille de son père ; sa chevelure était plutôt frisée que crépue, et le bon Dieu lui avait choisi, parmi les traits et dans la complexion de sa mère, ce qu'il y avait de moins accentué. Au religieux et au moral, c'était un excellent chrétien, qui n'avait pas d'autre pensée que d'aider son père dans ses travaux évangéliques et de lui succéder plus tard. C'était, en sus, un garçon très intelligent, pétillant d'esprit et assez instruit. Il avait fait des études au collège du Cap, et il allait se rendre en Anglegleterre pour y compléter sa préparation théologique.

En peu d'instants j'avais, la veille, fait bonne connaissance avec lui à la table du docteur Philip. Je lui exposai l'état piteux de ma garde-robe. « Mettez votre chapeau », me dit-il, « je sais où vous conduire. » Nous arrivâmes bientôt dans un beau magasin d'articles confectionnés en Europe. Je trouvai facilement ce qu'il me fallait, et comme mon brave ami, le mulâtre, me conseillait, pour s'amuser, d'y ajouter un nœud de cravate brodé, je répondis : « C'est trop beau pour un missionnaire. » — « Vous êtes missionnaire, monsieur ? » me dit alors une jeune personne qui surveillait la vente. « Connaîtriez-vous peut-être une dame Rolland, etablie au-delà du fleuve Orange, parmi les païens ? »

— « Parfaitement ; il y a quelques semaines à peine j'étais chez elle ! » Pendant ce temps, je cherchais dans ma bourse de quoi payer la note. Je vis que je n'avais pas assez d'argent. « Qu'à cela ne tienne, on portera le paquet chez vous et vous solderez la quittance. » J'étais tellement confus de mon étourderie que je refusai net, laissai les objets sur le comptoir, et dis que je reviendrais les chercher moi-même.

Le lendemain, de bonne heure, j'entre vivement dans le magasin, bourse en main, cherchant des yeux mon paquet et à qui payer, lorsque la maîtresse de la maison, Mme Williams, se présente et me demande si c'était moi qui avais dit à sa fille que je connaissais Mme Rolland. Sur ma réponse affirmative elle me conduit dans un salon, me fait asseoir à côté d'elle et me dit : « Vous allez maintenant me raconter tout ce que vous savez de mon amie, ou plutôt ma fille, car miss Lyndall, c'était son nom, avant qu'elle épousât un missionnaire français, était comme ma fille, et a même vécu chez moi. » Là-dessus, longue conversation sur Mme Rolland, sa position, ses occupations dans la station naissante de Béerséba. Je découvris, au milieu de tout cela, que la personne que j'avais vue la veille était celle dont Mme Rolland m'avait dit : « Voilà qui serait fait pour vous, mais il n'y a pas à y songer ; il n'y a pas là de santé ! » Ce mot avait suffi pour me faire même oublier un nom qui avait cependant été pro noncé. La conversation fut suivie d'une invitation à dîner.

Le mari de Mme Williams s'intéressait beaucoup à toutes les œuvres pieuses, recevait chez lui des jeunes gens sérieux, leur recommandait souvent les missions, visitait fréquemment les hôpitaux et la prison, tout autant de choses dont il serait heureux de me parler et dans lesquelles je pourrais peut-être l'aider pendant mon séjour au Cap.

Je sortis sans avoir revu la jeune personne, ne me rappelant que fort confusément ses traits, mais passablement frappé du fait que c'était la première jeune habitante du Cap que j'avais vue et que c'était celle dont Mme Rolland m'avait parlé comme étant la femme qu'elle eût désirée pour moi. Pendant le dîner en question, je pus voir que sa santé s'était raffermie et que, sous une enveloppe encore un peu frêle, se trouvaient une intelligence et un cœur tels que je les avais rêvés. « C'est assez », me dis-je en m'en allant, « me voilà sur la voie; la porte s'est ouverte; j'en resterai à ma première résolution; un ou deux mois d'observations et de prières me sont indispensables. »

Dieu me fournit le moyen d'employer ce temps d'une manière instructive pour moi et peut-être avec quelque profit pour sa cause.

Ma première destination et celle de mon ami Arbousset avait été l'Algérie et ses musulmans. Il se faisait au Cap une petite mission de même nature parmi les nombreux Malais venus des îles de la Sonde pendant la période de la domination hollandaise. C'étaient les ouvriers et les artisans libres de la ville.

Les chrétiens du Cap ont toujours fait quelques efforts pour les convertir. Au moment de ma visite, un évangéliste de descendance hollandaise, M. Vogelgezang, s'occupait d'eux avec beaucoup de zèle. C'était un homme profondément pieux, vif, ardent et doué d'une étonnante facilité de parole. Il eut vent de mon arrivée et ne tarda pas à me proposer de m'associer à son œuvre, ce que j'acceptai de grand cœur.

Les Imans du Cap trouvent un grand plaisir à se voir recherchés des chrétiens. Deux d'entre eux avaient le titre de *Hadjis*, c'est-à-dire qu'ils avaient fait le pèlerinage de la Mecque. Ils n'étaient pas fâchés de montrer qu'ils savaient suffisamment l'arabe pour pouvoir citer le Coran à propos, et en vanter les beautés littéraires, ce qui pour les musulmans équivaut à l'inspiration. M. Vogelgezang avait donc trouvé un facile accès auprès d'eux et de leurs disciples.

Jour pris, nous allâmes nous entretenir avec eux. On nous accueillit avec les plus profondes révérences et les appellations les plus flatteuses. Des sorbets, des confitures, des dattes et autres fruits nous furent offerts. Dès qu'on sut que nous étions entrés, trente à quarante croyants de tout âge vinrent se placer respectueusement derrière les imans, et les femmes qui avaient apporté les rafraîchissements se retirèrent. La discussion s'engagea, courtoise, solennelle, parfois très animée, mais au fond sans que le cœur et la conscience de nos hôtes fussent de la partie. Evidemment, ce n'était pour eux qu'un assaut d'armes, une occasion de montrer leur dextérité et de nous répéter que nous étions incapables de comprendre leur religion. A chaque parole que prononçait un de leurs docteurs, toutes les têtes s'inclinaient.

« C'est bien! c'est cela! mon père », répétaient toutes les bouches. Nos réponses étaient écoutées avec un sourire dédaigneux, quelquefois elles provoquaient des exclamations qui nous faisaient comprendre qu'en pays musulman on nous eût fait payer bien cher l'audace de nos réfutations.

La séance dura près de deux heures et nous fûmes reconduits, jusqu'à la porte, avec force politesses et remerciements. Celles qui suivirent eurent le même caractère. Là où une minorité mahométane est à l'état de congrégation, au milieu d'une population chrétienne, toute discussion publique est à peu près inutile. Ils se défendent et se soutiennent comme un seul homme. Tout sentiment vraiment religieux est comprimé par la crainte de voir la moindre brèche se produire dans leurs rangs; ils se surveillent les uns les autres et s'envoient des regards où se lisent des menaces de poison ou de poignard, en cas de défection. Si l'on veut leur faire quelque bien, il faut les prendre individuellement.

Dans le cours de nos entretiens avec ceux du Cap, je vis avec stupéfaction à quel point le fatalisme avait perverti et émoussé en eux le sens moral. Naturellement, pour les amener à Jésus-Christ, nous insistions beaucoup sur la nécessité d'une expiation. Cela ne produisait aucune impression sur eux. Ils se tiraient d'affaire en disant que Dieu ayant admis le mal dans les arrangements de son autorité absolue, aucune réparation n'était due à sa justice; qu'Il récompense et punit parce qu'Il gouverne le monde, mais pas en vertu d'un besoin inhérent à son essence; qu'Il peut par conséquent pardonner, dans la mesure et aux conditions qu'Il juge convenables. « Il nous a dit », ajoutaient-ils, « de chercher le salut dans la prière, l'aumône, le jeûne, la fidélité à l'islam; puisque cela lui suffit, que chercherions-nous de plus ? » On ne les sort pas de là.

Admettant, comme ils le font, que si le mal existe, c'est que Dieu l'a voulu; le repentir chez eux, lorsqu'ils ont enfreint quelque loi du Coran, n'est pas de la confusion, un regret filial, mais simplement de la peur. Les péchés de la pensée et du cœur ne les inquiètent nullement, toute leur justice est extérieure; aussi, pour peu qu'ils soient dévots, se croient-ils parfaitement justes. Le pharisaïsme judaïque n'était rien auprès du leur. L'air grave, le geste magistral, la démarche solennelle, le parler sentencieux dont ils prennent presque tous l'habitude, loin d'être une preuve de sagesse et de moralité, ne sont, le plus souvent, que l'effet d'un profond mépris de l'humilité, la vertu des vertus, qui n'a place que dans le christianisme.

Il fallait voir comme nos interlocuteurs se plaisaient à ricaner sur nos mœurs. Il y avait en ce moment-là des courses au Cap et ils rendaient notre religion responsable de tous les excès du turf. « Ah! oui, le cheval! » disaient-ils, « ce trésor que Dieu avait confié à nos frères les Arabes, vous prétendez l'apprécier, l'aimer; vous en êtes les bourreaux; après vous l'être associé pour de pénibles luttes, le travail et la guerre, vous le dégradez en faisant de lui l'instrument de votre cupidité. » Notre civilisation occidentale leur faisait hausser les épaules. L'Anglais était un ivrogne, un brutal, un jureur, le Français un être sans consistance; quant à eux, espèce de petits saints, ils savaient se contenter de sorbets et d'une polygamie fort modérée.

Dieu nous garde de désespérer des missions entreprises parmi les musulmans; mais on sentira de plus en plus que l'islamisme pervertit la raison autant qu'il endurcit le cœur, et que, pour obtenir des succès réels et généraux dans un pareil milieu, c'est par de bonnes écoles, et surtout par l'exemple d'une vie vraiment chrétienne, qu'il faut l'attaquer.

Je sortis de la dernière de ces séances d'escrime

soi-disant religieuse, fort heureux de penser que je retournerais bientôt parmi des gens beaucoup plus ignorants, extérieurement plus dégradés, mais doués d'un remarquable bon sens.

En attendant, je n'avais pas oublié ma grande affaire. Six semaines d'observations avaient confirmé à tous égards les bonnes impressions du premier jour. Comme je m'y étais attendu, Dieu avait tout arrangé pour moi et m'avait conduit comme par la main. Après deux mois de vie civilisée, je repartis pour les régions barbares du Lessouto avec une jeune chrétienne qui s'était appelée jusque-là Sarah Dyke, du nom de son père M. Richard Dyke, le premier mari de Mme Williams.

Notre union avait été bénie par un pasteur du Cap, le 13 avril 1836.

XV

Retour dans le pays des Bassoutos et fondation définitive de Thaba-Bossiou.

Je quittai le Cap, avec ma compagne, sur un petit *brick* d'une solidité à toute épreuve, mais fort mauvais voilier. Le vent nous fut d'abord contraire, il nous poussa très loin dans la direction de Sainte-Hélène. Au bout de huit jours d'efforts pour revenir en arrière, nous nous retrouvâmes dans la baie de la Table : il fallut y jeter l'ancre. Ma femme put rentrer pour deux jours sous le toit paternel, ce qui lui fit un grand plaisir, mais en même temps ramena pour elle les déchirantes scènes des adieux. Elle supporta très bien cette secousse, prélude des contrariétés dont sa vie allait être semée.

A notre débarquement à Port-Elisabeth, le missionnaire Robson et sa femme, dont j'ai déjà parlé, en racontant ma première arrivée dans cette localité avec mes amis Arbousset et Gossellin, nous hébergèrent avec leur cordialité habituelle. Mais, tandis que le sacrifice d'une douce vie de famille, la perte des agréments de la ville du Cap et les émotions d'un voyage par mer n'avaient pu ébranler le cœur de ma compagne, elle eut là quelques heures de découragement. Mme Robson crut la bien préparer à sa tâche en lui racontant dans tous ses détails, et avec toutes ses aspérités, la vie qu'elle avait eue autrefois parmi les Cafres, alors qu'elle était la femme du missionnaire Williams. Cet austère tableau, d'une existence nomade, de travaux sans nombre, d'un dénuement presque absolu, se terminant par la mort prématurée du mari et le spectacle de la jeune veuve, obligée de lui faire elle-même un cercueil, était plus qu'intempestif, il était impitoyable ; mais la bonne dame n'y avait pas songé. Il l'eût elle-même écrasée, si elle l'avait pu voir par anticipation. Je n'avais pas assisté à cette conversation et j'ignorais l'effet qu'elle avait produit. Je le découvris en trouvant, un matin, ma femme penchée sur une fenêtre ouverte, les yeux tournés vers le navire qui nous avait amenés à Port-Elisabeth. Je devinai ce qu'il y avait au fond de son cœur. Elle me raconta ce qui s'était passé entre elle et sa vieille amie : « Pourquoi ? » lui dis-je, « ne regardes-tu pas plutôt ce beau soleil qui apporte aux hommes la vie et l'espérance? Ignorent-ils, cependant, qu'ils pourront avoir à traverser maintes perplexités, maintes souffrances avant qu'il ne soit couché? » A chaque jour suffit sa peine ; ma grâce te suffit, « voilà le mot d'ordre du Maître. Il t'a guidée et soutenue pendant la première partie de ta vie, il sera ta force jusqu'à la fin. » Elle me répondit par un sourire, me serra sur son cœur en me disant : « C'est fini! » Et ce fut, en effet, bien fini, car jamais, depuis lors, je n'ai vu le doute effleurer son âme.

J'avais trouvé mes bœufs en fort bon état et mes gens très impatients de reprendre le chemin de leur pays. Nous fîmes le trajet par la même route que j'avais suivie en venant ; tout alla à souhait et je n'eus d'autre inquiétude que celle que me donnait quelquefois le goût trop prononcé de ma femme pour l'équitation. Je lui avais procuré un cheval auquel je pouvais me fier, mais elle aimait beaucoup à nous devancer au galop le long de la route, et je craignais fort que l'attrait d'une fleur ou de quelque curiosité naturelle ne l'égarât dans les lieux boisés ou dans quelque endroit où des sentiers s'entrecroisaient. Je lui avais prescrit de s'arrêter tout court et de se tenir parfaitement immobile dès qu'elle se croirait perdue. A cette condition, j'étais sûr que mes gens et moi la retrouverions sans trop de peine. Ce fut le cas, un certain jour, où nous traversions une région où il n'était pas rare de rencontrer des lions. Malgré mes avertissements, elle s'aventura trop loin. Elle eut un moment d'assez fort émoi, mais, fidèle à la consigne, elle me laissa, sans bouger de place, le temps de la chercher, et partit d'un grand éclat de rire dès qu'elle m'aperçut.

A notre passage à Béerséba, son ancienne amie, Mme Rolland, lui fit grande fête, comme on peut bien le penser. Mais le plaisir du revoir fut troublé par un événement inattendu qui aurait pu avoir des conséquences tragiques pour la nouvelle venue. Pendant mon absence, une horde de Cafres s'était établie sans l'autorisation de Moshesh à peu de distance de Béerséba. Bientôt ces sauvages s'étaient mis à détrousser les passants et à tuer ceux qui leur résistaient. Un matin, deux ou trois jours après notre arrivée, on vint nous annoncer que l'on voyait s'élever des nuages de fumée de la localité où vivaient ces intrus. C'étaient les fils de Moshesh qui faisaient main basse sur eux, mais l'attaque avait été préparée dans le plus grand secret et nous crûmes à un incendie ordinaire. Entraînée par sa vivacité naturelle et sa passion pour les fleurs, ma femme était allée toute seule se promener le long des rives du Calédon, à un ou deux kilomètres de la station. Tout à coup, elle entendit des cris sauvages et vit passer sous les arbres des fuyards armés de javelots, de massues et de boucliers. S'ils l'eussent aperçue, ils l'auraient peut-être massacrée pour l'empêcher de trahir leur présence dans le voisinage immédiat d'un endroit habité par des Bassoutos. Dieu veillait sur elle. Ils disparurent bientôt avec la rapidité de l'éclair et elle revint un peu émue nous raconter cette étrange apparition. Grande était notre consternation, car nous venions d'apprendre la terrible lutte qui s'était livrée dans la journée. Nos démonstrations de joie en la revoyant la surprirent; le sentiment de la peur lui était naturellement si étranger que nous eûmes de la peine à lui faire croire qu'elle avait couru quelque danger.

Ses illusions se dissipèrent lorsque, continuant notre voyage vers Morija, nous passâmes sur une partie du champ de bataille.

Le surlendemain, après une nuit passée dans notre wagon à moitié submergé au milieu d'un torrent dont nos bœufs n'avaient pu nous tirer, nous arrivâmes fort tard à Morija. Gosselin nous fit un accueil cordial, mais à sa manière. Il nous cria bonsoir de sa voix de stentor, nous serra vivement la main et nous présenta de l'eau pour nous bien rafraîchir. Il nous fit asseoir après cela devant une table où fumaient des bols de café noir à côté d'un gigot froid. Puis remettant à ma femme un trousseau de clés: « Madame », lui dit-il, « voici de quoi ouvrir et fermer les caisses où nous tenons nos provisions; j'espère que vous apportez de quoi les remplir. Je vous remets tout le ménage; vous feriez trop pauvre vie si je continuais à m'en occuper. » Par ses soins, nos matelas furent transportés dans une chambre toute nue, mais parfaitement propre, qu'il nous avait préparée. Arbousset tout attendri avait adouci par de fréquents sourires l'effet des mouvements un peu brusques de son ami. Quand vint le moment de la prière, il répandit devant Dieu, en notre faveur, toutes les richesses de son âme aimante et pieuse.

Le lendemain, les Bassoutos de Morija eurent la satisfaction de contempler à leur aise la première femme blanche qui se montrait dans leur pays. Il y eut d'abord un peu d'hésitation, mais bientôt l'attrait devint irrésistible, et, sans sortir des bornes du respect, chacun s'approcha d'elle le plus possible. Ses traits furent analysés les uns après les autres. On admirait surtout ses grands yeux bleus, la finesse de sa bouche, la blancheur de sa peau contrastant avec un coloris délicat infiniment supérieur à tout ce que pouvaient produire les ocres les plus recherchées des dames du pays. C'était à qui découvrirait et décrirait le mieux par quel procédé elle avait si joliment arrangé sa longue chevelure. Sa toilette était aussi minutieusement étudiée. Ses vêtements, descendant jusqu'aux pieds, ne l'empêchaient pas de marcher lestement et avec grâce. Rien ne pouvait être comparé aux dessins variés de sa robe. Avec cela, pas d'ornements, pas de collier, une ou deux bagues aux doigts seulement ; mais pourquoi pas de pendants ou de boucles d'oreilles? Quand vint l'heure du repas, auquel force fut de laisser toute la publicité possible, on fut ébahi de voir que nous la faisions asseoir à la meilleure place, que c'était tantôt elle, tantôt nous qui servions, et que nous avions soin de lui choisir les morceaux les plus délicats. « Elle mange comme un oiseau », disait-on; « après chaque bouchée, une petite goutte d'eau. » On finissait par s'écrier: « *Ba tsabéha...* » (Ils sont étonnants, ils ne font rien comme le reste des hommes ! Mais c'est joli à voir tout de même). On s'étonna moins quand on remarqua qu'après le repas, ce n'était pas nous qui serrions les restes, qui lavions et rangions la vaisselle.

On nous suivait dans le travail. Nous prenions nos instruments d'agriculture pour bêcher et sarcler dans le jardin; elle s'asseyait à l'ombre près de nous: « Tiens ! » s'écriaient les femmes, « il paraît qu'elle ne sait pas piocher comme nous. Elle fait quelque chose, cependant. Qu'est-ce que ça peut-être ? » Elles la virent tricoter. « Montre-nous cela ! Que ce tressage est fin et comme il va vite ! Chez nous, il n'y a que les hommes qui sachent tresser ! »

Il fallut se prêter à ces observations et à d'autres du même genre, pendant plusieurs jours, en faveur des gens de l'endroit et de beaucoup de visiteurs des deux sexes qui accouraient de toutes parts. La conclusion était toujours la même: « La femme est moins forte, mais elle est bien plus agréable à voir, et on dirait que c'est leur reine.

S'ils la soignent ainsi, c'est sans doute pour la conserver plus longtemps. »

La partie féminine de la population, avec la sagacité qui caractérise les noires aussi bien que les blanches, se douta de suite qu'elle avait trouvé ce qu'il lui fallait, *son missionnaire à elle*.

Elle s'en assura bientôt en apportant à la nouvelle venue les enfants malades qui l'inquiétaient, en lui soumettant les cas de malaise domestique qui nécessitaient un conseil. Les femmes ne tardèrent pas non plus à affluer à la maison de Dieu dont nous avions eu tant de peine à leur apprendre le chemin et elles furent bientôt en majorité dans nos services religieux. Puisque *Madame*, c'est le nom qui fut généralement adopté, à l'imitation d'Arbousset et de Gossellin, était la première à s'y rendre, c'était que les femmes, elles aussi, avaient une âme à sauver et pouvaient comprendre les choses qu'on y disait et qu'on y faisait. De plus, aussi bien que son mari, Madame savait lire et écrire, elle devait donc être capable de faire des livres tout comme lui. Faisant des livres, elle devait tout savoir, rien ne devait l'embarrasser.

Arrivé à Morija, je n'étais pas encore tout à fait chez moi, attendu qu'il avait été arrangé entre nous que j'irais m'installer à Thaba-Bossiou, au pied de la montagne du chef Moshesh. J'y avais déjà construit une petite cabane lorsque, découvrant qu'il me serait impossible d'y vivre seul, je m'étais décidé au grand voyage qui m'avait procuré mon autre moi-même. Pendant mon absence, quelques pâtres imprudents avaient brûlé ma baraque. Voyant mon embarras, l'excellent Gossellin offrit d'aller me bâtir une solide maison en pierres et briques, ayant les dimensions que je voudrais. « Vous viendrez me voir aussi souvent que possible », me dit-il, « pour me donner un coup de main et pour prêcher aux habitants. Madame me permettra de revenir ici de temps en temps pour lui apporter mon linge à raccommoder et pour me refaire un peu à sa table. Il me faudra au moins un an pour construire votre demeure. Pendant ce temps, Arbousset, qui ne s'est pas, comme moi, voué au célibat, tentera une aventure semblable à celle qui vous a si bien réussi, et, lorsque je vous aurai installé à Thaba-Bossiou, je reviendrai à Morija et nous y serons encore trois. » Vaillant et fidèle compagnon, il tint parole. Arbousset, de son côté, n'eut garde de refuser le congé qui lui avait été offert, et, au terme prévu, il revint avec une amie d'enfance de ma femme, Mlle Rogers.

C'est en juin 1838 qu'eut lieu la séparation, depuis longtemps jugée nécessaire. Elle me coûtait autant qu'à mes frères. Gossellin allait rester quelque temps encore auprès de moi, à Thaba-Bossiou, mais j'étais appelé à quitter Arbousset, ce bien-aimé collègue, dont la société m'était devenue, en quelque sorte, indispensable. Cinq années d'expériences communes nous avaient amenés à une conformité de plans qui doublait le prix de nos relations journalières. En m'éloignant de lui, il me fallait aussi dire adieu à un troupeau que j'en étais venu à considérer comme ma famille. Pendant ma visite au Cap, l'œuvre du Seigneur avait fait de notables progrès à Morija. Depuis mon retour, des conversions s'étaient opérées, l'école prospérait, la maison missionnaire était comme assiégée, du matin au soir, par des gens qui venaient y chercher de l'instruction et des conseils. Durant plus d'une année, nous avions préparé au baptême plusieurs néophytes.

L'apparition de ma compagne, à Thaba-Bossiou, y produisit, parmi les femmes et les enfants, les mêmes sentiments d'admiration et de confiance, le même besoin de rapprochement qu'à Morija. Les hommes, quoique plus réservés, sentirent, eux aussi, l'attrait d'un élément de sociabilité et de bonheur domestique dont ils n'avaient eu, jusquelà, aucune idée. « Tu es maintenant un homme », me disaient-ils avec un sourire approbateur, « un homme bien plus capable de nous comprendre et de nous aider, que tu ne l'étais pendant le temps que tu as vécu en garçon. Tu as une maison, maintenant, et quelle maison! Tu peux bien compter que nous y viendrons souvent. Quand tu te raillais de la polygamie, nous nous demandions si ce n'était pas un peu par dépit. Tu connaissais mieux que cela et tu te réservais de nous le montrer un jour. » C'est surtout Moshesh qui parlait ainsi. Il nous avait reçus avec joie, et, dès le jour de notre arrivée, il nous le prouva par son empressement à profiter des moyens d'instruction mis à sa portée. « Allez », dit-il alors à l'envoyé d'un chef qui lui proposait une expédition guerrière, « allez dire à votre maître qu'il y a maintenant une maison de prière à Thaba-Bossiou. J'y apprends à faire consister le pouvoir dans la sagesse et non dans le nombre des bestiaux. Mes enfants me dépassaient à Morija ; il est temps que je m'instruise. »

Ces bonnes dispositions étaient générales dans l'endroit. Nous en profitâmes pour organiser une école d'enfants qui fut fort bien suivie. Plusieurs adultes vinrent également apprendre à lire sous notre direction. Le nombre de nos auditeurs fut, dès le début, de deux cents à deux cent cinquante. Pour assister au service, Moshesh descendait chaque dimanche de sa montagne, fort proprement habillé. Il dînait avec nous et observait à notre table les règles d'une politesse qu'il n'avait pas eu de peine à apprendre.

Dans le même moment, Dieu nous ménageait l'appui d'un bien-aimé collègue, M. Daumas, et de sa jeune compagne sœur de Mme Lemue. Quoique la station de Mékuatling, dont ils jetaient les fondements, fût plus éloignée que Morija, nous pouvions avoir de fréquents rapports avec eux, et les excellentes dispositions des gens qu'ils instruisaient allaient devenir, pour les habitants de Thaba-Bossiou, un stimulant très précieux.

Nous avions vu, avec regret, arriver le moment où Gossellin, notre aide de tous les jours, devait nous quitter. Il fut remplacé par M. Hamilton Dyke, un frère de ma femme, qui vint du Cap s'associer à nos travaux.

Ainsi, sous l'œil protecteur de Dieu, s'aplanissaient pour nous les difficultés de l'isolement et bien d'autres encore qui m'avaient effrayé tout autant que ma compagne.

Nous avons travaillé ensemble pendant près de vingt ans.

Ne voulant pas se dérober à la tâche qu'elle avait acceptée, elle n'a fait qu'une seule apparition dans la colonie du Cap durant ces longues années.

Ensemble, nous avons vu se former, au prix de beaucoup de fatigues et de luttes, une Eglise de croyants où les femmes ont été, dès le début, en majorité. Un grand nombre de ces pauvres créatures, jusqu'alors si incultes et si méprisées, ont appris à lire, à comprendre, à expliquer à d'autres la Parole de Dieu. Plusieurs, même parmi les femmes de Moshesh, ont été affranchies, par la seule persuasion, des liens impurs et dégradants de la polygamie.

Ensemble, nous avons présidé à de nombreuses fêtes de baptême et de communion ; elle, ajoutant à mes exhortations les leçons de sa propre expérience, montrant aux néophytes comment ils devaient préparer les vêtements de leur réception dans l'Eglise et le pain de leurs saintes agapes.

Ensemble aussi, nous avons fréquemment assisté à des scènes de souffrance et de mort ; elle, me devançant auprès du lit du malade, prescrivant la première ce qui pouvait adoucir la douleur, écarter le danger, et quand nos efforts avaient été inutiles, parlant en chrétienne et empêchant les femmes de se livrer aux clameurs des funérailles païennes.

Dans des temps de guerre, et nous en avons, hélas ! traversés qui, pour surcroît de douleur avaient pour principale cause les ambitions de notre race, elle a entendu sans pâlir le canon des assaillants, préparé des lits pour les blessés, bandé de ses mains les plus repoussantes plaies.

Je m'arrête..... La douce et courageuse amie qui m'avait suivi au désert repose sous les saules de Morija. C'est là qu'elle avait commencé ses travaux, et c'est là qu'elle s'est endormie sur le sein de Dieu, le 17 juin 1854. Elle a succombé à une maladie qu'elle avait contractée, en 1850, au Cap, où je l'avais laissée avec ses enfants, pendant que j'étais en France pour y raviver le zèle missionnaire, que les suites de la révolution de février avaient ralenti.

Lorsque les Bassoutos apprirent que la mère d'Eugène (*Ma-Eugène*, c'est ainsi qu'ils l'avaient toujours appelée depuis la naissance de son premier enfant) était partie pour le ciel, ils accoururent de toutes parts. Les chefs arrivaient à cheval, escortés des notables de leur endroit, s'arrêtaient respectueusement devant le presbytère et attendaient que vînt leur tour de contempler une dernière fois les traits de celle qu'ils appelaient, eux aussi, leur mère. Il y en eut qui se firent précéder de messagers pour demander instamment qu'on retardât jusqu'aux dernières limites possibles le moment de l'enterrement. Les bornes prescrites par mon respect pour ses restes étaient déjà dépassées que l'on continuait à venir déposer des baisers baignés de larmes sur le front de la défunte. Et cela se passait dans un pays où les terreurs qu'inspirait la mort étaient telles que l'on eût cru rendre une maison à jamais inhabitable si, pour en retirer un cadavre, on ne l'avait fait passer par une brèche pratiquée à l'extrémité opposée à la porte.

Au moment où, sur la tombe, je finissais d'adresser un dernier adieu à ma bienheureuse amie, Moshesh prit la parole : « Chefs et peuple », s'écria-t-il, « que dites-vous de ceci ? Après avoir souvent parlé sur la tombe de personnes qui lui étaient étrangères, notre missionnaire parle aujourd'hui sur celle de sa compagne, et comme toujours, il parle de résurrection et de vie. Il nous a dit que notre mère, avant d'expirer, a exprimé l'assurance que l'Evangile finira par triompher dans notre pays. Peut-être est-ce une prophétie. Des hauteurs où elle était déjà, elle a pu voir des choses qui nous sont cachées. Souvenons-nous que si elle n'a pas écrit des livres comme son mari, elle nous a laissé des traces pour que nous les suivions. »

Quelque temps après la mort de celle qui avait été mon aide et ma joie pendant dix-huit ans, je fus rappelé en France pour y prendre la direction de la Maison des missions, de Paris. Cela m'eût été impossible si Dieu n'eût mis au cœur de mon fidèle ami, M. Jousse, et de sa compagne, de me remplacer à Thaba-Bossiou. Ils l'ont fait avec un dévouement sans bornes. Sous leurs soins, l'Eglise s'est rapidement accrue et ma station bien-aimée est devenue l'un de nos établissements missionnaires les plus prospères et les plus beaux à tous égards.

CONCLUSION

On trouvera peut-être que ces *Souvenirs* s'arrêtent trop brusquement, n'aboutissant à rien de définitif, même en ce qui concerne Morija et Thaba-Bossiou. Qui ne comprendra cependant qu'ils ne pouvaient pas aller au-delà du jour de deuil qui fut suivi d'un si grand changement dans mon existence. Je n'ai pas eu l'intention d'écrire l'histoire de la Mission française du Sud de l'Afrique, ni même de raconter d'une manière complète celle de la plus petite des stations que notre Société a successivement fondées dans ces contrées. D'autres écriront cette histoire; ils en trouveront facilement les matériaux dans la collection du *Journal des Missions*, qui en est présentement à son cinquante-huitième volume. Tout ce que pouvait faire la plume fatiguée d'un septuagénaire, c'était de ramasser, parmi des notes qu'il avait écrites pour l'encouragement de sa vie, des faits et des observations dont ses amis et ses enfants pourront, il l'espère, garder le souvenir avec quelque profit.

Dieu nous a fait dernièrement la grâce de célébrer le *Jubilé cinquantenaire* de notre Mission. Personne n'y a pris part avec autant d'intérêt que moi et, j'ose dire aussi, avec une connaissance du sujet égale à la mienne. J'en profite, avec bonheur, pour résumer en quelques lignes les bénédictions que le Seigneur a daigné accorder à notre œuvre jusqu'à ce moment.

Si notre Société, aux jours de son ardeur juvénile, a choisi pour champ de travail le Sud de l'Afrique, c'est qu'elle savait qu'elle trouverait là de nombreux descendants des réfugiés huguenots et qu'elle espérait renouer avec eux, au point de vue chrétien, des relations que les sympathies pour le nom français rendraient faciles.

Elle savait aussi qu'elle trouverait dans ces régions un immense champ d'exploration où elle pourrait en toute liberté essayer de réaliser ses idées de civilisation chrétienne. Aussi, est-ce là que la Providence lui avait préparé ses plus grands succès.

En 1830, une nombreuse congrégation d'esclaves fut formée, à la requête de leurs maîtres, à la Vallée-du-Charron, non loin de ce qu'on appelle encore *Fransche-Hoek*, le Coin-Français. Convertis par centaines et libérés depuis longtemps, ces noirs pourvoient maintenant eux-mêmes, à Wellington, à l'entretien d'un pasteur, aux besoins de leurs écoles, sous la surveillance du fondateur de cette œuvre, le vieux missionnaire Bisseux, que les colons et ceux qui étaient autrefois leur propriété honorent tous comme un père.

En 1833, le pays des Bassoutos fut exploré et mis pour la première fois en rapport avec la Colonie du Cap et le monde civilisé. A 3,500 mètres au-dessus du niveau de la mer, fut découvert le *Mont-aux-Sources*, dont le nom français a été conservé depuis lors par tous les géographes. De là, partent l'Orange, le Calédon, le Vaal qui se rendent dans l'Océan Atlantique, le Tugela et ses affluents qui ont leur embouchure dans la Mer des Indes.

La langue que parlent tous les Bassoutos, et qui est comprise par des milliers d'autres indigènes, a été conquise, rendue plus souple et plus riche, au point de suffire à tous les besoins religieux et sociaux.

Dix-neuf grands centres d'enseignement et de culte, avec temples, presbytères, écoles, établissements agricoles, ont été successivement créés. Des guerres provenant du dehors nous en ont fait perdre cinq, mais les quatorze qui nous restent ont été renforcés par soixante-sept annexes que dirigent cent cinq catéchistes et instituteurs indigènes, capables et zélés.

Deux grandes Ecoles normales pour jeunes hommes et jeunes filles, une Ecole préparatoire de théologie et une Ecole industrielle sont suivies par d'intelligents élèves, parmi lesquels il en est plusieurs qui appartiennent aux premières familles du pays.

Depuis bien des années, des milliers d'exemplaires du Nouveau Testament, des recueils de cantiques, des manuels d'histoire, de géographie, d'arithmétique ont été mis en circulation. La Bible tout entière magnifiquement reliée se trouve maintenant dans les dépôts de Morija, où l'on s'empresse de venir l'acheter au prix de 12 francs 50 centimes.

Un grand nombre de Bassoutos, après s'être convertis au christianisme et avoir prouvé la sincérité de leur foi en renonçant aux mœurs et aux superstitions de leurs pères, ont quitté ce monde avec joie, assurés de leur salut. Avec eux s'en sont allés jouir du repos éternel, l'excellent chef Moshesh qui nous avait appelés dans leur pays et mes dignes collègues Frédoux, Rolland, Lemue, Pellissier, Daumas, Cochet, mes intrépides compagnons d'armes Arbousset et Gosseilin.

Leurs successeurs, au nombre de vingt, poursuivent cette œuvre parmi des milliers d'auditeurs et d'enfants en la foi. Aux fêtes du Jubilé, à Morija, les Églises avaient envoyé cent cinquante représentants attitrés, et quand on a voulu rendre gloire à Dieu en s'approchant de la table sacrée, neuf cents communiants ont été obligés, faute de place, de prier les païens accourus à la fête de leur céder le temple tout entier.

A ces résultats dans l'ordre religieux et intellectuel, il faut ajouter comme fruits de l'exemple et des conseils des missionnaires :

La culture du froment, de la pomme de terre, de nos principaux légumes et arbres fruitiers ;

L'adoption presque universelle de la charrue ;

L'élève du cheval, du mouton mérinos, de la chèvre angora, de tous nos animaux de basse-cour, et l'amélioration de la race bovine ;

Une exportation considérable et toujours croissante de céréales, de laine et de bestiaux ;

Une importation de vêtements, d'ustensiles, de marchandises européennes, se montant déjà à plusieurs millions de francs ;

La hutte faisant progressivement place à des habitations solides et commodes.

La France ne recueillera que d'une manière indirecte les fruits de ces travaux, mais les Bassoutos béniront toujours son nom en pensant à ce qu'une poignée de ses fils ont fait pour eux. Puissent leurs jeunes Églises continuer à nous édifier par la simplicité de leur foi, croître tous les jours en force et en sagesse, faire cesser autour d'elles tout reste de paganisme. Devenant à leur tour missionnaires, elles sauront peut-être un jour, avec le tempérament et le génie qui leur sont propres, faire avancer le règne de leur Sauveur dans cette Afrique, que l'on a si justement appelée le Noir-Continent. C'est là mon espoir et mon attente et ce qui me portera toujours à bénir Dieu de m'avoir envoyé chez les Bassoutos.

TABLE DES MATIÈRES

		PAGES
	Préface	1
I.	*Mes parents et mon enfance.*	5
II.	*Mes parents me placent sous les soins du pasteur Henry Pyt, à Bayonne, pour y faire des études classiques en vue du saint ministère.*	18
III.	*Mon entrée et ma préparation à la Maison des missions, à Paris*	44
IV.	*Départ pour le Sud de l'Afrique. — Arrivée au Cap.*	60
V.	*La Ville du Cap.*	80
VI.	*Excursion dans le district de* LA PERLE . .	99
VII.	*De la Ville du Cap au fleuve Orange.* . . .	112

		PAGES
VIII.	*Du fleuve Orange au pays des Bassoutos* . .	*155*
IX.	*Arrivée dans le pays des Bassoutos*	*191*
X.	*Premiers travaux à Morija, Visites à Thaba-Bossiou.*	*218*
XI.	*Premiers essais d'enseignement religieux* . .	*246*
XII.	*Continuation de nos travaux à Morija. — Ma résolution d'aller m'établir à Thaba-Bossiou.*	*269*
XIII.	*Voyage du pays des Bassoutos à la ville du Cap à travers la Colonie.*	*288*
XIV.	*Dieu met son dernier sceau à ma vocation missionnaire*	*310*
XV.	*Retour dans le pays des Bassoutos et fondation définitive de Thaba-Bossiou*	*321*
	Conclusion	*336*

www.ingramcontent.com/pod-product-compliance
Lightning Source LLC
Chambersburg PA
CBHW060333170426
43202CB00014B/2761